rororo panther
herausgegeben von Jutta Lieck

Originalausgabe
Umschlagentwurf Dieter Wiesmüller
Layout Elke Enns

Veröffentlicht im Rowohlt Taschenbuch Verlag GmbH,
Reinbek bei Hamburg, Januar 1984

Gesetzt aus der Garamond (Linotron 404)
Gesamtherstellung Clausen & Bosse, Leck
Printed in Germany
980-ISBN 3 499 15189 8

KARIN KÖNIG / HANNE STRAUBE

KALTE HEIMAT

Junge Ausländer in der Bundesrepublik

Mit Fotos von Hans-Georg Roth

rororo

Rowohlt

Karin König und Hanne Straube

Karin König, geb. 1946 in Nörvenich bei Köln. Ausbildung als Krankengymnastin in Hamburg mit anschließender Berufstätigkeit in Hamburg und Frankfurt. Studium der Sozialarbeit in Frankfurt, dem sich eine dreijährige Arbeit in einem Zentrum für ausländische Familien in Frankfurt anschloß. Weiterführendes Studium der Pädagogik an der Universität Frankfurt mit abschließender Diplomprüfung. Seit 1972 Mitarbeit in verschiedenen Initiativgruppen zur Ausländerproblematik. Reisen in Mittelmeerländer, Nordafrika und Südostasien. Lebt in Frankfurt.

Hanne Straube, geb. 1949 in Bad Homburg/Taunus. Lebte mit den Eltern mehrere Jahre in der Türkei/Samsun und besuchte dort die türkische Schule. Ausbildung als Gymnastiklehrerin und Lehrtätigkeit an einem Frankfurter Gymnasium. Nach dem Hessenkolleg Studium der Ethnologie, Orientalistik und Soziologie an der Universität Frankfurt und Istanbul, Abschluß als Magister. Dreieinhalbjährige Tätigkeit in einem Zentrum für ausländische Familien als Sozialberaterin und Übersetzerin. Forschungsaufenthalt in Nordgriechenland und mehrere Reisen in den Vorderen Orient und Nordafrika. Lebt in Frankfurt.

Gemeinsame Veröffentlichungen:
«Merhaba ... Guten Tag». Ein Bericht über eine türkische Familie, 1981
«Zuhause bin ich die aus Deutschland». Ausländerinnen erzählen, 1982
«Ihr nennt uns Kanaken». Ausländer/innen erzählen über ihre 2. Heimat, 1982

Hans-Georg Roth, geboren 1947 in Wiesbaden. In einer hessischen Kleinstadt aufgewachsen, Abitur. In Kassel pharmazeutisches Praktikum begonnen, aber zur Fotografie gekommen und dann in den 68er Strudel geraten; Soziologie in Frankfurt. Zahlreiche Reisen vor allem nach Asien und den arabischen Ländern. Arbeitet seit sechs Jahren als freier Bildjournalist für verschiedene Reise-Magazine und Buchverlage. Lebt in Frankfurt.

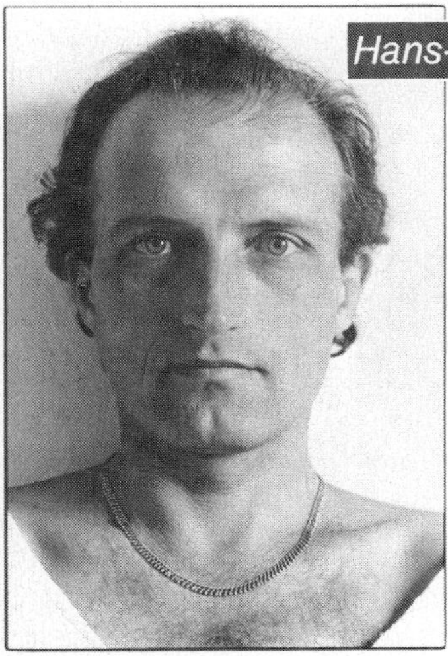
Hans-Georg Roth

INHALT

1. KAPITEL Kalte Heimat?

Einleitung 9

2. KAPITEL Schon immer lebten Ausländer in Deutschland

Die zweite Seite der Geschichte 17
Millionen Fremdarbeiter sollten den Krieg gewinnen helfen 22
Hanno 28
«Deutscher und Jude – und?» 29
Und wieder leben Ausländer in Deutschland 37
Patricia 49
«Auf der Suche nach dem Ich» 50

3. KAPITEL Paschas und Märchenfeen

Erziehung zum Mann und zur Frau 58
Fatma: «Meine Kinder sind wie Deutsche geworden» 66
Perihan 67
«Die Ehre aufs Spiel gesetzt» 69
Elena 73
«Meine Eltern sind meine Wurzeln» 74

4. KAPITEL Gemischtes Glück

Liebespaare im Wunderland 81
Frank und Maria: Offiziell sind die beiden verlobt 82
Gabi und Eşref: Glück zu zweit in der Provinz 85
Nurten und Yusuf: Ein türkisches Paar im deutschen Paradies 91

5. KAPITEL Rigoros raus

Vorurteile, Fremdenhaß und Ausländerpolitik ____ 104
Die politische Wende trifft auch die Ausländer ____ 110
Carmen und Alia ____ 113
«Ich finde mich echt gestraft» ____ 114
«Ich fühle mich nicht als Ausländerin» ____ 116
Wie man sich wehren kann ____ 119
Ausländerfeindlichkeit 1983 ____ 124
Rechte Gewalt ____ 131

6. KAPITEL Nicht nur auf Straßen und Plätzen

Ausländerkultur in der Bundesrepublik ____ 137
Vom Tanzen begeistert ____ 139
Lust am Theaterspielen ____ 143
Selbstbewußte Zeitungsmacher ____ 149
Stolzes Filmsternchen Yasemin ____ 154
Musik als Lebensgefühl ____ 161
Südliche Gaumenlust ____ 168
Urlaub in Frankfurt ____ 174

7. KAPITEL Kalte Heimatgefühle

Schlußgedanken ____ 179
Peter: «Heimatlosigkeit, okay» ____ 181
Michael: «Die Heimat trägt man immer in sich» ____ 185
Gemeinsam haben wir eine Chance ____ 191
Was wird in fünf Jahren sein? – Frage an unsere ausländischen Freunde ____ 195

Anhang

Gewußt was, wie, wo – Tips zum Überleben im deutschen Behördendschungel ____ 197
Quellenverzeichnis ____ 222

1. KAPITEL

Kalte Heimat?

Einleitung

Wie sind wir dazu gekommen, ein Buch über Ausländer zu schreiben, ohne selbst Ausländer, also Betroffene, zu sein?
Zehn Jahre Leben und Arbeiten mit Ausländern, das bedeutet sich freuen und sich streiten, Freunde finden, Feinde bekommen; das bedeutet wütend sein, daß sich weder bei «ihnen» noch bei «uns» etwas verändert hat, sich freuen, wenn etwas mal zusammen harmoniert; genervt sein vom unverbesserlichen Chauvinismus der Männer und der Demutshaltung ihrer Frauen, beschämt sein von selbstverständlicher Gastfreundschaft, aggressiv werden vom ständigen Jammern über die kalten, herzlosen Deutschen, berührt sein von der Zärtlichkeit und Schönheit ihrer Kinder, erschrocken sein über den Haß und die Verzweiflung, die uns entgegenschlägt, glücklich sein über die Buntheit und Lebendigkeit, mit der sie unser Leben bereichert haben.
Gemeinsam mit ihnen haben wir versucht zu verstehen, wer sie sind, ihre Sprache, ihre Handlungen, ihr Verhalten zu begreifen.
Wir haben ihre Länder besucht, ihre Literatur gelesen, ihren politischen Kampf unterstützt, wir haben ihre Frauen aufgewiegelt, sich gegen die Unterdrückung durch ihre Männer zu wehren.
Wir kennen ihre Familien, haben ihre Sorgen geteilt und ihre Feste

mit ihnen gefeiert, wir haben mit Menschen geredet, die mit ihnen in Kontakt kommen, mit Nachbarn, Kollegen, Lehrern, Sozialarbeitern, Polizisten, Verwaltungsbeamten, Vertretern politischer Gruppen.

Wir haben unsere ausländischen Freunde verteidigt, wenn unsere deutschen Freunde sie als rückständig, patriarchalisch und politisch rigide bezeichneten. Wir fanden es aber auch fragwürdig, wenn Ausländer als die besseren Menschen verklärt wurden, wenn kritiklos ein Verhalten akzeptiert wurde, das ins Mittelalter gehört; dazu gehört auch das Verherrlichen des, ach so gesunden, Dorflebens, das Tragen des Schleiers und die Verklärung einer angeblich «angeborenen» Frauensolidarität in islamischen Gesellschaften. Genausowenig können wir uns allerdings mit der industriellen Fortschrittsideologie und dem Glauben an das «Paradies der Technik» vieler Ausländer identifizieren.

Wir finden, daß Ausländer in ihrer Andersartigkeit von den Deutschen akzeptiert werden müssen, das verlangen wir allerdings auch umgekehrt von den Ausländern. Wir möchten nicht als die ewig kalten, häßlichen Deutschen dastehen, die nicht zu leben verstehen und deren Frauen nur als Heimchen am Herd für sie annehmbar sind. Auch wir wollen so, wie wir sind, akzeptiert werden. Das heißt aber nicht, daß Ausländer die Bedingungen, unter denen sie bei uns leben, akzeptieren sollen.

Dieses Buch soll helfen, daß Deutsche Ausländer, Ausländer Deutsche und Ausländer Ausländer besser kennen und verstehen lernen, um gemeinsam die Zukunft zu bestreiten.

Wie oft hört man von Türken den Ausspruch: «Ich liebe meine Heimat» und «Ich bin stolz, ein Türke zu sein». Das Wort Heimat bekommt in der Fremde eine neue Bedeutung. Heimat ist da, wo die Welt in Ordnung ist. Wo man sein möchte, wenn man nicht genau weiß, wohin. Heimat, das kann alles ausdrücken: Sehnsucht, Zuneigung, Geborgenheit, Vertrautheit, Wärme. Heimat ist warm und wohlig, aber nie kalt.

Ausländer haben ein ungebrocheneres Verhältnis zu dem Begriff Heimat als Deutsche. Erzählungen von Ausländern, die schon lange bei uns leben, fangen oft mit «Früher in meiner Heimat» an; sie entrücken das Erzählte aus Gegenwart und Wirklichkeit. So hat zum Beispiel das Türkei-Bild der seit Jahren hier lebenden Türken oft nicht mehr viel mit der Realität zu tun, genauso wie die Erzählungen der Heimatvertriebenen aus Pommern nichts mehr mit dem heutigen Polen zu tun haben. Für junge Ausländer ist Heimat nicht mehr klar zu definieren. Wo ist meine Heimat, fragen sich viele. Aber bezeichnete man die protestierende Beat-Generation nicht auch als Heimatlose? Ist das wirklich alles so fremd für uns? Fühlt sich ein Berliner Punk nicht auch fremd im Bayrischen Wald, und was hat ein Konsum-Popper mit einem grünen Wendtländer zu tun?

Wir sind sensibel geworden bei zuviel Heimat; denn das erinnert uns vor allem an die Blut-und-Boden-Ideologie der Nazis. Bei den jungen Ausländern ist der Heimatbegriff gespalten. So mancher bekennt sich ziemlich abrupt dazu, Deutscher zu sein, indem er sogar seinen Namen in einen deutschen umändert, sich weigert, seine Muttersprache zu sprechen und seine Kultur zu leben. Es gibt auch das Gegenteil, ein bewußtes «ich bin Türke», das aber durchaus mit einem Verweigern jeglichen Kontaktes mit Deutschen und Deutschland einhergehen kann.

An der nationalen Identität macht sich der Unterschied zwischen dem eigenen Ich, der eigenen Person, und dem anderen, dem Fremden, fest. Ein Türke, der in der Türkei lebt, braucht kein Bekenntnis seiner nationalen Identität abzulegen, aber in der Emigration ist es für ihn die Grundlage des Selbstwertgefühls. Dieses Land, diese Heimat bestimmt nicht nur seine Identität, es ist auch ein Teil seiner Persönlichkeit. Von diesem Land getrennt zu sein, bedeutet Trennung von einem Teil seiner selbst. Sie ist für den in der Bundesrepublik lebenden Ausländer eine Realität, aus der sich viele uns fremde Handlungsweisen erklären lassen. Dieser Widerspruch wäre nur durch eine Rückkehr in die Heimat oder durch die Annahme einer deutschen Identität zu lösen. Da diese Lösung aber entweder unrealistisch (Rückkehr) oder in den meisten Fällen unzumutbar ist (Deutscher zu werden), bleibt die Frage offen, welche Identität Ausländer in der Bundesrepublik haben. Fühlen sie sich überhaupt als Ausländer, und wer ist von ihnen für uns noch als Ausländer erkennbar? Schon äußerlich gibt es oft keine Unterscheidungsmerkmale mehr zu uns. Der nichtdeutsche Paß bleibt als letztes Unterscheidungsmerkmal, zumindest scheint es uns so. Doch kann es Situationen geben, in denen plötzlich danach gefragt wird, ob man Ausländer ist oder nicht, wo ein deutscher Paß, ein deutsches Aussehen und ein seit Generationen selbstverständliches Leben in der deutschen Kultur, im deutschen Alltag bedeutungslos ist und man als Fremder ausgestoßen wird. So wie Juden oder Minderheiten wie Roma und Sinti im «Dritten Reich» plötzlich zu Fremden erklärt wurden und ein arischer Stammbaum lebensnotwendig war, so wurden die Verdienste der «Nichtarier» um die deutsche Geschichte, Wirtschaft, Kultur für bedeutungslos erklärt, ja sie wurden so lange geleugnet, verschwiegen und ausgemerzt, bis die Deutschen daran glaubten. Wie lange hat es nach Beendigung der Naziherrschaft gedauert, bis wieder ins deutsche Bewußtsein gerückt wurde, daß die Juden entscheidend unsere Geschichte, Kultur und das politische Leben mitgeprägt hatten. Aus diesem Grund lassen wir in diesem Buch Juden und Mischlinge zu Wort kommen, die im rechtlichen Sinne zumeist keine Ausländer sind; denn sie haben häufig einen deutschen Paß, ihre Sprache ist Deutsch. Trotzdem glauben wir, daß auch sie in Gefahr sind, bei einer Pogromstimmung nicht mehr als Deutsche angesehen zu werden. Wir wollen nicht unnötig Horrorvisionen hervorrufen oder provozieren, aber wir wollen warnen.

Darum ist es uns wichtig, daß neben den anderen Ausländern auch Hanno, Carmen, Alia, Patricia zu Wort kommen können, da sie alle zusammen unserem Land eine Buntheit und Vielfalt geben, aber sie und ihre Familien auch immer in Gefahr sind, in «schlechten Zeiten» als Ausländer, Fremde, Nichtdazugehörige ausgegrenzt zu werden. Denn auch heute noch ist knapp die Hälfte der Bevölkerung der Bundesrepublik ausländerfeindlich eingestellt. Das ist

Ausländer wurden niedergeschlagen

uf der Fahrt mit der U 1 sind am iten Sonntagabend zwei Ausländer n zwei Deutschen zusammengeschlan worden. Die Täter konnten an der altestelle Heddernheimer Landstraße s dem Wagen entkommen.

Kurz vor der Haltestelle Zeilweg sprachen die etwa 25 Jahre alten Gewalttäter einen 26jährigen türkischen Studenten an, der bis dahin in einer Zeitschrift gelesen hatte. Übergangslos griffen die Männer den Ausländer an, schlugen ihn zu Boden und traktierten ihn dann noch mit den Füßen. Das zweite Opfer war ein 28 Jahre alter Inder. Ihm wurde ein Zahn ausgeschlagen.

das Ergebnis der infas-Ausländer-Studie (Erhebungszeitraum 7. 12. 81–3. 1. 82). Nur 29% der Befragten können als ausländerfreundlich gelten. Ausländerfreundlich sind junge Menschen; sie verfügen entweder über eine gute Schulbildung, sind noch in der Ausbildung oder sozial günstig gestellt. SPD-Anhänger, insbesondere aber FDP-Anhänger sind weniger ausländerfeindlich als Unionsanhänger.

Trotz oder gerade wegen der deutlichen Präsenz von Ausländern in unseren Stadtteilen haben sich zu Beginn der achtziger Jahre Ausländerfeindlichkeit und Rassismus erschreckend entwickelt. Auch wir haben im Verlauf der Arbeit an diesem Buch eine stetige Zunahme an Ausländerfeindlichkeit und Antisemitismus, denen unsere Freunde ausgesetzt sind, festgestellt. Wir wollen aber gerade darum kämpfen, daß Ausländer als ein Teil unseres Landes, einem Staat mit den unterschiedlichsten Nationalitäten, akzeptiert werden.

Liste für Ausländerstopp als Partei anerkannt

22.4. Auf einer öffentlichen Sitzung erkannte der Hamburger Wahlausschuß gestern die „Hamburger Liste für Ausländerstopp“ (HLA) als Partei an. Ob die HLA zur Bürgerschaftswahl im Juni zugelassen wird, wird sich endgültig am 7.5. entscheiden. Vorerst waren nur formale Kriterien der Parteienschaft ausschlaggebend, wie z.B. die fristgerechte Antragstellung, ein Parteiprogramm und eine Satzung. Die HLA, vertreten durch ihren stellvertretenden Vorsitzenden Ulrich Harder, der gleichzeitig stellvertretender Landesvorsitzender der NPD Hamburg ist, erklärte

Daß die nicht eindeutige kulturelle und ethnische Identität der jungen Ausländer von uns Deutschen akzeptiert wird, wollen wir auch mit diesem Buch erreichen. Ihre Äußerungen in den Interviews drücken immer ein «ich bin weder nur Ausländer noch nur Deutscher» aus. Äußerungen wie «ich bin so halb und halb» und «ich bin anders» halten wir für typisch. Aber können wir denn von einer eindeutigen kulturellen und ethnischen Identität der Deutschen reden? Sehen wir uns doch einmal unsere Familien, die unserer Freunde und nächsten Umgebung an. Wer ist denn von uns seit Generationen in seinem Heimatort verwurzelt? Viele unserer Eltern kamen mit Kriegsende 1945 als Flüchtlinge in den Westen. Und auch in den alteingesessenen Familien hat inzwischen ein Sudentendeutscher, Ostpreuße oder ‹Siebenbürgener› eingeheiratet. Und wurden nicht auch sie zunächst als Eindringlinge und Fremde angesehen, bis man sie allmählich akzeptieren lernte?
Und die 4,4 Millionen Ausländer, die heute mit uns leben? Im Grundgesetz Artikel 3,3 heißt es: «Niemand darf wegen seines Geschlechtes, seiner Abstammung, seiner Rasse, seiner Sprache, seiner Heimat und Herkunft, seines Glaubens, seiner religiösen und politischen Anschauung benachteiligt oder bevorzugt werden.» Doch diese rechtliche Gleichheit wird bereits weiter unten eingeschränkt, indem es heißt: «Alle Deutschen haben das Recht, sich ohne Anmeldung oder Erlaubnis friedlich und ohne Waffen zu versammeln.» Die Deutschen ja, nicht aber die Ausländer.
Sind das eigentlich noch Ausländer? Wäre der Begriff «Nichtdeutsche Minderheit» nicht passender? Viele von ihnen leben schon in der zweiten, ja sogar in der dritten Generation bei uns und bilden einen uns in vielen Bereichen selbstverständlich gewordenen Teil unserer Gesellschaft. Und dennoch weigert sich die Mehrheit der Bevölkerung einzusehen, daß die Bundesrepublik zu einem Land mit den unterschiedlichsten Nationalitäten geworden ist. Frankfurt am Main zum Beispiel hat einen Ausländeranteil von etwa 30%. Dabei muß man sich klarmachen, daß in dieser Wirtschaftsmetropole nicht nur sogenannte Gastarbeiter leben, sondern auch ausländische Studenten und Geschäftsleute, Angestellte, wie die französi-

sche Sekretärin aus Nancy in unserem Turnverein, die in Frankfurt in einem amerikanischen Büro arbeitet, um ihr Deutsch und Englisch zu verbessern. Nicht zu vergessen die Asylanten, illegal eingereiste Ausländer, amerikanische Soldaten und Touristen. So gibt es mittlerweile in jeder deutschen Stadt unzählige griechische, italienische, jugoslawische, chinesische, thailändische, spanische, türkische Restaurants, genauso wie es den türkischen Schneider oder Schuster, das italienische Lebensmittelgeschäft, den spanischen Fischladen, den arabischen und jüdischen Metzger, das japanische Kunstgewerbegeschäft, die indische Klamottenboutique, die türkische Bank, das französische Weinlokal oder den irischen Pub gibt.
Diese Liste läßt sich beliebig fortsetzen. Dabei handelt es sich fast immer um Dienstleistungen, die ganz selbstverständlich gerade auch von den Deutschen in Anspruch genommen werden, denn wo kann man um Mitternacht noch Lammkoteletts bekommen? Beim Griechen. Wo kann man aus seinem alten Rock noch einen schicken Minirock machen lassen? Beim Türken.
Sehen wir uns doch in unserer Stadt um, ob es da überhaupt noch ohne Ausländer geht.

DER SPIEGEL

7. OKTOBER 1964 · NR. 41
18. JAHRGANG · 1,20 DM
ERSCHEINT WÖCHENTLICH
IN HAMBURG · C 6380 C

GASTARBEITER IN DEUTSCHLAND

2. KAPITEL

Schon immer lebten Ausländer in Deutschland

Die zweite Seite der Geschichte

«Assimilierungs- oder Integrationsmaßnahmen für mehrere Millionen, zum Teil extrem ethnisch fremder Ausländer bedeuten eine Zäsur in der Entwicklung der deutschen Nation. Sie sind ein Bruch mit der deutschen Geschichte», so schreibt der Generalsekretär des Deutschen Roten Kreuzes Jürgen Schilling. Gegensätzlich dazu meint der Initiativausschuß «Ausländische Mitbürger in Hessen»: «Wir finden, es bedeutet keineswegs einen Bruch mit der deutschen Geschichte, wenn sich heute die Gesellschaft der Bundesrepublik nicht nur aus Deutschen, sondern aus Menschen verschiedener Nationalitätengruppen zusammensetzt.

Daß heute Menschen vieler Völker die Bevölkerung der Bundesrepublik bilden, ist nichts Neues und Außergewöhnliches. Im Verlauf der deutschen Geschichte haben schon oft Menschen aus mannigfachen Volksgruppen in Deutschland zusammengelebt.

– Im Jahre 1590 hatte die Stadt Frankfurt am Main ca. 18000 Einwohner, von denen ‹der 5. oder 6. Teil aller Bürger- und Beisassenfamilien (Beisassen: nicht vollberechtigter Bürger im Mittelalter) nichtdeutscher Herkunft war›. Das ist etwa der gleiche Prozentsatz wie heute.

– Im preußischen Staat lebten Menschen aus vielen Völkern zusammen:
So fanden 1685 Zigtausende französischer Protestanten, unter dem Namen ‹Hugenotten› bekannt, die in Frankreich nach der Aufhebung des Ediktes von Nantes wegen ihres Glaubens verfolgt wurden, Aufnahme in Preußen.
Um 1700 war jeder dritte Einwohner Berlins ein Franzose. Im Jahre 1732 wanderten 20000 Salzburger Protestanten, die ebenfalls wegen ihres Glaubens Verfolgung von seiten der habsburgischen Herrschaft erlitten, in Preußen ein. Weitere Einwanderer in erheblicher Zahl kamen aus Italien, Schottland und anderen Regionen.
Im Osten des preußischen Staates lebten Millionen Polen. Preußen war also kein Nationalstaat, sondern ein Vielvölkerstaat.» *
Das deutsche Reich erlebte nach dem gewonnenen Krieg gegen Frankreich 1870/71 einen starken wirtschaftlichen Aufschwung, es entstanden die großen Industriekonzerne Krupp und Thyssen. Zur Bewältigung der gestiegenen Produktion reichten bald die deutschen Arbeitskräfte nicht mehr aus. Es wurden Arbeiter aus den armen Gegenden Europas angeworben. Vor allem kamen Polen nach Deutschland beziehungsweise die Deutschen polnischer Nationalität, denn einen polnischen Staat gab es damals noch nicht. Sie kamen aus den unterentwickelten Gebieten Oberschlesiens und Westpreußens – vor allem ins Ruhrgebiet. Dort wurden Bergleute gebraucht. Zwischen 1890 und 1914 kamen 500000 Polen. Sie verstanden schlecht oder gar nicht Deutsch. Sie fanden sich in der städtischen Welt nicht zurecht. Sie wurden krank von der ungesunden, ungewohnten Arbeit. Sie lebten in Gettos und klüngelten in unzähligen polnischen Vereinen.
Es hieß: Die «Polacken» nehmen den Deutschen die Arbeitsplätze weg, drücken den Lohn, sie schleppen Krankheiten ein und sind von Natur aus Verbrecher. An die Unternehmer wurde appelliert, die Anwerbung zu stoppen. Ein Mann rechnete aus, daß im Jahre 1930 rund 1 Million Polen im Ruhrgebiet leben würden. Die Kal-

* Initiativausschuß «Ausländische Mitbürger in Hessen», Hofheim 1982.

Nachfahren polnischer Einwanderer 1955 in SV Solingen

witzki, Szepan, Kuzorra, Tibulski, Libuda, Abramczyk u. a., die bewunderten Fußballspieler von Schalke 04 bzw. Borussia Dortmund, sind alle Nachfahren polnischer Einwanderer. Zusammen mit den Polen lebten bis zum Beginn des 1. Weltkriegs 1914 rund 2 Millionen Arbeiter aus Rußland, Österreich-Ungarn und Italien im Deutschen Reich.

Die Autobiographie «Meine Jugend» des Arbeiterschriftstellers Hans Marchwitza (1890–1965) beschreibt unter anderem seine Anwerbung durch einen Agenten der Zeche, seine Fahrt zur Arbeitsaufnahme zusammen mit polnischen Arbeitern ins Rheinland und die Arbeit in den dortigen Bergwerken. Liest man diese Passagen, so hat man das Gefühl, die Autobiographie eines heute in Deutschland lebenden jungen türkischen Arbeiters zu lesen.

«In Beuthen stellte sich alle paar Wochen ein Agent von der Ruhr ein, der nicht viel zu locken brauchte. Hunderte Unzufriedener umlagerten das schmutzige Hotel. Der Agent betrog die Angeworbenen, das wußte man; er betrog erst recht jene, die sich ihm mit Gewalt aufdrängten, mit dem kleinen Zehrgeld, mit den lumpigen Fahrkosten und mit dem Kontrakt, den jeder unterschreiben mußte. Wenige fanden den Mut, sich den Vertrag auch durchzulesen. Der Agent betrachtete jeden eine Weile kritisch, brummte:

OST

‹Daß ihr dann drüben ja nicht stöhnt. Da gibt's kein Nörgeln, Kontrakt ist Kontrakt!› Kontrakt ist Kontrakt, natürlich ... Auch ich hätte weiß Gott in diesem Augenblick jedes Urteil unterschrieben, nur nicht die Schande, wieder dableiben zu müssen, nach allen Hoffnungen und unserem Prahlen.»

Über die Arbeit in den Bergwerken schrieb Marchwitza:

«Unten tobte die Staubhölle. Auch hier hetzte jeder nach dem Lohn, der, mit Schweiß und Blutstropfen verdient, kaum von Zahltag zu Zahltag ausreichen wollte. Ich traf auch hier alle wieder, die verlorenen Glückssucher, die aus Ost- und Westpreußen, aus Posen und Sachsen und von überallher angewandert kamen, im Glauben, hier eine sichere Insel in dem Strom der Not zu finden. Viele hatten gleich einen Trupp Fresser mitgebracht und ganze Schwägerfamilien, und alles quetschte sich und hockte in den Zechenpferchen. Oft sah es aus, als hinge wie bei Ertrinkenden einer auf dem anderen.

Während einer Schicht fand man einen Kattowitzer, einen sehr stillen, stets grübelnd umhergehenden Jungen, auf einem Streckenholz an seinem Leibriemen erhängt. Man schnitt ihn noch rechtzeitig ab, rüttelte ihn wieder ins Leben.» Marchwitza, Hans: Meine Jugend, Berlin 1947.

Doch kamen nicht nur Polen nach Deutschland, es kamen auch Saisonarbeiter aus Sizilien und Galizien. Obwohl sie selten auf Dauer blieben, wurden auch sie verachtet und ihr fremdartiges Aussehen erregte Ärgernis.

1907 arbeiten in Deutschland zeitweise 125 000 italienische Arbeitskräfte.

Die Ausländerbeschäftigung ging nach dem 1. Weltkrieg stark zurück. Der Rückgang wurde durch die Weltwirtschaftskrise verstärkt. 1932 erließ die Regierung schließlich eine Grenzsperre gegen ausländische Wanderarbeiter. Jahre später brauchten die Nazis wieder Ausländer für die Arbeit in der Rüstungsindustrie, doch diese kamen keineswegs mehr freiwillig.

Russin in einem deutschen Rüstungsbetrieb

Die «Herrenrasse» hatte germanisch auszusehen: blauäugig, blond, kämpferisch und natürlich groß, sie waren zum Herrschen geboren. Alle anderen mußten dienen, die Braunen, Kleinen, Dunkelhaarigen, oder aber sie sollten ausgerottet werden wie die Juden, die Roma und Sinti, die körperlich oder geistig Zurückgebliebenen, eben die «Volksschädlinge».
Mehrere Millionen Einwohner aus den von der deutschen Wehrmacht okkupierten Länder wurden zwischen 1939 und 1945 als sogenannte Fremdarbeiter in deutschen Industriebetrieben zwangsweise eingesetzt, da die überwiegende Mehrheit der arbeitsfähigen

deutschen Bevölkerung für den Wehrdienst einberufen worden war und vor allem die Rüstungsindustrie vor «schwerwiegenden Beschäftigungsengpässen» stand.
In diesen sechs Jahren wurden etwa 5,5 Millionen Zivilisten und 1,5 Millionen Kriegsgefangene nach Deutschland verschleppt, wie zum Beispiel die Polen.
Am 1. September 1939 überfiel und besetzte die deutsche Wehrmacht Polen. Das Land wurde dem Großdeutschen Reich zugeschlagen. Die Polen sollten jetzt für Deutschland arbeiten, alles nicht «Eindeutschungswürdige» war auszurotten. Mehr als zwei Millionen Polen kommen zum Arbeitsplatz nach Deutschland. Sie

leben in Baracken, schlecht ernährt und haben hart zu arbeiten. Strengste Strafen sorgen für «Zucht und Ordnung» und sollen Sabotageakte verhindern. Die Polen tragen ein «P» auf gelbem Grund. Ohne «P» dürfen sie die Lager nicht verlassen. Das Gelb hat denselben Ton wie der Davidstern, den alle Juden deutlich sichtbar tragen müssen.
Als Hitler 1941 seinen Krieg gegen die Sowjetunion begann, wurden deutsche Truppen in Teilen der Ukraine als Befreier empfangen. Der kämpfenden Truppe folgten die «Ordnungshüter» der SS. Sie schickten 2,25 Millionen «Weißrussen» zur Zwangsarbeit in deutsche Fabriken. Der «Reichsführer SS» Heinrich Himmler gab dafür die Losung aus: «Vernichten durch Arbeit». Ihr Abzeichen war das blau-weiße «Ost». Es sorgte dafür, daß sie als besondere Sorte

von Fremdarbeitern erkannt und entsprechend behandelt werden mußten. So wurden ganze Landstriche in Polen und der UdSSR entvölkert und die Einwohner ins Deutsche Reich deportiert.
Es gab aber Millionen Fremdarbeiter ohne Abzeichen: Holländer, Belgier (getrennt nach Flamen und Wallonen) und Franzosen. Auch Jugoslawien lieferte «Hilfswillige» ohne Abzeichen: Serben, Kroaten zählten zu unseren Verbündeten. Viele der kleinen europäischen Länder wie Esten, Letten und Littauer (die baltischen Staaten, heute Sowjetunion) schickten «Beinahe-Freiwillige».
Zu einem «Reichsappell» der deutschen Arbeitsfront waren am 3. Mai 1943 insgesamt 1000 delegierte Fremdarbeiter aus 19 europäi-

schen Nationen in Berlin versammelt worden, um «Freiwilligkeit und den Dienst an Deutschland zu bekunden». *

Für die Behandlung von Fremdarbeitern bestand folgende Anweisung:

«Alle diese Menschen müssen so ernährt, untergebracht und behandelt werden, daß sie bei denkbar sparsamstem Einsatz die größtmögliche Leistung hervorbringen.»

Ebenfalls keinen Zweifel am Sklavendasein der «Fremdarbeiter» ließ bereits im Herbst 1941 der Leiter des Reichsarbeitsdienstes, Wilhelm Decker, bei einer Kundgebung der Partei in Amsterdam, als er sagte: «Wir werden diese fremdvölkischen Arbeitskräfte immer so einsetzen, wie es für das Interesse des deutschen Lebens notwendig ist. Wir werden nicht den einzelnen Polen oder den einzelnen Tschechen auf den einzelnen deutschen Bauernhof geben, damit er uns da unsere Rasse verdirbt, sondern wir werden die ausländischen Arbeitskräfte geschlossen an Großvorhaben einsetzen. Sie sollen Autobahnen bauen, sie sollen große Arbeitsvorhaben bauen, große Erdarbeiten ausführen, sie sollen unsere Moore kultivieren ...»

und weiter heißt es bei ihm:

«Es kann einem ja manchmal heute Angst und Bange werden, es passiert mir manchmal, wenn ich in Berlin irgendwo stehe, und sagt dann meinetwegen im Autobus einer, ich möchte eine Teilstrecke zu 15 Pfennig haben. Dann bin ich ganz erstaunt, daß einer deutsch spricht.» *

Kommt uns das nicht bekannt vor?

Ohne Unterschied des Geschlechts mußten die Zwangsarbeiter Schwerstarbeit leisten. Sie lebten meistens in Lagern, amtliche Erlasse regelten ihr Leben in allen Einzelheiten. Ein paramilitärisch organisierter Werkschutz sorgte in den Lagern und am Arbeitsplatz dafür, daß alle Anweisungen befolgt wurden. Schikanen, Folter, Mord war an der Tagesordnung. Kontakt mit den Fremdarbeitern war der deutschen Bevölkerung unter Androhung schwerster Stra-

* Spaich, Herbert: «Fremde in Deutschland», Weinheim – Basel 1981.

fen verboten. Doch waren nicht alle Deutschen bereit, der offiziellen Propaganda zu glauben, daß die Fremdarbeiter «Untermenschen» sind. Vereinzelt gab es Kontakte zwischen Deutschen und Fremdarbeitern, doch schon das Zustecken von Brot konnte äußerst gefährlich werden.
1945 kam dann das Ende, die «Herren- und Heldenrasse» ging unter. Es folgte das Chaos der totalen Niederlage und die Flucht und Vertreibung von Millionen von Menschen.

In den ersten Jahren nach dem Krieg wollten die meisten Deutschen erst mal die Vergangenheit vergessen. Ein Dach über dem Kopf haben und nicht hungern müssen, das war den meisten wichtiger, als sich zu fragen, wieso es soweit kommen konnte. Adolf Hitler und seine Greueltaten wurden verdrängt oder als die Tat eines Wahnsinnigen abgetan. Die Bombenangriffe der Engländer und Amerikaner auf deutsche Städte und der Einmarsch der Roten Armee im Osten Deutschlands blieben stärker in der Erinnerung haften als der Einfall deutscher Truppen in Polen. Wie oft hörten wir Kinder, wie furchtbar die Bombennächte, wie schrecklich der Krieg und wie groß das Leid in den deutschen Familien war. Selten hörten wir das Entsetzen über die Konzentrationslager, das Eingestehen von Schuld gegenüber ethnischen Minderheiten bzw. politisch oder religiös Verfolgten. Keiner hatte etwas gegen Juden. Im Gegenteil, jeder hatte «seinen» Juden versteckt oder ihm zumindest heimlich

Essen zugesteckt. Selbstverständlich wurde uns, wenn wir als skeptische Jugendliche danach fragten, gesagt, daß man «natürlich» von Konzentrationslagern, Judenausrottung nichts gewußt hatte. Vorsichtigere Leute gaben immerhin zu, daß sie Angst gehabt hätten zu fragen, wo der Nachbar Aron oder die Kollegin Löwenthal geblieben sind.

Der Wiederaufbau Deutschlands zu einer der wichtigsten Industrienationen der Welt ging in einem atemberaubenden Tempo vor sich. Da blieb keine Zeit mehr, über seine Vergangenheit nachzudenken. Man einigte sich darauf, daß der Nationalsozialismus einer vergangenen Epoche angehörte, ebenso wie der Antisemitismus, und damit war das Kapitel abgeschlossen.

Dem war allerdings nicht so. In der Schule mußten wir Aufsätze zu dem Thema, «Was hat Hitler den Deutschen Positives gebracht», schreiben. Unsere Lehrer, viele Stalingrad-erprobt, erzählten uns Horrormärchen über die barbarischen Russen, verleideten uns die Italiener als feige, für deren Kampfmoral «ein Schritt vor, zwei Schritte zurück», typisch war. Die Juden existierten nur als geschäftstüchtige, gerissene Händler, die jetzt im Ausland wieder Geld scheffelten. Wir haben uns keine Horrormärchen ausgedacht, nein, das war unser Schulalltag Anfang der sechziger Jahre. Natürlich lasen wir zur gleichen Zeit «Das Tagebuch der Anne Frank», aber dabei ging es uns mehr um die aufregende Geschichte eines pubertierenden jungen Mädchens und weniger um das Schicksal einer vom Tode bedrohten Jüdin.

Auch wir setzten uns viel zu spät mit dem Antisemitismus auseinander. Theoretisch wußten wir Bescheid und fanden auch alles grauenhaft, aber im Alltag kamen wir nicht in die Verlegenheit, uns mit Juden und somit der deutschen Vergangenheit auseinandersetzen zu müssen.

Später entdeckten wir unser Herz für die Ausländer, die als sogenannte «Gastarbeiter» in unserem Land arbeiteten. Wir freundeten uns mit ihnen an, vieles war uns fremd, aber es störte uns nicht. Im Gegenteil, wir fanden, daß die Türken, Griechen, Spanier unser Land bunter und lebendiger machten. Wir kämpften in Initiativ-

gruppen gegen die Vorurteile unserer Landsleute gegenüber den Fremden, die bis zum offenen Haß reichten. Über den Rassismus kamen wir zum Antisemitismus und entdeckten Parallelen. Wir glauben, daß beide, der Antisemitismus und der Rassismus, nur eine tiefer liegende Krankheit sind, die in der Unfähigkeit besteht, ein Bewußtsein der eigenen kollektiven Identität herauszubilden, ohne andere kulturelle und nationale Identitäten zu entwerten, die bis zur Leugnung, daß die anderen *Menschen* sind, reichen kann.
Die Juden scheinen zwar heute akzeptiert zu sein. Aber die Anschläge auf jüdische Einrichtungen und die antisemitischen Schmierereien, die in erschreckendem Maße zugenommen haben, beweisen das Gegenteil.
Aus diesem Grund ist die Lebensgeschichte von Hanno, Jude, genauso wichtig wie die von Perihan, Türkin, um nämlich deutlich zu machen, daß diese Außenseiterposition, diese Besonderheit schon eine Herausforderung für unser Land bedeuten.

Hanno, 21 Jahre alt, lebt alleine in einem Einzimmer-Apparte- ment, kocht gerne und gut, liebt die Fotografie und die Musik. Er studiert Germanistik und Kulturanthropologie und verdient sich seinen Lebensunterhalt durch Schreiben für Zeitungen und Rundfunk. «Lesen und Schreiben wird für mich immer wichtig sein», sagt er selbst. Er ist der jüngste Sohn einer jüdi- schen Intellektuellenfamilie. Für ihn hat der Prozeß der Selbst- findung des jüdischen Teils seiner Identität erst begonnen. Ein Prozeß, der gerade anfängt, aber immer drängender wird und vieles in neue Bahnen lenken kann. Auch die Diskussionen mit uns hat diesem Suchen einen neuen Anstoß gegeben. Seit dem Libanonkrieg hat für ihn die Dringlichkeit zugenommen, sich mit dem ‹Judentum› auseinanderzusetzen. Hanno geht inzwischen in eine jüdische linke Gruppe, um für sich diese Konfrontation zu verstärken.

Seine Freundin Steffie beunruhigt diese Entwicklung, weil sie davon ausgeschlossen ist. Man kennt sich von der Schule, ist nun seit drei Jahren zusammen, denkt an ein Zusammenleben mit gemeinsamer Zukunft und Kindern. Früher hatte Steffie Angst davor, wie sie als Deutsche in seiner Familie aufgenommen wird, obwohl ihre Eltern zu jung sind, um sich am Naziregime beteiligt zu haben. Sie wurde von der Familie Hannos akzeptiert, doch nun tritt plötzlich dieser unbekannte Teil seines Ichs in die Beziehung. Es ist für sie überhaupt nicht einzuschätzen, wohin sich das entwickeln wird. Aber sie versucht daran Anteil zu nehmen, indem sie Bücher dazu liest, mit ihm diskutiert.

«Deutscher und Jude – und?»

«Meine Eltern hatten immer eine gute Beziehung zu Deutschland. So bin ich auch von meiner ganzen Erziehung her eigentlich Deutscher. Meine Mutter hat einen jüdischen Vater und eine christliche Mutter. Ihr Vater kam aus Galizien, erzogen worden ist sie evangelisch mit Weihnachtsbaum und allen christlichen Feiern, die es gibt. Das Christentum und die Folklore ihrer Heimat, dem Schwarzwald, waren stark miteinander verwoben. Im Prinzip ist sie mit 14 als Christin nach Polen und anschließend nach Israel geflohen, als man ihr 1933 sehr gewalttätig beigebracht hat, daß sie Jüdin ist. Was sie bis dahin zwar wußte, daß ihr Vater Jude war, aber in ihrer Erziehung, in ihrem Leben, in ihrem ganzen Zusammenhang auf dem Dorf, in dem sie aufgewachsen war, hat sie das in realiter nicht mitbekommen und 1933 war sie plötzlich Jüdin, mußte nach Polen fliehen vor den Nazis mit ihrem polnischen Vater und der Mutter. Ihr Vater ist dann dort umgebracht worden. Sie wurde nach Israel geschickt, hat dort meinen Vater kennengelernt. Mein Vater ist ein waschechter Jude aus der Meschpoche (Getto) in Krefeld. Diese jüdische Meschpoche war, wie die meisten deutschen Juden, weitge-

hend assimiliert, hatte zwar eine eigene Infrastruktur, aber man fühlte sich als Deutscher, als deutscher Bürger mosaischen (jüdischen) Glaubens und das, was meinen Vater am meisten geprägt hat, war deutsche Kultur: Musik von Wagner und Literatur von Thomas Mann. Mein Vater ist sicherlich sehr weitgehend ein Deutscher und nur in seinem Bewußtsein zu einem sehr unbestimmten Teil Jude. Das ist etwas, das sich sehr stark auf mich übertragen hat. Insofern bin ich hier als Deutscher aufgewachsen, habe eine ‹normale› Kindheit gehabt. Meine Eltern hatten keine Verbindung zur jüdischen Gemeinde, außer, daß sie Mitglied sind. Natürlich haben sie sich sehr stark für Israel interessiert. Sie haben dort 20 Jahre lang gelebt, was auch immer in meiner Kindheit eine Rolle gespielt hat. Ich wollte wissen, was in Israel los ist.
Für die Rückkehr gab es verschiedene Gründe. Einmal, daß meine Mutter mit dem Klima, mit der Kultur, mit dem ganzen Leben dort eigentlich nie richtig zurechtgekommen ist. Sie hatte immer Sehnsucht nach den schwarzen Tannen, nach Weihnachten, dem anderen Klima. All diese Geschichten, die so ganz ursprünglich das ausmachen, was man so verklärend mit Heimat beschreibt. Die Dinge, die man eben in der Kindheit mitbekommt, die einen prägen, wo man sich heimisch fühlt. Im Leben meines Vaters spielt und spielte die deutsche Sprache eine zentrale Rolle, von ihr ist er nie losgekommen. Als autodidaktischer Literaturwissenschaftler war für ihn die deutsche Sprache einfach das Lebenselixier. Das dritte war, daß sie sich in Israel politisch sehr unwohl fühlten, besonders 1956 kurz vor der Suez-Krise. Damals schon spielte Israel sehr offen mit dem Gedanken, im Libanon, in Syrien oder Ägypten einzumarschieren. Das politische Klima war einfach unerträglich. Der Antikommunismus in Deutschland hat sie sicherlich berührt, aber das hat sie nicht gehindert, schließlich wollten sie ja in die DDR als überzeugte Sozialisten. Wolfgang Harich*, der für sie gebürgt hatte, wurde 2 Wochen vor ihrer geplanten Reise verhaftet, und damit war das zu-

* W. Harich, Philosoph der DDR, wurde 1956 verhaftet, weil er öffentlich Ulbricht und die SED kritisierte.

nichte. Sowieso war man nach dem Ungarn-Einmarsch 1956 und dem Wiederaufleben des Antisemitismus in der DDR vorsichtig geworden. So sind sie in den Westen gekommen. Sie sind dann erst in das Heimatdorf von meiner Mutter in den Südschwarzwald gefahren und haben von dort aus geguckt, wo sie sich niederlassen können. Das ist typisch für die Nachkriegsjuden, daß der Ort, wo man schließlich landet, sehr zufällig ist. Die überwiegende Zahl der Juden, die heute in Deutschland leben, sind nicht wie meine Eltern deutsche Juden, sondern polnische, rumänische oder russische Juden, die, nachdem sie aus den KZ befreit worden sind, hier hängengeblieben sind, weil sie nicht in ihre Heimat zurück wollten oder konnten. Das ist natürlich für die meisten Juden in Deutschland ein Problem, weil sie hier in dem Land der Mörder ihrer Eltern sind, in dem Land der Menschen, die versucht haben sie umzubringen, ausgerechnet da bleiben sie nach Auschwitz hängen. Sie leben dann hier mit einem ungeheuer schlechten Gewissen, und das gleichen sie dann in einer ungeheuren Israel-Begeisterung aus. Die gehen da natürlich nicht hin, sondern zahlen halt an die Gemeinde und versuchen so ihr Gewissen zu erleichtern, aber leben eigentlich hier mit einem ganz komischen Haßverhältnis auch der Wirklichkeit hier gegenüber. Sie beweisen sich dann als die alleraufrichtigsten Deutschen und sind fleißige CDU-Wähler. Ganz verrückte Existenzen!!!

Mein Vater wurde wieder eingebürgert, was schon ein Skandal ist, weil damit mehr oder weniger als Rechtens angesehen worden ist, daß er ausgebürgert wurde. Meine Brüder wurden ebenfalls wieder eingebürgert. Und meiner Mutter, die als Polin in Deutschland geboren und aufgewachsen ist und von dort fliehen mußte, wurden ungeheure Schwierigkeiten gemacht, hier wieder reinzukommen. Während ihre Kinder schon ‹Deutsche› waren, mußte sie selber einen langen Kampf um die deutsche Staatsangehörigkeit ausfechten. Dann durften sie um eine Wiedergutmachung betteln; sie bekamen einen bescheidenen einmaligen Betrag und meine Mutter eine kleine Rente. Erst war sie als Touristin hier, dann mit Aufenthaltsgenehmigung und irgendwann hat es dann geklappt. Jetzt bin ich,

glaube ich, der einzige in der Familie, der nur den deutschen Paß hat, die anderen haben alle noch zusätzlich israelische Pässe.
(...) Meine Mutter hat darauf bestanden, alle christlichen Feste zu feiern: Weihnachten, Ostern. In meiner Kindheit ist es kaum manifest geworden, daß ich Jude bin, wir sind nie in die Synagoge gegangen, haben nie was mit der jüdischen Gemeinde zu tun gehabt, ich habe keine Bar-Mitzwah* mitgemacht. All diese Sachen, an denen sich jüdische Kultur als etwas Eigenes, Greifbares, Sichtbares zeigt, war nicht da: trotzdem war ich Jude. Ich bekam es gesagt, ich habe es daran gemerkt, daß wir ständig über Israel redeten, daß meine Eltern ab und zu mal Hebräisch sprachen, all die Kleinigkeiten. Ich habe es in der Schule in der Sporthalle, wenn wir unter die Dusche gingen, gemerkt, daß ich beschnitten war und die anderen nicht. Ich habe es daran gemerkt, daß ich nicht zum Religionsunterricht gehen mußte, ich habe es daran gemerkt, daß bei uns sehr oft Juden zu Gast waren, daß sehr oft Leute aus Israel kamen. Ich war 1967 als Kind zwei Wochen in Israel, ich wußte, daß meine Eltern dort gelebt hatten, ich habe natürlich alles berichtet bekommen, was in Deutschland passiert ist. Sachen, die ich erzählt bekommen habe, von denen ich gemerkt habe, daß andere Kinder sie gar nicht gewußt haben, denen man das eben nicht erzählt hat. In der Schule rede ich mit einem Jungen und der erzählt mir, Hitler wäre deshalb so schlimm gewesen, weil er Jude gewesen ist. Ich wurde natürlich gefragt, warum gehst du nicht zum Religionsunterricht, und dann mußte ich das begründen. Ich habe gesagt, ‹ich bin Jude›, wußte aber auch nicht so richtig, was das ist. Es gab ständig Gelegenheiten, wo es irgend etwas gab, wo ich mich unterschieden habe, wo ich das begründen mußte und das nicht richtig konnte.
Es gab natürlich auch mal eine Situation, wo mich einer beschimpft hat mit ‹Jude› und wo ich entgegnet habe ‹Christ›. Man ist was anderes, aber man weiß nicht, warum. Man kann schöner, häßlicher, kleiner, größer sein, aber wenn plötzlich ein Kollektiv einen ausschließt und man einfach merkt, daß man in einem Punkt anders ist

* Bar-Mitzwah, Initiationsfeier der Knaben zum Mann.

als die anderen und das dann noch nicht mal begründen kann, das verbreitet eine starke Unsicherheit. Das verarbeitet man noch nicht als Kind.

(...) Ich bin halt mit Büchern aufgewachsen. Jedes Kind, das ich nach Hause gebracht habe, hat erst mal gestaunt: ‹Was macht ihr mit so vielen Büchern? Habt ihr eine Bibliothek zu Hause?› Die von zu Hause mitgebrachte Bildung unterschied mich natürlich oft viel stärker von anderen als dieses unklare ‹Judesein›. Meine Eltern haben eigentlich nur Deutsch geredet, aber wenn meine Mutter ‹sei ruhig› sagt, dann sagt sie ‹scheket› oder wenn sie Nachrichten gukken, dann heißt das ‹chadaschot›. Ganz bestimmte Ausdrücke sind Hebräisch geblieben. Es gibt immer wieder im Alltag Zeichen dafür, daß irgend etwas anders ist. Ich war seit damals, mit sechs Jahren, nie mehr in Israel gewesen. Ich hatte nie das dringende Bedürfnis, dahin zu fahren. Was da unten passiert – politisch –, das interessiert mich schon. Ich glaube, ich bin viel kritischer gegenüber Israel als die deutsche Öffentlichkeit und wiederum in einer anderen Weise kritisch als die sogenannte anti-imperialistische Linke. Es spielt wahrscheinlich auch eine Rolle, daß ich da nicht hingefahren bin, daß ich mit den Leuten dort Schwierigkeiten hätte, über politische Fragen zu reden, auch mit Verwandten. Mit der Form, wie hier Linke auf Israel reagieren, komme ich überhaupt nicht zurecht. Diese Mischung von Antizionismus und Antiimperialismus in der

deutschen Linken, die hat natürlich viel mit dem Faschismus und der nicht verarbeiteten Vergangenheit zu tun. Israel als (vielleicht sogar faschistischer) ‹Büttel des Weltimperialismus›, da spielt ungeheuer viel Emotion mit rein, die etwas von einer linken Variante des Dregger-Ausspruchs haben: ‹Wir müssen aus dem Schatten des Nationalsozialismus treten.›
(...) Wenn die Jusos bei einem Umzug zum Gedenken der Reichskristallnacht Fackeln benutzen, dann unterstelle ich ihnen einen Mangel an Sensibilität. Was die Grünen angeht, da bekomme ich als Jude ganz gefühlsmäßig und von meiner politischen Grundeinstellung her doch *manche* Schwierigkeiten. Ich meine das Verhältnis der Grünen zur Natur, das sich in ihrer Politik auch umsetzt. Daß sie Bedürfnisse ausdrücken nach intakter Umwelt, nach neuen Formen des Sozialen, nach Selbstbestimmung und Kreativität, das finde ich wichtig. Nur die Ideologie, die bei den Grünen dabei zuweilen zum Vorschein kommt, erinnert mich an Sachen, die ideologisch durchaus zum Faschismus gehören. Allein daß in so einem grünen Bewußtsein immer eine Grenze gesetzt wird zwischen dem Menschen und der Natur. Als ob das zwei verschiedene Dinge wären. Dieses mystische Verständnis von Natur. Natur, sie zur ewigen Natur hochzustilisieren! Dieser Ewigkeitsbegriff, der impliziert dann tatsächlich auch Unterwerfung. Ich habe schon Angst, wenn ich mit den Grünen zusammenkomme und da so eine antizivilisatorische Stimmung, die ja mit dem Faschismus sehr viel zu tun hat, hochkommt. Ich sage nicht, daß das dominiert, aber ich reagiere darauf emotional. Was die Grünen ja auch fordern, ist eine neue Heimat, wieder Geborgenheit, das Gefühl, wieder zu Hause zu sein, neue Identifikationen zu schaffen, das kann auch nach hinten losgehen.
«Auch Deutsche haben eine ‹Kalte Heimat›, denn auch sie sehnen sich nach Wärme.»
Was bei den Juden eine Tradition hat, ist nicht nur ein utopisches Element, es ist so was wie eine internationale Solidarität. Juden haben sich immer über Grenzen hinweg geholfen. Meine Mutter kommt aus dem Schwarzwald, mein Vater aus Krefeld, meine Brü-

der sind in Israel geboren. Die Verwandtschaft lebt irgendwo, nur nicht in Deutschland: in Israel, Südamerika, England, Nordamerika und ich bin in Frankfurt aufgewachsen, meine «Heimat» ist Frankfurt, aber ich könnte mir auch durchaus vorstellen, z. B. in Rom zu leben.
(...) Ich habe zu Ausländern, wie den Türken, die ganz manifest eine andere Kultur haben, erstmal ähnliche Schwierigkeiten wie die Deutschen, natürlich sind das fremde Menschen. Dann habe ich als Linker noch ein paar Probleme mit dieser Kultur, weil ich nicht unbedingt den Islam für eine besonders fortschrittliche Religion halte und die ganze Kultur damit zusammenhängt, auch das Mann-Frau-Verhältnis. Ich fühle mich aber von ihnen nicht bedroht, das ist der Unterschied. Ich habe nicht das Gefühl, daß die mir was wegnehmen oder wegnehmen könnten. Ich fühle mich nicht so eins mit meiner Umgebung, daß ich zwischen mir und den Türken derart eine Grenze ziehen könnte.
Zu einer Bekannten meiner Mutter setzte sich im Restaurant eine Frau und fing gleich an, auf die Ausländer zu schimpfen; das Übliche: ‹faul, dumm, dreckig, leben auf unsere Kosten ...› Daraufhin meinte die Bekannte meiner Mutter: ‹Ich gehöre auch zu denen.› ‹Was? Was sind Sie denn?› ‹Ich bin Jüdin.› ‹Ach, die meine ich natürlich nicht!› Auf so einem Weg macht einen das betroffen, wenn man *die* Ausnahme sozusagen geschenkt bekommt. Das sind Momente, wo man immer wieder selber das Gefühl kriegt, nur geduldet zu sein, kein Recht zu haben, hier zu leben. Obwohl ich es selber nie abbekommen habe. Nur einmal in der Schule gab es neofaschistische Schmierereien und eine schwarze Liste der Juden bei uns, da war ich mit drauf. Das gab es schon. Da habe ich aber schon politisch darauf reagieren können, nicht wie ein Kind, das einen Schrekken bekommt.
Zum Beispiel so eine Szene beim Bund. Ich wurde gemustert. Ein älterer Offizier mit Schmissen auf der Wange sagt zu mir: «Wir haben ja heute schon einen Glaubensgenossen von ihnen da gehabt. Ein sehr netter Mensch! Ich fahre übrigens nächstes Jahr auch nach Israel.» Dann ging das in dem Ton weiter. Dann rief er mir noch ein

‹Schalom› hinterher, statt ‹Auf Wiedersehen›. So was passiert einem eben auch. Geschichten, wo ständig gesagt wird: ‹Du bist Jude.›
Ich war nie in der jüdischen Gemeinde, ich habe nie Interesse daran gehabt. Als Kind habe ich wöchentlich Einladungen bekommen, aber ich bin da nie hin. Jetzt ist es das erste Mal, daß ich mich in einen jüdischen Zusammenhang begebe, in eine jüdische Gruppe, sehr tastend, vorsichtig. Das ist so eine Entwicklung gewesen im letzten Jahr, daß ich das, was ich so unbewußt mitbekommen habe für mich zu problematisieren begann. Jetzt lese ich auch Bücher über jüdische Kultur, über jüdische Bräuche, über jüdische Tradition; nicht um sie mir anzueignen, um zu sagen, das ist *meine* Tradition, sondern weil all das, was ich als Jude bin, natürlich mit diesen Traditionen auch was zu tun hat.
Jude steht für mich als Fragezeichen. Ich kann gegenüber der Wirklichkeit, in der ich lebe, nichts einklagen, was ich schon mal besessen habe oder *glaube* besessen zu haben. Das ist der Unterschied zu Leuten wie den Grünen. Mit dem Fragezeichen, das hat an und für sich was sehr Positives, auf das Fragezeichen habe ich keine Antwort. Ich kann nicht sagen: ‹Ich bin Deutscher und Punkt.› Ich kann aber auch nicht sagen: ‹Ich bin Jude, Punkt.› Damit belüge ich mich auch. Es gibt keine schlüssige Definition des Wortes Jude. Das kann eine religiöse Identität sein, das kann eine kulturelle Identität sein; das ist es bei mir auch nicht. Eine traditionell kulturelle Identität gab es in Polen, die ist kaputt, die jiddische Kultur war so etwas oder die jüdische Kultur, die sich unter der maurischen Herrschaft über Spanien entfalten konnte. Der Zionismus hat versucht, den Juden eine nationale Identität zu schaffen, aus ihnen ein ‹normales Volk› zu machen. Dieser Weg hat in den permanenten Kriegszustand geführt. Es gibt viele verschiedene Antworten auf die Frage: ‹Was ist ein Jude?›
Deutscher und Jude und? Dieses ‹Judesein› zwingt mich dazu, mich mit dem, was ist, nicht abzufinden!»

Der wirtschaftliche Wiederaufschwung nach Beendigung des 2. Weltkrieges wurde vor allem im Sommer 1948 mit der Währungsreform eingeleitet. In den folgenden Jahren kam es zu einer Binnenwanderung, indem Millionen von Vertriebenen aus industriearmen Regionen der Bundesrepublik in die entstehenden Industriezentren Nordrhein-Westfalens, Baden-Württembergs und des Rhein-Main-Dreiecks zogen, um dort Arbeits- und Verdienstmöglichkeiten zu finden.

Nach 1945 bis Anfang der sechziger Jahre kam der Hauptstrom der Einwanderer aus den verlorenen Ostgebieten, auch aus anderen Ländern des Osten und besonders aus der DDR. Bis dahin waren neun Millionen Flüchtlinge in die Bundesrepublik gekommen, die Reaktionen eines Großteils der Bevölkerung auf diese Ostflüchtlinge war eher ablehnend und voller Ressentiments, obwohl es sich um Deutsche handelte. Die Rede war: «Die sollen doch hingehen, wo sie herkommen.» Es wurde nicht zur Kenntnis genommen, daß wir einen Krieg angefangen und verloren hatten, daß diese Flüchtlinge eine Hauptlast des verlorenen Krieges zu tragen hatten.

Vor allem mit Beginn des Mauerbaus am 13. August 1961 kam der Flüchtlingsstrom aus der DDR zum Erliegen. Der deutsche Arbeitsmarkt konnte mit der stark exportorientierten deutschen Wirtschaft nicht Schritt halten. Das sogenannte «Arbeitskräftepotential» reichte nicht aus, daher wurde es notwendig, in größerer Zahl ausländische Arbeitnehmer zu beschäftigen. Zu diesem Zweck schloß die Bundesrepublik mit verschiedenen Staaten bilaterale Regierungsvereinbarungen über die Anwerbung und Vermittlung ausländischer Arbeitnehmer ab. Solche Vereinbarungen wurden abgeschlossen: 1955 mit Italien, 1960 mit Spanien und Griechenland, 1961 mit der Türkei, 1963 mit Marokko, 1964 mit Portugal, 1965 mit Tunesien und 1968 mit Jugoslawien.

Der Zustrom von Arbeitern aus diesen Ländern während der sechziger und Anfang der siebziger Jahre ermöglicht der Bundesrepublik und seiner Bevölkerung ein weiteres wirtschaftliches Wachstum und eine Vermehrung ihres Wohlstandes.

Die im Zuge der Rationalisierung dequalifizierte Arbeitsplätze werden zunehmend mit Ausländern besetzt. Zu teure Rationalisierungen werden dadurch vermieden. Ausländer finden überproportional Beschäftigung in großindustriellen Bereichen (z. B. Männer in der Autoindustrie), in geringer bewerteten Arbeiten des öffentlichen Sektors (z. B. Müllbeseitigung) oder in arbeitsintensiven Industrien (z. B. Frauen in der Textil- und Elektroindustrie), deren Konkurrenzfähigkeit auf dem Weltmarkt somit gesteigert werden konnte.
Obwohl durch die Leistung der ausländischen Arbeiter der Wohlstand der Deutschen entschieden vorangetrieben und stabilisiert wurde, dachte die Bundesregierung zu keiner Zeit daran, den Ausländern den selbstverständlichen Wunsch nach einem gleichberechtigten und menschenwürdigen Leben in der Bundesrepublik zu ermöglichen. Die Bundes- und Landesregierungen haben ein rein ökonomisches Interesse an der Anwesenheit der Ausländer. Ganz deutlich wird das im «Bundesarbeitsblatt» aus dem Jahre 1970, dem Organ der Arbeitgeber, formuliert:
«Arbeitgeber werben Ausländer an, weil sie für ihre zu besetzenden Stellen Arbeitskräfte im eigenen Land nicht finden ... Kein deut-

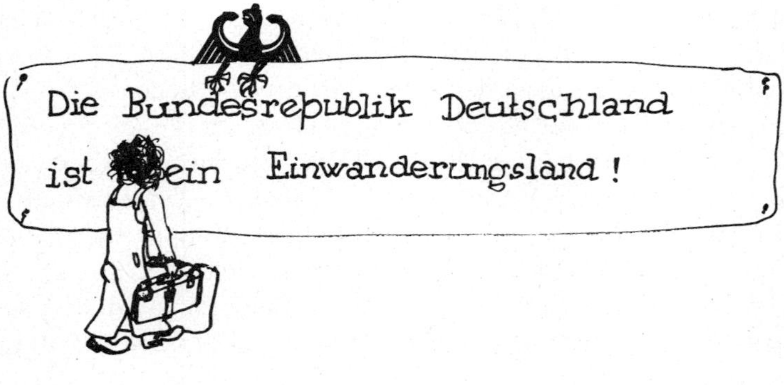

scher Arbeitgeber beschäftigt Ausländer, um damit Bildungs- oder Entwicklungspolitik zu treiben. In erster Linie interessiert ihn die Arbeitskraft und was sie für den betrieblichen Produktionsprozeß zu leisten imstande ist.»

In einem Bericht der Bund-Länder-Kommission vom 28. 2. 1977 heißt es: «Die Bundesrepublik Deutschland ist kein Einwanderungsland. Sie versteht sich als ein Aufenthaltsland für Ausländer, die in der Regel nach einem mehr oder weniger langen Aufenthalt aus eigenem Entschluß in ihre Heimat zurückkehren.»

In Zeiten der Hochkonjunktur werden überproportional viele Ausländer eingestellt. In Krisenzeiten werden übermäßig viele entlassen.

Gleichzeitig wird der Druck zur Rückkehr in ihre Heimatländer verstärkt. So gingen in den Krisenjahren 1966/67 ca. 300000 Ausländer in ihre Heimatländer zurück. Sie kehrten beim wirtschaftlichen Aufschwung der Bundesrepublik wieder zurück.

Bis 1973 wurden die ausländischen Arbeitskräfte weiterhin gebraucht. Der Ausbruch der bis heute andauernden Wirtschaftskrise (1973) brachte auch für die ausländischen Arbeiter einschneidende Änderungen mit sich. In Folge der sich erheblich verschlechternden Beschäftigungslage kam es am 23. 11. 1973 zum sogenannten «Anwerbestopp». Die Angehörigen der meisten Anwerbeländer konnten im Regelfall nicht mehr zur Arbeitsaufnahme in die Bundesrepublik einreisen. Von dieser Regelung waren die EG-Länder ausgeschlossen. Doch der Anwerbestopp erbrachte nicht die erhoffte Wirkung, da weiterhin Familienangehörige ihren in der Bundesrepublik lebenden Verwandten nachfolgen konnten.

Nachdem in den Jahren 1975/76 von einzelnen Großstädten eine Zuzugssperre für Ausländer verfügt, jedoch nach einiger Zeit wieder aufgehoben wurde, erging am 1. 4. 1979 der «Wartezeiterlaß». Diese Weisung des Bundesarbeitsministeriums an die Bundesanstalt für Arbeit bedeutete, daß die nachreisenden Familienangehörigen zwar später arbeiten durften, jedoch eine bestimmte Zeit auf die Erteilung ihrer Arbeitserlaubnis warten mußten. Bei Ehegatten beträgt die Wartezeit 4 Jahre, bei Jugendlichen 2 Jahre und kann durch berufsvorbereitende Maßnahmen verkürzt werden. Da gegen diese Verwaltungspraxis rechtsstaatliche Bedenken bestanden, wurde am 4. Juni 1981 eine gesetzliche Grundlage für die Praxis geschaffen und das «Wartezeit-Gesetz» verabschiedet. Als Auswirkung des sogenannten «Kühn-Memorandums», das Ende 1979 der damalige «Beauftragte der Bundesregierung für die Integration der ausländischen Arbeitnehmer und ihrer Familienangehörigen» und ehemalige Ministerpräsident Heinz Kühn vorgelegt hatte und das durchaus ausländerfreundliche Tendenzen aufwies, beschloß die Bundesregierung am 19. 3. 1980 u. a. folgende Maßnahmen:

- Förderung der schulischen Entwicklung der ausländischen Jugendlichen,
- Maßnahmen zur Berufsvorbereitung,
- Anspruch auf Erteilung der Arbeitserlaubnis für zuziehende Jugendliche, die
  - eine Schul- oder Berufsausbildung abgeschlossen haben,
  - berufsorientierte Vorbereitungsmaßnahmen besuchen oder
  - ein Ausbildungsverhältnis eingehen.

Die Kehrtwendung kam am 11. 11. 1981, als die Bundesregierung beschloß, den Nachzug aller nicht EG-Angehörigen unter Ausschöpfung aller rechtlichen Möglichkeiten zu verhindern. Grund für die veränderte politische Handhabung des Ausländerproblems war der Umstand, daß die Zahl der Arbeitslosen sich inzwischen auf fast 2 Millionen erhöht hat. Am 3. 2. 1982 folgten dann die ausländerpolitischen Grundpositionen der Bundesregierung, nach denen

- die weitere Zuwanderung von Ausländern langsam begrenzt werden sollte,
- die Rückkehrbereitschaft zu stärken ist und
- die wirtschaftliche und soziale Integration der seit vielen Jahren hier lebenden Ausländer verbessert und ihr Aufenthaltsrecht präzisiert werden sollte.

Folgende Personen erhalten keine Aufenthaltserlaubnis mehr, d. h., sie können ihren Verwandten nicht mehr in die Bundesrepublik nachfolgen:

1. Kinder, die über 16 Jahre alt sind
2. Kinder, wenn sich nur ein Elternteil hier aufhält
3. Kinder und Ehegatten, deren Vater oder Ehegatte in Deutschland eine Ausbildung absolviert,
4. Ehegatten von Ausländern, wenn diese (in Deutschland wohnende Ausländer) selbst als Kinder in die Bundesrepublik ihren ausländischen Eltern nachgereist oder hier geboren sind.

Ausnahmeregelungen sind vorgesehen, wenn sich beide Eltern bereits seit über acht Jahren hier aufhalten, das 18. Lebensjahr vollendet ist und die Ehe ein Jahr bestanden hat. 1982 haben dann die meisten Bundesländer Vorschriften erlassen, nach denen nur noch Kinder zu ihren Eltern ziehen dürfen, die unter 16 Jahren sind. Im Bundesrat, der Vertretung der Länder, liegen Initiativen vor, diese Altersgrenze noch weiter bis unter sechs Jahre zu senken.
Unterstützt werden diese Bundesländer von dem Bundesinnenminister Friedrich Zimmermann (CSU), der sich mit aller Entschiedenheit für eine Senkung der Altersgrenze auf ebenfalls sechs Jahre einsetzt und für die Einschränkung des Rechtes für Ehegatten in die Bundesrepublik nachzukommen.

Kindern ausländischer Arbeitnehmer, die älter als 16 Jahre sind, soll die Einreise grundsätzlich untersagt werden. Das heißt konkret, daß z. B. auch die 17jährige Griechin Sofia, die bei ihren Großeltern aufgewachsen ist (weil sie die Schule erst beenden sollte), nicht zu ihren Eltern nach Deutschland ziehen darf. Zwar könnte ihr 14jähriger Bruder Theo (den man noch schnell aus der Schule nehmen könnte) zu den Eltern ziehen, doch würde der ja bei Vollendung seines 18. Lebensjahres ausgewiesen werden, da er nur 4 Jahre hier gelebt hat.

Jugendliche unter 16 Jahren dürfen nur dann in die Bundesrepublik ziehen, wenn beide Elternteile hier leben. Bisher war die Einreise von Jugendlichen unter 18 Jahren nach Deutschland auch möglich, wenn nur ein Elternteil hier wohnte. Das bedeutet z. B., daß der 10jährige Marco, der bisher bei seiner Mutter in Jugoslawien lebt, aber von ihr wegen ihrer schweren Krankheit nicht mehr zufriedenstellend betreut werden kann, nicht zu seinem in der Bundesrepublik lebenden Vater, der sich besser seiner annehmen könnte, ziehen darf.

Hier lebende Ausländer, die eine Aufenthaltserlaubnis nur zum Zwecke einer Aus- und Fortbildung erhalten haben, dürfen nicht mehr ihre Ehegatten und Kinder nachholen. Das heißt, daß sie z. B. während ihres 5jährigen Studiums in der Bundesrepublik oder in Berlin nicht mit ihrer Familie zusammenleben dürfen.

Ehegatten von Ausländern wird der Nachzug in die Bundesrepublik fast unmöglich gemacht. Das hat z. B. für den jungen Spanier Juan, der mit 15 Jahren zu seinen Eltern in die Bundesrepublik eingereist ist, inzwischen einen Arbeitsplatz und eine ausreichende Wohnung hat und nun im Alter von 18 Jahren eine in Spanien lebende Frau heiratet, die Folge, daß er seine Ehefrau frühestens nach 5 Jahren in die Bundesrepublik nachholen und mit ihr zusammenleben kann.
Oder für den 19jährigen Türken Ali, der seit 13 Jahren in Berlin lebt, eine unbefristete Aufenthaltserlaubnis hat, aber zur Zeit arbeitslos ist, heißt das, daß er seine Frau, die er gerade in der Türkei geheiratet hat, nicht nach Berlin holen kann, um mit ihr zusammenzuleben. Es wird ihm erst erlaubt, wenn er eine Arbeit gefunden hat. Es kann aber noch schlimmer kommen!
Nach einer Regelung des Berliner Senats können sogar ausländische Jugendliche, die bereits in Berlin bei ihren Eltern leben, ausgewiesen werden, wenn sie bei Erreichen des 18. Lebensjahres keine Arbeits- oder Ausbildungsstelle haben. Diese Regelung ist bisher von den Bundesländern nicht übernommen worden. Allerdings haben die CDU-regierten Bundesländer zu erkennen gegeben, daß sie auch eine Übernahme dieser Regelung anstreben. Das heißt, daß z. B. die Türkin Fatmagül, die schon 7 Jahre hier lebt, aber keine Lehrstelle vorweisen kann, ausgewiesen werden kann, sobald sie volljährig ist. Sie würde bei ihrer erzwungenen Rückkehr in die

Türkei alleine und mittellos dastehen, da ihre Familie in der Bundesrepublik bleibt, da sie sich hier eine Existenzgrundlage aufgebaut hat. Dabei heißt es im Artikel 6 des Grundgesetzes:
«Ehe und Familie stehen unter dem besonderen Schutz der staatlichen Ordnung.» Das Grundgesetz wird gegenüber den Ausländern in schwerwiegender Weise verletzt; denn der Artikel 6 GG gilt auch bei rein ausländischen Ehen, das wurde in einem Urteil des Bundesverwaltungsgerichts vom 20. 5. 1980 entschieden. Die vorgesehenen Maßnahmen zum Familiennachzug verletzen auch die von der Bundesrepublik eingegangenen internationalen Verpflichtungen. So hat die Bundesrepublik die Europäische Sozialcharta vom 18. 10. 1961 unterzeichnet, die ihre Mitglieder verpflichtet, auf eine wirksame Ausübung des Rechts der Wanderarbeiter und ihrer Familien hinzuarbeiten. Die Bundesrepublik ist auch Unterzeichner der Schlußakte der Konferenz über Sicherheit und Zusammenarbeit vom 1. 8. 1975 in Helsinki. Diese Schlußakte sieht vor, daß die Teilnehmerstaaten Anträge auf Familienzusammenführung in positivem und humanitärem Geist behandeln. Ausdrücklich verpflichten sich die Unterzeichnerstaaten, die Normen über die Familienzusammenführung auch dann anzuwenden, wenn verheiratete Ehegatten aus verschiedenen Staaten ihren Ehegatten oder ihre minderjährigen Kinder zu sich holen möchten.
Das von den Deutschen als eines der höchsten Werte hoch gepriesene Familienleben wird vielen Ausländern durch die neuen Regelungen vorenthalten. Die Ausländerpolitik der Bundes- und Landesregierungen unterteilt die Ausländer damit in zwei Gruppen:

1. In die ökonomisch brauchbaren Ausländer. Sie dürfen bleiben und sollen sich möglichst einbürgern lassen, also Deutsche werden.
2. In die ökonomisch unbrauchbaren, weil unproduktiven Ausländer. Sie sollen so schnell wie möglich verschwinden. Sie könnten ja möglicherweise als Kinder oder Jugendliche Kosten in Form von Kindergarten-, Schul- und Ausbildungsplätzen verursachen und später Arbeitslosengeld oder sogar Sozialhilfe benötigen.

Unterstützt wird diese Politik durch die Schaffung bzw. Förderung

eines Klimas, in dem die Ausländer als Bedrohung dargestellt werden, die «zu viele» geworden sind, von denen mehr «nicht zu verkraften» sind,
von der «Flut», der «Welle», der «Walze» ist die Rede, die über uns gekommen ist.

Die Ausländer der sogenannten 1. Generation, also die Eltern der in unserem Buch zu Wort kommenden Jugendlichen, sind ausschließlich zum Arbeiten und Geldverdienen in die Bundesrepublik gekommen. Sie hofften hier soviel Geld zu verdienen, daß es für eine halbwegs gesicherte Existenz in der Heimat reicht. Die Länder, aus denen sie kamen, gehörten zu den ärmsten Europas, ihre Regierungen waren nicht in der Lage oder willens, ihnen eine Existenzgrundlage zu ermöglichen.
Darum wurden sie gezwungen, in die «reichen» Länder auszuwandern, in die Bundesrepublik, die Schweiz, Österreich, Frankreich oder Schweden, dorthin, wo es genug Arbeit für alle gab. So jedenfalls hatten es die Freunde und Nachbarn erzählt, die im Urlaub nach Anatolien, Kalabrien oder Andalusien kamen. Mit phantastischen Beschreibungen über den Reichtum dieser Länder verlockten sie die Daheimgebliebenen, auch dort ihr Glück zu versuchen. Sie trennten sich von ihren Familien, im vollen Vertrauen, in vier oder fünf Jahren mit viel Geld in die Heimat zurückzukehren, was sie für ihr Heimweh entschädigen sollte.
So kamen sie zu uns, als die sogenannten Gastarbeiter, sie lebten alleine, scheinbar bedürfnislos, in Wohnheimen und Massenunterkünften, machten so viele Überstunden wie möglich, gönnten sich nichts und schickten den größten Teil des Lohnes nach Hause. Um ihr Heimweh zu stillen, trafen sie sich mit ihren Landsleuten auf dem Bahnhof. Hier sahen sie die Züge in ihre Heimat abfahren und hofften, daß auch sie bald zurückfahren. Im Radio konnten sie ihr Heimweh dann von Conny Froboes kolportiert besungen hören: «Zwei kleine Italiener», die am Bahnhof stehn und auf den Zug nach Napoli warten.
Die Deutschen nahmen die Ausländer zwar mit Argwohn zur

Kenntnis, aber sie waren erleichtert, daß die Gastarbeiter «freiwillig» Arbeiten annahmen, die kein Deutscher mehr wollte, sei es bei der Müllabfuhr, auf dem Bau oder als Straßenkehrer. Die Hauptsache war, daß die Wirtschaft florierte, und das garantierten die Ausländer. So hoben in den sechziger Jahren die Deutschen bei Umfragen die Sparsamkeit der Ausländer hervor. Das war das einzige Lob, zu dem man bereit war. Ansonsten waren Ausländer für Deutsche laut, jähzornig, nicht sauber und hinter Mädchen her. Aber auch die Ausländer fühlten sich nicht wohl bei uns. Ausreichende Deutschkenntnisse erleichterten ihnen zwar den Alltag, aber der Kontakt mit den Deutschen war spärlich und konnte ihnen nicht die Familie ersetzen. Sie mußten sich eingestehen, daß sie schon ein paar Jahre hier arbeiteten, aber ihre Ersparnisse noch lange nicht für eine Existenz in der Heimat reichten. So holten sie während des nächsten Urlaubs ihre Familien nach. Sie zogen aus den Wohnheimen aus, zahlten horrende Mieten für kleine Wohnungen, da sie froh sein mußten, als Ausländer überhaupt etwas zu finden.
Für die ausländischen Familien war das Zusammenleben in einem fremden Land schwierig. Die Kinder hatten ihren Vater oft jahrelang nur im Urlaub gesehen, das hatte zu einer Entfremdung geführt. Viele Kinder waren inzwischen zu Jugendlichen herangewachsen und selbständig geworden. Sie hatten Schwierigkeiten, die Autorität des Vaters zu akzeptieren. Wir haben oft erlebt, daß bei Konflikten ausländische Eltern ihre Kinder wieder in die Heimat schickten, um sie ein paar Jahre später erneut zurückzuholen. Doch auch für die Eheleute entstanden auf Grund der Trennung Konflikte, auch sie waren sich fremd geworden. Es kam vor, daß der Ehemann eine deutsche Freundin hatte. Viele Ehefrauen mußten mitarbeiten, sonst konnten die Familien nicht genug sparen. Für die Frauen war das eine völlig neue Situation, da sie es nicht gewohnt waren, in der Fabrik zu arbeiten. Doch auch die ausländischen Frauen, die schon vor ihren Männern in der Bundesrepublik arbeiteten, hatten es schwer. Sie waren ein selbständiges Leben gewöhnt und konnten über ihr eigenes Geld bestimmen. Als ihre Männer kamen, waren diese entsetzt und verunsichert über ihre veränderten

Ehefrauen. Es kam zu ständigen Konflikten, da sich die Frauen nicht bevormunden lassen wollten und inzwischen auch für ihre Kinder andere, weniger traditionelle, Erziehungs- und Moralvorstellungen hatten als ihre Männer. Für die ausländischen Kinder und Jugendlichen, die 2. Generation, war das Einleben in eine neue Kultur sehr unterschiedlich. Je jünger sie waren, desto leichter war es für sie, sich einzuleben, besonders dann, wenn sie das Glück hatten, in einem deutschen Kindergarten oder als Erstkläßler in eine deutsche Schule zu kommen. Problematischer war es für die Kinder, die erst mit elf, zwölf Jahren oder noch älter hierher kamen. Meistens wurden sie in Türken- oder Griechenklassen abgeschoben, lernten ungenügend Deutsch und hatten nach Beendigung der Schulzeit keine Chance auf eine qualifizierte Ausbildung. Da ihre Eltern sich in unserem komplizierten Schul- und Ausbildungssystem nicht auskannten, wurden die Jugendlichen meistens in die Fabrik geschickt. Die Töchter verheiratete man früh mit einem Landsmann, die alten Familienstrukturen sollten erhalten bleiben.
Sicherlich kann man von einem Kulturschock sprechen, den die Ausländer dadurch erleiden, daß sie beruflich, sprachlich und kulturell völlig unvorbereitet und nur mit Klischeevorstellungen, hochgeschraubten Erwartungen und leicht verwundbaren Hoffnungen versehen in wenigen Stunden von einer Welt in eine andere versetzt werden. Wir können uns als Vergleich vor Augen führen, wie es uns ergeht, wenn wir eine Reise in ein uns fremdes Land unternehmen, aber fast immer haben wir uns abgesichert und den Rückflug schon gebucht. Auch die Deutschen, vor allem die Arbeitskollegen der ausländischen Arbeiter, sind genausowenig auf den Umgang mit Ausländern vorbereitet. Je fremder die Kultur ist, um so ablehnender verhalten sie sich. Die Folge davon ist bei den Ausländern, daß sie sich immer mehr abkapseln und intensiv den fast schon «sippenhaften» Zusammenschluß mit ihren Landsleuten, den Leidensgenossen, suchen.
Je mehr Ausländer in die Bundesrepublik kommen, desto schwieriger wird ihre Situation. Von Politikern, aber auch in den Medien wird von Türkengettos gesprochen, vom Ansteigen der Kriminali-

tät durch ausländische Jugendliche, von der Unsicherheit deutscher Frauen nachts auf den Straßen. Immer beliebter wird der Vergleich mit dem Land, dem die Deutschen auch sonst gerne nacheifern, mit Amerika. Man will keine New Yorker Zustände, kein Klein Harlem am Main. Nun hinkt der Vergleich mit den USA, da diese ein klassisches Einwanderungsland sind. In den USA bildete sich trotz des propagierten ethnischen «Schmelztiegels» die Vorherrschaft einer ethnischen Gruppe heraus, es vollzog sich die Anpassung aller anderen Einwanderungsgruppen, wie der Schwarzen, Italiener, Iren und Spanischsprachigen, an die Werte und Lebensweisen der «weißen protestantischen Angelsachsen». Natürlich versuchen die verschiedenen Ethnien, ihre eigenen Kulturen zu erhalten. So schreibt die Jüdin Atina Grossmann über ihre Schulzeit in New York: «Kaum einer meiner Spielkameraden und Freunde war ‹echter› Amerikaner, mindestens die Großeltern, wenn nicht die Eltern waren woanders geboren, alle konnten sie ein bißchen Yiddisch, Spanisch, Deutsch oder was auch immer. Und damit verstanden wir uns gerade als ‹amerikanisch›. Daß es möglich ist, Amerikaner mit Bindestrich zu sein: Black-American, Italian-American, Irish-, Hispanic-, Jewish-American usw., war uns selbstverständlich. In den USA gibt es wohl Rassismus, aber keine Volksgemeinschaft ...» (Die Tageszeitung, 27. 5. 1981, West-Berlin).

Unter dem Rassismus haben besonders die Schwarzen und die sogenannten Latinos, die aus Puerto Rico, Mexiko, Kuba usw. kommen und mit unseren Gastarbeitern vergleichbar sind, zu leiden. Die Amerikaner erwarten von ihren Einwanderern eine Anpassung an ihre Werte, Normen und Lebensweisen, genauso wie es die Deutschen von den Türken erwarten. Sicherlich können auch wir behaupten, daß es den in den zwanziger Jahren einwandernden Polen geglückt ist, sich anzupassen, daß nur noch ihre Namen fremd klingen, sie selber sind es nicht mehr. Es werden zwar noch polnische Feste gefeiert und es gibt noch traditionelle Organisationen wie der «Bund der Polen in Deutschland» oder der Kirchenchor «Organ», aber das ist auch alles.

Doch können wir wirklich verantworten, den 4,4 Millionen bei uns

lebenden Ausländern unsere kulturelle Vorherrschaft aufzudrängen, gibt es wirklich nur die Alternative deutsch zu werden oder türkisch zu bleiben?
Wäre es für uns nicht vorstellbar, daß die Ausländer hier bei uns Bedingungen vorfinden, die es ihnen ermöglichen, sich ohne Angst um den Verlust ihrer ethnischen Identität der sozialen Wirklichkeit unseres Landes zu stellen? Ihre unterschiedlichen Kulturen könnten unser Leben bereichern, aber nur dann, wenn die Ausländer gleichberechtigt hier leben können. Denn was haben wir eigentlich davon, wenn die deutsche Kultur zur beherrschenden und die fremde Kultur zu beherrschten wird?
Vielleicht ist Patricia, deren Eltern zu den ersten Gastarbeitern gehören, ein Beispiel dafür, wie man verschiedene Kulturen in sich vereinen kann.

Patricia kennen wir schon seit Jahren aus verschiedenen Zusammenhängen der Alternativkultur. Man trifft sie bei einschlägigen Tanz- und Musikveranstaltungen, Frauentreffen, aber auch als Köchin von indischen Gerichten, wie Pakoras, bei einem multinationalen Festival in der Pfalz.

Patricia ist 25, Französin und Jüdin, sie spricht Frankfurter Dialekt. Geboren in Paris, die Mutter Algerien-Französin, der Vater kommt aus Marokko. Nach ein paar Jahren in Frankreich und Israel kam die Familie nach Frankfurt und lebt schon lange im selben Stadtteil, in dem Patricia bekannt ist wie ein ‹bunter Hund›. Patricia hat sich durch Pflegefamilien, Kinderheime und Schulen durchgeboxt. Ihr Vater ist inzwischen Deutscher geworden. Patricia fragt sich, wie er das schafft mit seinem arabisch-spanisch, jüdisch-hebräisch und französisch geprägtem Ich. Sie zieht es, wie ihre Mutter, vor, ihren französischen Paß zu behalten. Immer hat sie sich für die Unterdrückten eingesetzt und ist dadurch zur engagierten Sozialarbeit gekommen. Stark gemacht hat sie sich in der Frauenbewegung, in der Kampagne gegen den § 218. Längere Zeit war sie in Indien und hat versucht, über Meditation und Baghwan ihrem Ich näher zu kommen. Jetzt ist sie engagiert in einem Schülerladen, strickt nebenbei Pullover für Freunde und wohnt mit ihren Freundinnen Elisabeth, einer Jugoslawin, und Greta, einer Norwegerin, zusammen.

«Mein Vater kam Ende der fünfziger Jahre nach Deutschland. Er gehörte zu den ersten Ausländern. Er mußte von Anfang an hart arbeiten und wurde nicht gerade gastfreundlich aufgenommen. 1960 kamen meine Mutter und ich nach. Ich kann mich erinnern, daß meine Eltern schwer arbeiten mußten, sie arbeiteten beide im Kneipenmilieu, meine Mutter als Tellerwäscherin und Putzfrau und mein Vater an der Theke. Irgendwann mal haben sie für sich ungeheuer Glück gehabt. Sie haben eine Kneipe übernommen, die keiner mehr haben wollte, weil sie so verrottet und versumpft war. Na ja, und in dieser Kneipe ging dann die Szene ab, es war keine bürgerliche Kneipe, eher eine Subkneipe mit Kloppereien und viel Bier. Meine Eltern hatten es ungeheuer schwer, es wurde oft eingebrochen, und das Geld reichte nicht, um die Kosten zu decken. Unterstützt wurden sie von niemandem, weder vom Sozialamt noch von der jüdischen Gemeinde. Keiner fühlte sich für sie verantwortlich. Ich bin von klein auf in dieser Kneipe rumgefallen, und das war sehr heavy für mich. Ich hatte z. B. ganz lange Haare, als wir nach

Deutschland kamen, meine Mutter hatte keine Zeit mehr für mich. Sie hatte keine Zeit, mir die Haare zu kämmen, und da mußten sie ab.
Mit der Sprache hatte ich keine Schwierigkeiten gehabt, die habe ich in zwei Monaten gelernt. Mir hat es hier überhaupt nicht gefallen. Ich habe ziemlich gelitten, vor allem, daß meine Mutter keine Zeit mehr für mich hatte. Ich kann mich erinnern, daß ich nicht essen wollte und ständig brechen mußte. Weil meine Eltern keine Zeit hatten, mußten sie mich zu einer Pflegefamilie geben. Diese Familie wohnte in einer Sozialbausiedlung, die verrufen war. Ich habe mich da nicht sehr wohl gefühlt und hab auch gleich Schwierigkeiten gehabt. Da war ich von Anfang an eine Außenseiterin. Ich sah anders aus und war fremd, die Kinder wollten nicht mit mir spielen.
Dann sollte ich in die Schule, aber ich habe den Einschulungstest nicht bestanden und bin in die Vorschule gekommen. Aus familiären Gründen mußte ich dann aus dieser Familie weg und bin für kurze Zeit in eine andere gekommen. Ja, und dann sollte ich ins Kinderheim. Bevor ich da hin kam, eröffnete mir meine Mutter, daß ich Jüdin bin. ‹Paß mal auf, du bist Jüdin, Jüdin sein kann man hier in Deutschland nicht, das darfst du niemandem sagen und deshalb

kommst du in den katholischen Religionsunterricht.›
In der Schule war ich von Anfang an sehr schlecht, ich hatte keine Lust. Hausaufgaben habe ich nie gemacht. Nur das, was mir einfach erschien. Ich habe einen absoluten Druck gehabt wegen dem Religionsunterricht. Zu dem Pfarrer habe ich Vertrauen gehabt, aber ich war halt Jüdin und dann hast du im Religionsunterricht gehört, daß die Juden halt schlecht sind, daß der Judas den Jesus verraten hat, und ich war mit meinem Druck ganz alleine. Vor jeder Religionsstunde hatte ich vor, dem Pfarrer zu sagen, daß ich Jüdin bin. Ich hatte damals eine Freundin, der habe ich es dann gesagt und die ist total ausgeklinkt, hat geheult und wollte nicht mehr mit mir in die Kirche gehen. Dadurch, daß ich Außenseiter war, war ich unheimlich empfindlich für Ungerechtigkeiten, schon als kleines Kind. Im Kinderheim habe ich mit denen gespielt, mit denen niemand spielen wollte, z. B. mit dicken Kindern oder Kindern, die krank waren.
Dann kam ich aus dem Kinderheim raus zu einer anderen Familie. Ich habe halt ständig die Schulen gewechselt, nie länger als ein halbes Jahr in derselben, ständig in einer anderen Familie. Meine Eltern hatten immer noch keine Zeit gehabt für mich, bis dann meine Mutter mal gemerkt hat, daß ich mit 10 Jahren immer noch nicht lesen konnte, da ist sie total ausgefreaked. Da hat meine Mutter ungeheuren Terror gemacht, ist mir mir zum Schulpsychologen und ich kam in eine Tagesheimschule. Mit 11 bin ich zu meinen Eltern gekommen, die eine neue Kneipe aufgebaut und inzwischen ganz gut Kohle hatten. Die haben unheimlich geschuftet. Abends konnten sie mir gerade noch fünf Mark hinlegen, ich bin morgens auf und weg, alles habe ich alleine gemacht. In der Zeit habe ich ungeheuer viel ferngesehen. Ich kam dann in eine Phase, wo ich meine Eltern stark angemacht habe, wie sie sich zu mir verhalten haben, mit Heulkrämpfen, Vorwürfen: ‹Ihr habt euch nie um mich gekümmert, immer nur ans Geld gedacht.› Irgendwann haben sie das dann auch eingesehen, aber da war es schon zu spät.
Mit 14 bin ich dann ins Jugendhaus gegangen. Ich hatte schon vorher Leute kennengelernt, die gingen aufs Gymnasium, da hatte ich absolute Minderwertigkeitskomplexe. Ich war in der Volksschule

in der 7. Klasse. Die lasen den ‹Prozeß› von Kafka und ich hatte noch nie ein Buch gelesen. Mein erstes Buch war ‹Antiautoritäre Erziehung› von Neill, das fand ich toll. Ich war immer ein fürchterlich aggressives und freches Kind. Wenn ich ins Schwimmbad kam, hat der Bademeister ‹Achtung, der Schwimmbad-Schreck kommt› gerufen. Ich habe dann da im Jugendhaus Kontakt bekommen zu anderen Jugendlichen. Zu den Disco-Jugendlichen habe ich nie Kontakt gehabt. Dem normalen Schönheitsideal habe ich nie entsprochen, bei denen vom Jugendhaus kam ich besser an. In dieser Zeit habe ich ungeheuer viel gelogen aus Minderwertigkeitskomplexen. In dem Jugendhaus gab es so Diskussionsrunden und irgendwie bin ich in politische Gruppen reingekommen. Ich war der Kasper in der Gruppe, nur rumgeblödelt. Dann war ich mit der Volksschule fertig und mir ist einfach kein Lehrberuf eingefallen. Ich bin erst mal ein Jahr zu einer privaten Handelsschule gegangen. Das war eine ungeheuer schlimme Zeit. Zu dieser Zeit gab es einen Sozialarbeitermangel im Jugendhaus, da hat mich der Leiter ge-

fragt, ob ich nicht nachmittags auf die Kinder aufpassen könnte. Da bin ich dann nachmittags hin.
Ich war inzwischen total verzweifelt in der Schule mit diesem Steno etc., da hat der Sozialarbeiter aus dem Jugendhaus einen Brief an die Berufsfachschule für Sozialarbeit geschrieben, daß zwar mein Zeugnis schlecht, ich aber sehr begabt sei und sie mich doch aufnehmen sollen. Auf Grund dieses Briefes bin ich auf diese Schule gekommen. Da war ich dann politisch interessiert, viel rumgelesen, Flugblätter verteilt. In der Schule habe ich in der ersten Mathearbeit eine 2 geschrieben, das war der Durchbruch; es kam auf dieser Schule auch mehr darauf an, was du im Kopf hast, als das, was du schreibst. Ich konnte ganz gut formulieren, was ich will. Irgendwann bin ich dann im Frauenzentrum gelandet, da bin ich dann hängengeblieben. Im Frauenzentrum war es zum erstenmal, daß ich Sachen gemacht habe, die was mit mir als Frau zu tun hatten.
Erst habe ich auf der Schule die mittlere Reife gemacht, dann eine Ausbildung als Kinderpflegerin und später eine als Erzieherin. Ich habe gute Lehrer gehabt und die Schule war ein wichtiger Teil in meiner Entwicklung. Anschließend bin ich auf die Fachhochschule für Sozialarbeiter, da bin ich ziemlich auf Psychologie abgefahren, Wilhelm Reich und Gestalttherapie. In dieser Zeit habe ich mich nicht als Ausländerin gefühlt. Als Außenseiter schon, weil ich ziemlich rumgepowert habe. Am Ende war ich Schulsprecherin, so habe ich da rumgemacht. Ich habe mich damals als Deutsche gefühlt, ich habe mich von Ausländern distanziert, ich hätte nie eine Beziehung haben können zu einem Ausländer. Meine Mutter fühlt sich als Ausländerin und ist es bewußter als mein Vater. Nur zieht sie ganz klar eine Trennung zwischen sich und Türken, die fühlt sich schon als was Besseres. Da besteht sie auch drauf, die Türken sind halt für sie die Zigeuner. Meine Mutter fühlt sich als Französin, die ist zwar in Algerien geboren, möchte aber auf keinen Fall als Araberin gelten. Als wir in Israel lebten, da ging ich in den Kindergarten zu Nonnen, habe im Araberviertel gewohnt und mit arabischen und jüdischen Kindern gespielt. Auch für die Juden in der Gemeinde ist meine Mutter eine Ausländerin. Die sieht halt einfach anders aus.

Wir hatten keinen Kontakt zur jüdischen Gemeinde, denn auch unter den Juden gibt es eine gewisse Diskriminierung und mein Vater ist ja ein orientalischer Jude. Ich war vor zwei Jahren das letzte Mal in der Synagoge. Die einzigen Feste, die ich als Kind mitgekriegt habe, waren das Jom Kippur und das Neujahrsfest. Meine Eltern haben mich verunsichert mit den Juden, ‹die Juden sind die Größten, die Besten, die Schönsten, sind alle unheimlich intelligent›, haben mich total vollgestopft mit Minderwertigkeitskomplexen, und als ich plötzlich Kontakt hatte zu jüdischen Kindern, habe ich mich so komisch verhalten, daß die mich total abgelehnt haben. Ich habe auch eine andere Position zu Israel als so mancher in der politischen Szene. Ich reagiere da sehr empfindlich drauf. Da laufen Dinge! Letztens auf dem Land hat einer gesagt, ‹ich habe einen Israeli getroffen, der war aber ganz nett.› Ich finde nicht gut, was die Israelis machen, aber ich finde es auch nicht legitim, wie die Araber sich verhalten. Ich weiß z. B. von meinem Vater, daß meine Oma irgendwann nach Israel ausgewandert ist und da gelebt hat mit Arabern, Tür an Tür, und das war auch nie ein Problem. Ich finde schon Scheiße, was die machen, aber ich bin trotzdem dafür, daß die Juden einen eigenen Staat haben. Es gibt ungeheure Vorurteile gegenüber den Juden, auch hier in Frankfurt in der politischen Szene, da denkst du manchmal, da spricht sein Vater aus ihm. Leute, die eigentlich sagen, daß sie links sind oder progressiv und die so einen richtigen Judenhaß haben, weil Jude gleichgesetzt wird mit Kapitalist. Es gibt so viele Hausbesitzer, die Deutsche sind, aber wenn es ein Jude ist, wird betont: ein jüdischer Spekulant.

Meine Eltern sind sehr zufrieden mit dem, was ich geworden bin. Mein Vater möchte eigentlich, daß ich verheiratet bin, Kinder und einen Mann habe, der mit ihm im Geschäft arbeitet. Wenn das schon nicht geht, dann möchte er zumindest, daß ich eine gute Geschäftsfrau bin oder im Büro arbeite. Sozialarbeit, das lehnt er total ab. Eine Frau, die im Büro sitzt und tippt, die stellt er auf eine höhere Stufe als eine, die so ein Idiotenstudium macht.

Meine Mutter kommt im Grunde nicht mit den Deutschen klar, mit

ihrer Art. Sie findet die Deutschen nicht gastfreundlich, nicht herzlich, das stimmt ja auch. Manche behandeln dich, als wärst du das Allerletzte. Einmal duzen sie dich schon mal vorneweg, reden mit dir, als wärst du ein Baby. Ich werde oft für eine Türkin gehalten, bevor ich meinen Mund aufgemacht habe. Bevor die gemerkt haben, daß ich gut deutsch spreche, haben die mich schon angemacht.
Wenn du dich in einer alternativen Szene bewegst, merkst du es mit der Ausländerfeindlichkeit nicht. Ich werde z. B. weniger damit konfrontiert als meine Mutter. Wenn ich mit ihr einkaufen gehe, da fühle ich es deutlich. Das ist immer der Wahnsinn, da merke ich wie du als Ausländerin behandelt wirst. Wenn meine Mutter sich einen Mantel aussucht, der ihr gefällt, probiert sie ihn an. Da kommt die Verkäuferin, guckt ganz erstaunt und das erste, was sie zu meiner Mutter sagt ist: ‹Aber der Mantel kostet 800 DM.› Da bin ich echt schockiert.

Wenn sie z. B. zu ‹Rodier› geht, da wird sie manchmal gar nicht bedient, weil die Verkäuferinnen auf Grund ihres Äußeren denken, die hätte sich verirrt.

In der letzten Zeit merke ich, daß ich Ausländerin bin. Obwohl ich eigentlich damit unheimlich Schwierigkeiten habe. Es ist ja die deutsche Kultur, die ich am intensivsten erlebt habe. Andererseits merke ich doch, daß ich emotional Ausländerin bin. Ich komme z. B. mit den Türken, die bei uns im Haus wohnen, sehr gut zurecht: ich kann mich mit denen identifizieren. Als ich die Möglichkeit hatte, Deutsche zu werden, nämlich damals, als mein Vater Deutscher wurde, habe ich mich sehr dagegen gewehrt.

Ich habe inzwischen gemerkt, daß es mir mittlerweile wichtig ist, Ausländerin zu sein, und daß ich das auch brauche. Das ist meine Persönlichkeit, mein Auftreten, mein Anderssein. Ich würde nicht freiwillig Deutsche werden. Da würde ich meine Individualität verlieren.

Wenn mich einer fragt, woher ich komme, und ich antworte: ‹Ich bin Französin, mein Vater kommt aus Marokko, meine Mutter aus Algerien›, bin ich stolz drauf. Ich finde es schon toll, keine Deutsche zu sein.

3. KAPITEL

Paschas und Märchenfeen

Erziehung zum Mann und zur Frau

Ist Patricia ein typisches Beispiel für die Kindheit eines Ausländers in der Bundesrepublik? In manchen Punkten trifft das sicher zu: Ausländische Eltern schuften hart, sie haben wenig Zeit für ihre Kinder und können ihnen nicht bei den Schulproblemen helfen. Die Folge für Patricia ist, daß sie sich alleine durchboxen muß. Der Kontakt mit einem sie ermutigenden Lehrer, einem engagierten Sozialarbeiter, bringen sie weiter. Sicherlich haben deutsche Jugendliche ähnliche Erfahrungen gemacht. Aber was wissen sie eigentlich Genaueres über die Familie von Ülkü oder Carmen, die neben ihnen auf der Schulbank sitzen? Was spielt sich wohl bei ihnen zu Hause ab? Deutsche Jugendliche beklagen sich meistens über die ausländischen Mädchen, die immer unter sich bleiben, nach der Schule sofort nach Hause müssen, nie in die Disco dürfen, mit denen man eigentlich nichts anfangen kann ... Und die ausländischen Jungen? Manche sehen zwar gut aus, sie sind aber die absoluten Chauvis, heißt es oft. Wenn man sich mit ihnen einläßt und dann einem anderen zulächelt, ist der Teufel los! Sie benehmen sich wie Paschas, behandeln Mädchen wie ihren persönlichen Besitz und ihre Schwestern wie die Sklavinnen im Harem.

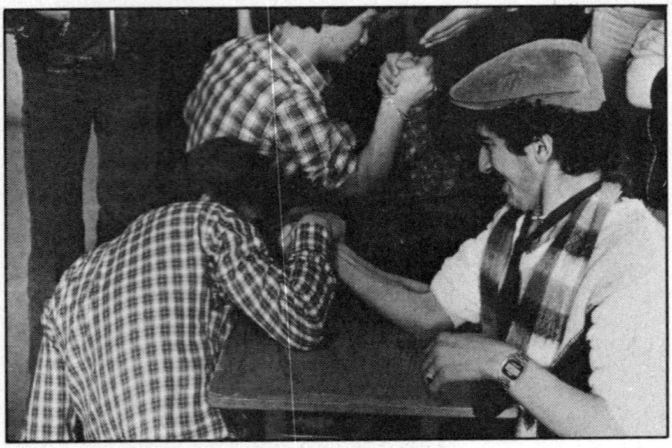

Wie es aber zu so einem Verhalten kommt, bleibt unklar. Um dieses ein wenig mehr verstehen zu können, müssen wir uns zunächst die Situation der Eltern ansehen. Ausländische Eltern kommen häufig aus ländlichen Gebieten, in denen andere Familienstrukturen herrschen als vergleichsweise in einer europäischen Großstadt wie Köln oder München. Die Familie dort hat nicht nur für den Lebensunterhalt, sondern auch für die Alters-, Kinder- und Krankenversorgung aufzukommen, da diese nicht oder nur unzulänglich vom Staat übernommen wird. Nur eine genaue Arbeitsteilung und die verantwortliche Übernahme genau festgelegter Arbeiten durch bestimmte Familienmitglieder können diese lebensfähig erhalten. Keiner kann sich dem entziehen, ein individuelles Überleben außerhalb des Familienverbandes ist nicht möglich. Zur Existenzsicherung ist man nicht nur auf die Familie, sondern zusätzlich auf die Verwandtschaft, die Nachbarn und das Dorf angewiesen. Die Verpflichtung zur gegenseitigen Hilfe ist oberstes Prinzip.
Beispielhaft für alle ausländischen Familien wollen wir näher auf die Struktur der türkischen Familie eingehen. Durch die Prägung des Islams ist sie mit ihrer starken Trennung in eine Männer- und Frauenwelt für uns weitaus fremder als eine vom Katholizismus geprägte italienische oder spanische Familie. Die türkische Fami-

lienstruktur richtet sich nach Alter und Geschlecht. Die höchste Autorität in der Familie liegt bei dem ältesten männlichen Familienmitglied, ihm folgen alle männlichen Personen, die je nach Alter ein größeres Ansehen im Familienverband genießen. Die weiblichen Mitglieder stehen an zweiter und untergeordneter Stelle innerhalb der Familie, aber auch da entscheidet das Alter über die Rangordnung. Die älteste Frau in der Familie hat demnach ein weit höheres Ansehen als die neu eingeheiratete Braut.

In den Begriffen ‹ağabey›, für den älteren Bruder und ‹abla›, für die ältere Schwester, drückt sich die besonders respektierte Stellung des jeweils Älteren aus. Gehorsam, Achtung und Respekt gegenüber älteren Personen sind Schwerpunkte in der Erziehung. Erzieherin ist die Mutter, aber dem Vater fällt das Recht des Ge- und Verbietens zu. Jungen werden auf die Leitung der Familie hin erzogen. Ihre Aufgabe ist es später Beschützer, Ernährer und Gebieter von Frau und Kindern zu sein. Die Mädchen bereitet man auf die Rolle als Hausfrau und Mutter vor; schon früh müssen sie im Haushalt und bei der Beaufsichtigung der kleineren Geschwister helfen. Die Einübung in diese Rolle beginnt bereits ab dem sechsten Lebensjahr; schon in diesem Alter werden die Kinder in den Arbeitsprozeß miteinbezogen. Mit diesem Einschnitt wachsen sie in eine Männer- und Frauenwelt hinein, denn in der traditionellen ländlichen Fami-

lie existieren getrennte Arbeits- und Lebensbereiche. Der Mann ist für die ökonomische Versorgung und für die Repräsentation nach außen zuständig, die Frau für den «inneren Bereich». Sie versorgt den Haushalt und die Kinder und verrichtet oft sehr schwere Arbeiten auf dem Feld. Obwohl die Hauptlast der gesellschaftlichen Arbeit bei den Frauen liegt, steht der Bereich der Frauen im Prestigewert weit niedriger als der des Mannes.
Woher kommt diese unterschiedliche soziale Bewertung der Männer- und Frauenwelt? In den Emigrantenländern bestehen häufig noch patriarchalische Gesellschaftsordnungen, in denen die Frauen oft noch gesetzlich benachteiligt werden. Durch die jeweiligen Religionen wird das noch verstärkt. Das trifft besonders auf die islamische Türkei zu. Der Koran, das Glaubensbuch des Islam, schränkt die Rolle der Frau stark ein; sie muß dem Mann gehorsam sein, erbt nur halb soviel und ist als Zeugin nur halb soviel wert wie der Mann. In manchen islamischen Ländern wird sie nicht als Zeugin gehört. Der Mann dagegen ist verpflichtet, die Frau oder seine Frauen zu unterhalten, sie in religiösen Dingen zu unterweisen; er ist berechtigt, sie im Fall von Ungehorsam durch Mahnung, Meidung im Ehebett und Schläge zu strafen. Die niedrige Stellung der Frau in der islamischen Gesellschaft ist nicht ausschließlich auf den Islam

zurückzuführen, denn viele Verhaltensmuster und Normen, die das Leben der türkischen Frauen bestimmen, z. B. das Tragen des Schleiers, haben ihre Wurzeln nicht in der Religion, sondern in den jahrhundertealten Gesellschaftsstrukturen.
Für den bundesrepublikanischen Alltag haben diese Strukturen keine notwendigen Funktionen mehr. Viele ausländische Eltern gehen von der Annahme aus, nur einige Jahre hier zu arbeiten, um dann zurückzugehen. Sie versuchen deshalb die traditionellen Werte in der Familie zu erhalten, weil sie glauben, nur so sei ein Wiedereinleben in die Gesellschaft in der Heimat möglich. Angst vor dem Einfluß und der Zerstörung dieser Werte durch eine zu enge Konfrontation mit der deutschen Kultur haben oft ein Abkapseln von den Deutschen zur Folge. Das äußert sich in Verboten gegenüber ihren Kindern, die oft viel strenger sind als im Heimatland. Dazu kommt, daß den ausländischen Eltern eine Jugendphase, wie sie typisch ist für unsere Industrieländer, von ihrer eigenen Jugend her nicht bekannt ist. Der Übergang vom Kind zum Erwachsenen vollzog sich bei ihnen fast übergangslos. Wesentliche Merkmale, die bei uns das Jugendalter bestimmen, wie die Loslösung vom Elternhaus, die Hinwendung zu anderen Gleichaltrigen, besonders auch zum anderen Geschlecht, und die Orientierung auf einen Beruf hin, finden daher bei ausländischen Eltern wenig Verständnis. Darum versuchen gerade türkische Eltern diesen Über-

gang zwischen Lernen und Arbeiten, der für sie oft nur ein Herumgammeln und Austoben ist, durch eine Verheiratung zu beenden. Die Heirat soll die Übernahme von Verantwortung und den Eintritt in die Welt der Erwachsenen herbeiführen.

Warum sind ausländische Eltern so besorgt um den guten Ruf ihrer Töchter?

Bei der Erziehung der ausländischen, besonders der türkischen Mädchen steht die Erhaltung ihrer Jungfräulichkeit, die mit der Ehre des Mädchens gleichgesetzt wird, an erster Stelle. Im Falle

eines Ehrverlustes ist auch die Ehre der Familie betroffen; das Mädchen läuft Gefahr, von der Familie verstoßen oder ins Heimatland zurückgeschickt zu werden. Eine Heirat ist dann relativ unwahrscheinlich. Oft bleibt dem Mädchen nichts anderes übrig, als den Mann zu heiraten, der sie entjungfert hat. Die Angst, nicht als Jungfrau in die Ehe zu gehen, bewegte alle türkischen Mädchen, die wir kannten.

Die Wahl des Ehemannes liegt in türkischen Familien bei den Eltern. Eheversprechen werden häufig bereits gemacht, wenn die

Tochter noch ein Kind ist. Bei der Entscheidung spielen finanzielle Gründe, wie der Brautpreis, den der Bräutigam zu zahlen hat, aber auch verwandtschaftliche Beziehungen eine wichtige Rolle. Fast alle türkischen Mädchen, die verlobt waren oder heiraten wollten, erzählten uns, daß es sich bei ihrem Bräutigam um einen weitläufigen Verwandten handelte, häufig auch um den Cousin. Damit sollen die Familienstrukturen und die engen verwandtschaftlichen Beziehungen erhalten bleiben.

Fatma: «Meine Kinder sind wie Deutsche geworden»

Vielleicht kommen uns die Aussagen der türkischen Mutter Fatma zu hart vor. Wir glauben aber, daß ihre Sorge und Ängste exemplarisch sind für türkische Mütter in der Bundesrepublik. Sie wollen sicher das Beste für ihre Kinder. Doch durch ihr starres Festhalten an traditionellen Normen, die in der Türkei wie auch bei uns schon Risse und Brüche zeigen, erreichen sie nur das Gegenteil von dem, was sie möchten: eine Entfremdung ihrer Kinder.

«Meine Kinder sind wie Deutsche geworden, so egoistisch», sagt uns die türkische Schneiderin Fatma, bei der wir unsere Kleider ändern lassen. Als wir sie fragen, was ihre Kinder machen, antwortet sie: «Beide studieren, die Tochter Germanistik und der Sohn ...», etwas verlegen sagt sie dann, «eigentlich macht er gar nichts. Er ist von einem auf den anderen Tag vom Gymnasium weg. Noch nicht mal ein Zeugnis hat er bekommen. Jetzt gammelt er herum, will immer Geld von mir, manchmal sucht ihn die Polizei wegen Schlägereien. Als wieder die Polizei zu mir kam, habe ich ihnen den Paß von meinem Sohn gegeben und ihnen gesagt, ‹schickt ihn zurück in die Türkei, vielleicht kommt er dann zur Vernunft›.»

Fatma ist verzweifelt, sie fühlt sich um ihr Leben betrogen. Sie hat in Istanbul eine Ausbildung gemacht, ihr Mann hat sie dann gezwungen, mit ihm nach Deutschland zu gehen. Die beiden haben nur geschuftet, sie in der Fabrik und jetzt in der Änderungsschneiderei, Fatmas Mann war Bauarbeiter und ist jetzt Frührentner. «Mein Mann ist krank, aber die Kinder wollen kein Geld verdienen. Meine Tochter studiert und läßt sich bedienen. Ich bin ja schon froh, daß sie sich wieder normal anzieht und nicht mehr wie ein Hippie. Sie hält nichts von ihrer Familie, sie kennt keine türkischen Sitten mehr, genauso wie mein Sohn. Ich schäme mich für meine Kinder. Warum sind sie keine Türken mehr? Müssen sie unbedingt in Gegenwart ihres Vaters rauchen und amerikanische Musik hören? Letzte Woche habe ich entdeckt, daß mein Sohn Wein trinkt, und das, ohne sich vor seiner Mutter zu schämen. Bei meiner Tochter habe ich eine Packung Anti-Baby-Pillen gefunden. Da muß ich doch Angst haben, daß sie keine Jungfrau mehr ist. Und wer will sie dann noch heiraten? Wenn mein Mann das mitkriegt, schickt er sie sofort in die Türkei zurück. Aber da nimmt sie auch keiner mehr! Bei uns muß man als Jungfrau in die Ehe gehen, sonst ist man als Frau nichts mehr wert. Der Mann hat sonst das Recht, sie nach der Hochzeitsnacht zu verstoßen. Und was wäre dann mit unserer Ehre, unserem guten Ruf? Wenn sich das herumspricht, können wir uns nirgendwo mehr blicken lassen. Ich habe meinem Sohn gesagt, daß er die Ehre seiner Schwester schützen muß. Das ist seine Pflicht als ältester Sohn. Da hat er nur gemeint: ‹Mutter, wach auf, wir sind hier in Deutschland. Was ist denn dabei? Die Pillen hat ihr meine deutsche Freundin besorgt.›»

Perihan

Nicht viel anders als die Geschichte von Fatmas Tochter ist die von Perihan, die sich den traditionellen Zwängen querstellte, sich nicht verheiraten ließ und nach langem Suchen ihren Mann selbst gefunden hat.
Perihan – Herberge der Feen – wurde sie bei ihrer Geburt genannt. Ihr Leben entsprach dann aber nicht dem einer Märchenfee. Sie wurde in der Türkei, in Edirne, geboren, einer

Stadt, die ihre Bekanntheit der Tatsache verdankt, daß sie zu einem Durchgangsort für alle aus dem Ausland einreisenden türkischen Arbeiter geworden ist. Seit sieben Jahren lebt sie in Deutschland. Sie ist neunzehn Jahre alt. Viel Erfreuliches hat sie nicht erlebt. Schauen wir uns ihr bisheriges Leben an: Ihr Vater ist Alkoholiker. Die Mutter trennt sich von ihm, geht in die Bundesrepublik und läßt Perihan zurück. Nach ein paar Jahren ist sie wieder verheiratet und holt die inzwischen Zwölfjährige zu sich. Der Stiefvater verprügelt seine Kinder und hat «Nebenfrauen». Die Mutter ist verbittert. Perihans Versuche, einen Schulabschluß zu machen, scheitern. Sie läuft von zu Hause weg, da sie den ständigen Streit nicht aushält.

In dieser Zeit wendet sich Perihan oft an uns. Wir kennen sie und ihre Mutter seit mehreren Jahren durch unsere Arbeit in einem Zentrum für ausländische Familien. Wir versuchen immer wieder durch lange Gespräche zwischen den Vorstellungen der beiden zu vermitteln. Obwohl wir keine Sprachprobleme haben, da das Gespräch auch auf Türkisch geführt wird, können wir zwischen den beiden nicht viel vermitteln. Immerhin überzeugen wir die Mutter, Perihan nicht mit dem für sie ausgesuchten Cousin in der Türkei zu verheiraten, den sie weder näher kennt, noch liebt. Die Mutter, die permanent von ihrem zweiten Ehemann betrogen und mißhandelt wird, es aber nicht schafft, sich von ihm zu trennen, will durch den Versuch, Perihan an sich zu binden, gegenüber den türkischen Verwandten und Nachbarn die scheinbar intakte Familie vortäuschen. Schließlich geht sie auf unseren Vorschlag ein, daß Perihan bei einem Onkel und seiner deutschen Frau, mit denen Perihan sich gut versteht, wohnen kann.

In einem Ausbildungslehrgang vom Arbeitsamt freundet sie sich mit Helmut an. Sein Leben ist geprägt durch Alkoholismus und Aufenthalte in der Psychiatrie. Von Mustafa, dem Bruder ihrer türkischen Freundin, wird sie schwanger. Zu Hause kann sie während der Schwangerschaft nicht wohnen, denn außer ihrer Mutter darf niemand etwas davon wissen.

Hochschwanger bekommt sie einen Platz in einem Wohnheim für ledige Mütter. Dort wohnt sie auch nach der Geburt ihres Sohnes Deniz.
Sie lernt den Chinesen Chu aus Malaysia kennen, mit dem sie und ihr kleiner Sohn später in eine andere Stadt ziehen werden.
Die gestörten Beziehungen in ihrer Familie, von der sie sich weder verstanden noch geliebt fühlt, drücken sich auch in Perihans Erfahrungen mit Männern aus.

«Die Ehre aufs Spiel gesetzt»

Perihan: «Ich habe mich versteckt, ach, es war so schlimm, wegen dem Bauch habe ich immer Angst gehabt, daß mich jemand sieht und zu meiner Mutter geht und ihr die Nerven kaputt macht.»
Wir: «Seit wann wußtest du, daß du schwanger warst?»
Perihan: «Das wußte ich schon längst. Deswegen habe ich euch immer gefragt, wie kann man das wegmachen, aber ich habe nie gesagt, daß es für mich war. Eine Abtreibung machen konnte ich nicht. Als ich beim Arzt war, hat der gesagt, das können wir nicht machen, du bist schon im fünften Monat.»
Wir: «Hast du das vorher nicht gemerkt?»
Perihan: «Freundinnen von mir haben gesagt, wenn die Tage mal wegbleiben ist das normal. Und da habe ich mich nicht mehr darum gekümmert. Außerdem habe ich keinen Bauch gehabt. Ich hatte aber auch nicht mit Mustafa geschlafen. Wir haben nur Petting gemacht. Ich wußte nicht, daß man davon auch schwanger werden kann. Aber Helga hat gesagt, wenn der Mann dabei ausläuft, kann man auch von Petting schwanger werden. Das muß aber nicht sein.
Wir: «Und was hat dein Freund Helmut dazu gesagt?»
Perihan: «Ich habe den Helmut nicht ausgenutzt. Nachher habe ich ihm alles gesagt. Auch, daß das Kind nicht von ihm ist. Natürlich

war es schwierig. Der freut sich auch jetzt über das Kind. Aber das ist für mich nicht gut, denn das Kind ist nicht von ihm. Ich hätte auch sagen können, das Kind ist von dir. Aber das kann ich nicht und irgendwie hat er mir auch leid getan. Ich habe gesagt, okay, wir können ja auseinander gehen. Man kann nicht sagen, daß ich ihn liebe. Ich will nicht mit ihm zusammen sein, weil er nicht vom Trinken wegkommt. Das weiß ich ganz genau. Gestern abend war ich bei ihm zu Hause, da hat er mit seiner Mutter ein Glas Wein getrunken. Dann hat er noch eine Flasche geholt und gesagt, ‹die trinken wir zusammen›. Da habe ich gesagt, ‹nein, ich mag keinen Alkohol›! Das stinkt mir, wenn Helmut aus dem Mund nach Alkohol riecht, das ekelt mich an. Und wie!! Wenn wir uns unterhalten, von der Liebe, daß er mich liebt, dann muß ich auch sagen, daß ich ihn liebe. Ich habe ihn auch gern, aber ich habe nicht gewußt, daß er soviel trinkt. Helmut sagt immer, ‹wenn du ein Problem hast, kannst du mir das erzählen›. Und er kann mich auch verstehen. Der ist unheimlich nett. Das ist Scheiße, daß er trinkt. Ich liebe ihn immer noch, aber ich möchte nicht mit ihm zusammen sein.»

Wir: «Weiß er das mit deinem neuen chinesischen Freund?»

Perihan: «Ich will ihm das nicht erzählen, sonst denkt er, daß ich ihn ausgenutzt habe. Ich habe ihn wirklich gerne; ich sage nicht, daß der Helmut schlecht aussieht, daß er häßlich ist. Der sieht gut aus. Er hat doch alles, was ein Mann braucht. Er hat eine schöne Figur, ist nicht dick, aber groß. Ich kenne so Typen, die zu ihrer Frau sagen, ‹laß mich in Ruhe, ich will fernsehen›. Wenn die Frau Probleme hat, kann sie nicht zu ihrem Mann gehen. So ist der Helmut nicht, aber er kann mich nicht beschützen, der ist zu schwach. Heiraten will ich den Helmut nicht. Ich kann mich und mein Kind auch selber ernähren.

Ich will nicht, daß die Leute schlecht über mich reden und mich wie eine Nutte behandeln, nur weil ich ein Kind habe. Ich will hier in dem Heim bleiben. Ich kann auch nicht zu meiner Mutter nach I. zurück. Der Vater von meinem Sohn Deniz wohnt da. Nachher kommt er und sagt, ‹das ist mein Sohn›, und nimmt ihn mir weg. Wißt ihr, die Türken hängen so an den Kindern, besonders wenn es

ein Junge ist. Der Mustafa ist nicht so wie der Helmut. Der trinkt nicht soviel, aber Haschisch verkaufen, das macht er, aber jetzt nicht mehr. Der hat schon so viele Anzeigen. Er arbeitet jetzt und verdient viel Geld. Ich habe ihn nicht geliebt, obwohl er gut aussieht. Der zieht sich immer gut an, ist schlau wie ein Fuchs. Manchmal verarscht er die Polizei. Die waren mal bei ihm, aber Zivile, wie Penner sahen sie aus. ‹Hier, ich will mal was Weißes haben.› Da hat der Mustafa gemeint, ‹was willst du von mir›, ist zur Wand gegangen und hat ein Stück Kalk abgekratzt, hat es eingepackt und hat gesagt ‹hier, tut mir leid, ich habe nichts anderes.› Der ist nämlich ganz schön schlau. Der hat soviel Glück mit der Arbeit. Der hat immer gut verdient durch Bierkästen ausfahren und früher in der Fabrik.
Die Türken denken alle, daß ich mit einem Deutschen, dem Helmut, verheiratet bin. Die wissen auch nicht, daß ich ein Kind habe. Die haben mich nie mit einem Bauch gesehen, und meine Mutter hat auch nichts erzählt.

Zwei Jahre später:
Perihan wohnt wieder bei ihrer Mutter, «vorübergehend», wie sie sagt. Mit ihrem chinesischen Freund, den sie inzwischen geheiratet hat, war sie 2 Jahre in einer anderen Stadt. «Dort habe ich nur geschuftet, bei der ‹Nordsee›, Chu auch, er hat in einem chinesischen Lokal gearbeitet. Der Deniz war die ganze Zeit in einem Kinderheim.» Durch viel Glück und Beziehungen hat sie jetzt einen Job in einem Hamburger Restaurant gefunden, allerdings muß sie von nachmittags bis Mitternacht arbeiten. Sie ist für das Salatbüffet verantwortlich. Ihr Mann kocht wieder in einem chinesischen Restaurant, sehen tun sich die beiden kaum, da auch er von mittags bis Mitternacht schuftet und danach oft mit Freunden ausgeht. Ihren Sohn hat Perihan einfach aus dem Kinderheim mitgenommen. Da sie so wenig zu Hause ist, sucht sie eine deutsche Pflegefamilie für ihn. Am liebsten wäre es ihr, wenn der Kleine nur am Wochenende da wäre. Bei all dem Chaos in seinem jungen Leben ist Deniz ein sehr aufgewecktes, vielleicht ein wenig trauriges kleines Kerlchen.

Er fängt an deutsch zu sprechen, türkisch kann er nicht. Perihans Mutter ist die Enttäuschung darüber anzumerken, als sie ziemlich ruppig versucht, ihm statt «Oma» das türkische «anneanne» beizubringen.

Loslösungen vom Elternhaus können auch anders aussehen, wie beispielsweise bei der Spanierin Elena. Sie hat sich ziemlich schnell und konsequent gegenüber ihren Eltern durchsetzen können. Dabei war es für sie besonders wichtig, gerade die Älteste vorbildhaft für alle anderen Kinder zu erziehen. Elena war die Durchsetzung ihrer Bedürfnisse, nicht länger am Gängelband geführt zu werden, ihre Freunde selber zu bestimmen, so ernst, daß sie es auf einen totalen Bruch mit dem Elternhaus ankommen ließ. Die Konsequenz, mit der sie ihr Ziel verfolgt, unabhängig zu leben, eine richtige Berufsausbildung zu machen und einen Freund zu haben, ist für ihre Eltern nicht leicht. Sicher ist für einen jungen deutschen Leser Elenas Schritt, sich von ihren Eltern zu lösen, nichts Besonderes. Darin erkennt sich jeder wieder. Aber ein ausländisches Mädchen, das sich in solch kompromißloser Art von dem Elternhaus trennt, ist immer noch die Ausnahme und endet selten so glücklich wie bei Elena. Denn heute kann sie wieder sagen: «Meine Eltern sind meine Wurzeln.»

Elena ist 23 Jahre alt, sie lebt seit ihrem ersten Lebensjahr in der Bundesrepublik. Geboren ist sie in Madrid.
Ihr Vater ist Kunstmöbelschreiner, die Mutter ist Hausfrau. Sie hat einen zwanzigjährigen Bruder und eine sechzehnjährige Schwester.
Schon die zweite Grundschulklasse muß Elena wiederholen, erst in der vierten Klasse stellt man fest, daß sie Legasthenikerin ist. Sie wird durch gute Lehrer so gefördert, daß sie die Realschule besuchen kann. Nach der mittleren Reife geht sie ein Jahr auf die höhere Handelsschule. Das Arbeitsamt vermittelt ihr eine Lehre als Zahnarzthelferin, die sie auch macht. In ihrer alten Lehrstelle arbeitet sie noch heute.
Seit eineinhalb Jahren holt Elena das Abitur nach. Sie besucht fünfmal in der Woche das Abendgymnasium.

Unser Freund Georg lernte Elena im Sinkkasten, einer Musikkneipe, kennen. «Die wäre doch was für euer Buch», meinte er ganz begeistert am nächsten Tag. «Sie ist weder deutsch noch spanisch, Lust zu einem Gespräch mit euch hat sie auch.»
Elena wohnt direkt am Frankfurter Zoo. Als wir sie besuchen, fragen wir uns, ob es für sie nicht merkwürdig sein muß, zwei fremden Frauen ihr Leben zu erzählen. Doch der Kontakt zu ihr entsteht schnell, da es uns Elena ziemlich leicht macht und gleich auf Hessisch losredet. Sie erzählt uns, daß sie seit fünf Jahren nicht mehr bei ihren Eltern, sondern alleine wohnt. «Mit meinem Auszug damals, das war ein ziemlicher Horror. Es gab ständig Krach zu Hause, weil ich nicht die richtigen Freunde hatte oder aber zu spät nach Hause kam. Ich hatte schon meine Koffer gepackt, um bei der nächsten besten Gelegenheit abzuhauen, schließlich war ich 18 Jahre. Als es dann mal nachts zum handgreiflichen Streit zwischen mir und meinem Vater kam, bin ich abgehauen, allerdings ohne Koffer. Ich konnte nur noch schnell meinen Paß und Geld einstecken, flache Schuhe anziehen, um besser wetzen zu können. Dann lief ich zur Polizei und hab denen gesagt, daß ich mich von meinem Vater bedroht fühle. Die haben mich sofort ins Frauenhaus gebracht, wo ich eine Nacht geblieben bin. Dann bin ich zu meinem Freund gezogen. Geld hatte ich durch die Lehre, allerdings wenig. Mein Vater wollte mich ausweisen lassen. Ich wurde zum spanischen Konsul bestellt, der hat dann strenge Worte zu mir gesprochen und gedroht, wenn ich nicht zu meinen Eltern zurückgehe, könne er mich aus Deutschland ausweisen. Das wollte ich mir nicht gefallen lassen. Ich habe mir einen Rechtsanwalt genommen, der dann festgestellt hat, daß ich gar nicht ausgewiesen werden kann. Bei meinem Freund wollte ich nicht bleiben, das ging mit dem Zusammenleben nicht so gut. Ich bin dann noch ein paarmal umgezogen, bis ich diese Wohnung fand. Trotz des Ärgers zu Hause hatte ich die ganze Zeit über mit meinen Geschwistern Kontakt. Sogar meine Weih-

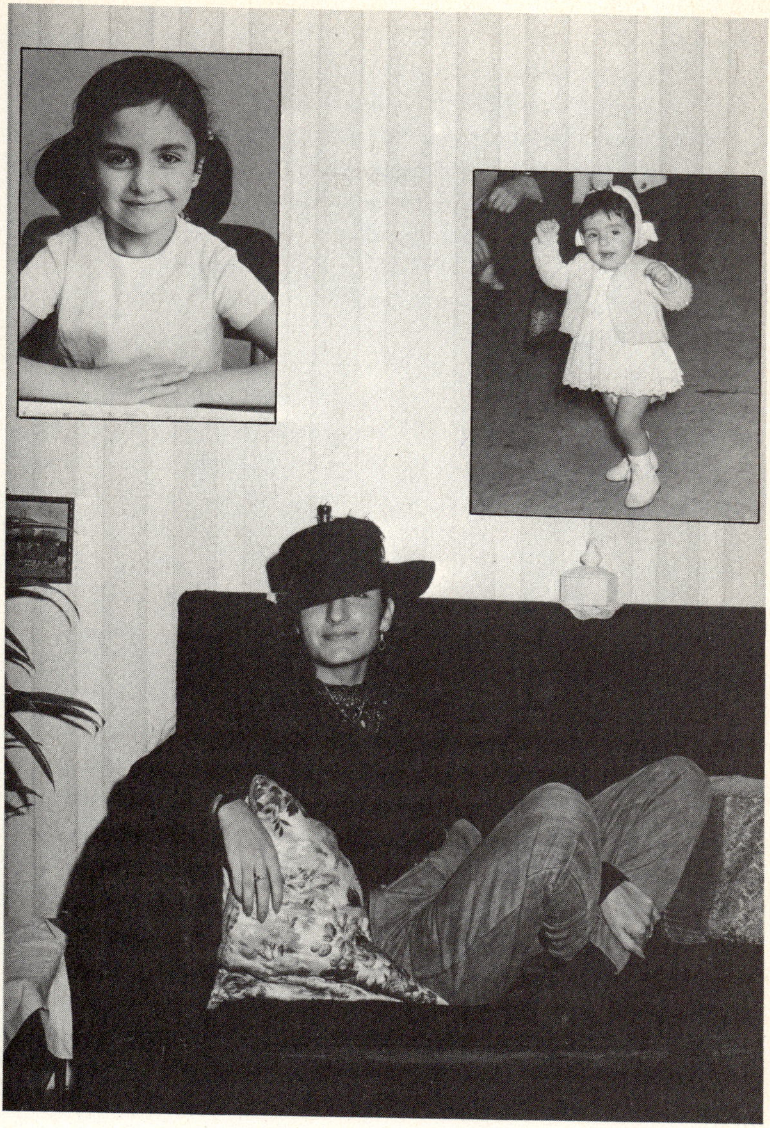

nachtsgeschenke haben die Eltern nicht geöffnet. So nach acht Monaten bin ich einfach mal zu Besuch nach Hause gegangen. Ich bin in das Zimmer meiner Schwester und habe mit ihr gequatscht. Plötzlich kam meine Mutter herein und sagte, ‹ich habe uns was gekocht, kommt in die Küche zum Essen›. Da war der Kontakt wieder da. Mein Freund Fred und ich hatten uns auch gerade getrennt, so war es für meine Eltern einfacher, mich zu akzeptieren. Da war ich eben die Tochter, die alleine lebt. Wichtig war, daß ich keinen Freund hatte. Irgendwann habe ich mich mit Fred wieder versöhnt, wir sind noch heute zusammen, und er wird jetzt auch von meinen Eltern akzeptiert.
Meine Eltern sind seit meinem Auszug viel unternehmungslustiger geworden. Sie gehen häufig in ein spanisches Zentrum. Meine Mutter macht im Zentrum einen Nähkurs und bereitet sich auf den spanischen Hauptschulabschluß vor. Mittlerweile kann ich mit meiner Mutter gut über alles reden. Irgendwann bin ich auf die Idee gekommen, mein Abitur zu machen. Denn eigentlich habe ich nur meine Zeit vertrödelt. In der Zahnarztpraxis habe ich nicht viel zu tun, nach der Arbeit bin ich mit Freunden ausgegangen. Es war alles bequem, das Geld kam automatisch am Monatsende. Das war mir zu wenig, darum habe ich mit der Schule angefangen.
Ich arbeite jetzt bis 14 Uhr, und dann rase ich zur Schule. Abends komme ich müde nach Hause, dann ist keiner da, bei dem ich alles loswerden kann. Darum bin ich jetzt oft bei meiner Familie, da kann ich losquatschen. Mit Fred ist das anders, da ist es mehr ein Austausch von Meinungen, Diskussion und so. Vielleicht ziehe ich mal mit einer Freundin zusammen, ich will nicht immer alleine leben.»
Elena steht auf, um Kaffee zu holen. Wir gucken uns ihre Wohnung an. Ein Zimmer wird als Schlaf- und Arbeitszimmer benutzt und ist warm und gemütlich. Viele Fotos hängen an den Wänden, natürlich von der Familie und von Fred. Einige Fotos fallen sofort auf. Sie zeigen Elena stark geschminkt in einem engen Abendkleid Tango tanzend. Sie erzählt uns, daß ein befreundeter Schauspieler sie auf einem Fest angesprochen hat, ob sie nicht Modell stehen will.

Das Sparen …

... haben die Franzosen von den Germanen übernommen; freilich nur den Wortstamm: «épargner» ist entlehnt aus «sparanjan», das wiederum aus dem germanischen «spa-ra» kam.

Dafür nahmen die Deutschen von den Franzosen das Vorbild für ihr beliebtestes Wertpapier: den Pfandbrief. Zwar hatte schon Friedrich der Große 1769 Pfandbriefe in Preußen eingeführt; ihre moderne, heute noch gültige Form erhielten diese Wertpapiere aber nach dem Vorbild des 1852 in Paris gegründeten Crédit Foncier.

Das Zimmer wirkt romantisch und verspielt, vielleicht ein wenig zu ordentlich. Dagegen wirkt das Wohnzimmer, in dem wir Kaffee trinken, fast wie eine kalte Pracht, mit schönen, alten Möbeln, vom Vater aufpoliert, Spitzendeckchen und auf alt getrimmte Lampen. Es gibt in der ganzen Wohnung überhaupt nichts, was daran erinnern könnte, daß Elena aus Spanien kommt, was sie uns auch lachend bestätigt. Als Trost und damit wir doch etwas Spanisches genießen können, gießt sie uns einen spanischen Likör ein, der nach Anis schmeckt.

«Ich fahre alle zwei Jahre nach Madrid und aufs Dorf zu Verwandten. Manchmal fahre ich alleine. Wenn ich mit Fred fahre, darf keiner von den Nachbarn wissen, daß er mein Freund ist.

Meine erste Liebe war ein Spanier, den ich im Urlaub bei meinen Verwandten in Spanien kennengelernt habe. Natürlich hat er auch versucht, mit mir zu schlafen, dabei muß ein spanisches Mädchen, wenn es heiratet, Jungfrau sein. Trotzdem versuchen es die Männer immer wieder, und die Mädchen lernen es, ihre Freunde so zu tricksen und hinzuhalten, daß sie nicht mit ihnen schlafen müssen, aber noch attraktiv für eine Heirat zu bleiben. Wenn es aber mal passiert, dann muß es absolut geheimgehalten werden, obwohl es die Eltern meistens ahnen, aber ignorieren.

Die spanischen Mädchen wirken auf mich in Kneipen leicht aufdringlich und immer etwas zu laut. Ich glaube, das liegt daran, daß Frauen erst seit einiger Zeit alleine in Kneipen gehen.

Das schlimmste bei den Spaniern ist die Belanglosigkeit der Unterhaltung, es geht immer ums Geld, dauernd wird über Neuanschaffungen geredet, jeder muß ein Auto haben, die schicksten Klamotten werden gekauft, und in diesem Sommer mußten alle ein Surfbrett haben. Ich frage mich, woher die das Geld nehmen, das sind so richtige spießige Kleinbürger. Das heißt aber nicht, daß sie politisch rechts sind, im Gegenteil. Ich habe Cousins, die sind links und trotzdem die größten Machos. In Madrid habe ich Angst, abends alleine herumzulaufen, während ich hier noch nachts um zwei Uhr alleine ausgehe. Mein Bruder, der ja Student ist, macht ganz andere Erfahrungen. Er lernt immer in Spanien völlig andere Leute ken-

nen, Studenten und so. Wegen der Leute möchte ich nicht zurück nach Spanien, obwohl mir ihr Temperament schon gefällt, na ja und das Wetter.
Deutschland zieht mich halt stärker an wegen meiner Freunde, sonst aber eigentlich auch nicht. Wo meine Heimat ist, das weiß ich nicht, ich weiß nur, daß ich anders bin. Meine Eltern sind meine Wurzeln, und die sind eben doch spanisch. Ich würde nicht ohne meine Familie in ein anderes Land ziehen. Darum will meine Mutter auch nicht nach Spanien zurück, sie will da bleiben, wo ihre Kinder sind. Eigentlich habe ich schon viel von meiner Mutter übernommen, kochen, nähen, Ordnung halten. Mein Wunsch ist es, in jeder Beziehung selbständig zu werden. Was ich in nächster Zeit nicht will, ist für eine Großfamilie Paella kochen.»
Während des Gesprächs merken wir, daß Elena zwischen den Bedürfnissen einer traditionellen Spanierin und denen einer emanzipierten jungen Frau schwankt. So würde sie zum Beispiel gerne mit ihrem Freund zusammenleben und will ihn eigentlich auf eine enge Bindung festnageln, andererseits weiß sie, daß sie beide so unterschiedlich leben, daß es nicht gutgehen würde.
Elena hat jedenfalls keine Lust mehr, alleine zu wohnen, aber sie kann sich auch keine Freunde vorstellen, mit denen sie zusammenleben könnte. Sie hat vor allem deutsche Freunde durch das Abendgymnasium.
Auch das Abitur macht ihr Probleme, sie muß jeden Tag nach der Schule diszipliniert lernen, sie hat Schwierigkeiten, alles zu verstehen, und fragt sich manchmal, ob ihre Beziehung mit Fred nicht dabei zu kurz kommt. Da sie einen strikt organisierten Tagesablauf hat, um alles zu schaffen, kann sie nicht mehr wie früher spontan nachts mit ihm ausgehen, er will dann eben alleine in die Kneipe. Ihren Job in der Zahnarztpraxis, wo sie sich sehr wohl fühlt, will sie nicht aufgeben, um auch finanziell unabhängig zu bleiben.
Wir diskutieren mit Elena über die Ausländerfeindlichkeit. Sie, die so integriert wirkt, fließend deutsch spricht, nicht «typisch deutsch» aber auch nicht «typisch südländisch» aussieht, hat sie damit überhaupt Probleme? «Ausländer haben auch Privilegien», ist

dann auch ihre erste Reaktion. «Bei mir ist immer viel entschuldigt worden, zum Beispiel in der Schule. Wenn ich etwas nicht so gut lesen oder ausdrücken konnte, wurde es damit entschuldigt, daß ich es schwer habe, weil ich zweisprachig aufwachse.

Politisch habe ich als Ausländerin keine Lust, mich aktiv zu engagieren, aber es gibt Ereignisse, wie neulich ‹Rock gegen Ausländerfeindlichkeit›, da muß man präsent sein. Vorige Woche ist mir etwas Merkwürdiges passiert. Im Supermarkt stand hinter mir ein älterer Mann und sagte ganz laut: ‹Schon wieder solche Kanaken, man kann nirgends hingehen, ohne auf die zu stoßen.› Ich habe mich ganz interessiert umgeguckt, welche Ausländer er meint. Doch ich sah keine. Da merkte ich, daß er mich meinte. Ich war so entsetzt darüber, daß ich nichts mehr sagen konnte.

Da hat es meine Mutter erheblich schwerer, die sieht sehr spanisch aus, spricht schlecht deutsch, die bekommt in bestimmten Situationen richtig Panik. Sie erzählt immer wieder, daß sie öfters beim Bäcker nicht bedient wird, oder als sie kürzlich beim Metzger in der Schlange stand, ist sie einfach zurückgedrängt worden. Darum geht sie jetzt immer in dieselben Läden zum Einkaufen, bis man sie allmählich kennt.

Ich finde schon, daß die Ausländerfeindlichkeit in der letzten Zeit zugenommen hat. Meine Mutter sagt immer, ‹im Gegensatz zu den Türken, sind wir in Deutschland noch privilegiert›!!»

PTT
TELGRAF KÂĞIDI
Devlet Telgraf Muhaberatından dolayı Mes'uliyet kabul etmez.
Numara
Kelime
Tarih
Saat
Ücret
Yol ve Servis İşaretleri
Alıcının adresi :
Gideceği yer :
İlk defa buluştuğumuz o güzel
günü unutma

4. KAPITEL

Gemischtes Glück

Liebespaare im Wunderland

Wie sehen Liebesbeziehungen zwischen Ausländern und Deutschen aus? Natürlich kennen wir einige ‹gemischte Paare›. Wir treffen sie in Arbeitsgruppen, Seminaren, gehen mit ihnen in Kneipen. Wie ist es überhaupt möglich, daß sich Menschen verschiedenster Kulturbereiche, mit unterschiedlicher Erziehung und Religion zusammenfinden und es schaffen, gemeinsam zu leben. Worin liegt der Reiz des anderen? Was ist es, daß Ausländer für Deutsche so attraktiv macht und umgekehrt. Warum lieben Araber blonde Frauen und deutsche Männer schwarze Frauen? Ist es das Exotische, die dunkle Haut, die erotische Stimme, der wiegende Gang oder sind sie einfach charmanter, natürlicher, sinnlicher, mehr Mann, mehr Frau ... Ist es die andere Sprache, die gleichzeitig andere Emotionen, andere Liebkosungen in sich birgt? Oder ist man bei der Annäherung an das Unbekannte auf der Suche nach dem Fremden? Nach der Fremde auch in sich? Oder ist ein Versuch, die eigene kulturelle Beschränktheit, den eigenen Vorstellungshorizont zu durchbrechen, sich Neues intellektuell und emotional zu erobern? Stellvertretend für so viele gemischte Paare sollen hier die Griechin Maria mit ihrem deutschen Freund Frank, die in einer «Ehe ohne Trauschein» leben, und Eşref, ein Türke mit seiner Frau Gabi in der Provinz, zu Wort kommen.

Frank und Maria: Offiziell sind die beiden verlobt

Wir lernen Maria bei einer Arbeitsgruppe zur Ausländerfeindlichkeit kennen. Sie studiert im neunten Semester Pädagogik und will ihre Diplomarbeit über griechische Familien, die wie ihre Familie nach Griechenland zurückgekehrt sind, schreiben. Sie ist seit sieben Jahren mit ihrem deutschen Freund Frank zusammen. Sie leben in einer Drei-Zimmer-Wohnung in der Nähe der Universität. Auch Frank studiert Pädagogik. Ihr Leben finanzieren sie sich durch verschiedene Jobs, z. B. arbeitet Frank in einem Jugendhaus vorwiegend mit ausländischen Kindern. Er spricht recht gut Griechisch, was Maria ihm hoch anrechnet.
Wie aber denkt Maria, eine Griechin, über deutsche Männer? Sind das nun die partnerschaftlichen ‹Softis›, oder was ist an Deutschen *so* anziehend? Sie sagt dazu lapidar: «Bei uns im Ort gab es keinen Griechen in meinem Alter, da blieben nur die Deutschen übrig.»
Geboren ist Maria in Drama, in Nordgriechenland, aufgewachsen in einer Kleinstadt bei Mannheim. Ihre Eltern hatten dort ein griechisches Restaurant, das erste in der Gegend. Sie ist in dieser Kneipe

aufgewachsen und hat dort viel geholfen. «Außer am Heiligen Abend war bei uns immer Betrieb. Darum konnten meine Eltern nirgends mit mir hingehen. Auch nicht zu meinem Abschlußball. Meine Schulkarriere war ziemlich chaotisch. Erst mal griechische Schule in Griechenland und dann hier. Dann deutsche Schule, eine Klasse habe ich übersprungen. In der Schule lernte ich Frank kennen. Ich habe ihm Französisch beigebracht und er mir Gemeinschaftskunde. Das Abitur machten wir gemeinsam. Frank war mein erster Freund. Ich wollte ihn ganz stark haben, und er hatte gerade keine Freundin. So kam es dann. Bis dahin hatte ich nur Röcke tragen dürfen, natürlich kein Mini und schon gar keine Jeans. Angemacht hat mich nie einer, oder ich habe es gar nicht gemerkt. Ich war da einfach naiv. Eigentlich hatte ich zu griechischen Männern auch keine Lust, mein Bruder hat mir als Vorbild des typischen griechischen Paschas gereicht. Er hat sich von vorne bis hinten bedienen lassen. Bei Griechen komme ich einfach nicht zum Zuge mit meiner Meinung, da heißt es immer, ‹du bist eine Frau, davon verstehst du nichts›. So was erlebe ich mit deutschen Freunden nicht. Die sind neutraler, die kann ich auf der Straße auch mal unterhaken und mit ihnen rumalbern. Sie wollen nicht gleich was von mir.

Meine Eltern haben erst mal negativ auf Frank reagiert. Sie wollten keinen Deutschen für mich. Erst allmählich haben sie ihn akzeptiert. Die meisten Griechen, die ich kenne, stehen in der Öffentlichkeit nicht zu ihren Beziehungen zu Ausländern. Es gibt da groteske Situationen, z. B. wenn meine griechische Freundin ihren persischen Freund den Eltern als flüchtigen Bekannten vorstellt. Von griechischen Männern gibt es mir gegenüber Reaktionen wie, ‹hast du keinen Griechen mehr abbekommen›? Andererseits geben sie furchtbar an, wenn sie eine deutsche Freundin haben, und behaupten steif und fest, eine griechische Frau würde es nicht schaffen, einen deutschen Mann zu erobern, geschweige denn zu halten. Da ich es aber ‹geschafft› habe, bin ich in ihren Augen eine Außenseiterin. Sie sagen zu mir ‹du bist eine Deutsche, du hast keine griechischen Verhaltensweisen mehr›. Sicherlich kommt dazu, daß ich mich in meiner Muttersprache nicht so differenziert ausdrücken kann wie auf Deutsch. Daher kann ich mich mit Deutschen auch besser austauschen. Aber ich muß auch sagen, daß ich durch meinen deutschen Freund für die Griechen eine Fremde geworden bin.»

Maria ist sich völlig im klaren darüber, daß sie ihre griechische Erziehung noch stark prägt. So fühlt sie sich für den gemeinsamen Haushalt verantwortlich und hat Schuldgefühle, wenn die Wohnung nicht ordentlich aussieht, und das, obwohl Frank da wirklich ein Partner ist und sich für den Haushalt genauso verantwortlich fühlt.

Offiziell sind die beiden verlobt. Darauf haben ihre Eltern bestanden. Ein Verlobungsfest hat Maria allerdings abgelehnt. Aber mit Anzeigen in der Zeitung wurden die Familie und die Freunde der Eltern beruhigt. Maria hat das Gefühl, in einer eheähnlichen Beziehung zu leben, die sie von sich aus nicht mehr lösen will. «Wenn ein Kind kommt, will ich auch heiraten. Anders kann ich mir das von meinem Gefühl als Griechin nicht vorstellen, ich würde mich nicht wohl fühlen. Warum sollte ich euch da was anderes erzählen. Das ist meine griechische Erziehung. Eine andere Liebesbeziehung, ein anderes Verlangen, eine Liebe zu einem anderen Mann würde ich bei mir unterdrücken. Ich hätte Angst, gesellschaftlich nicht akzeptiert zu werden.»

Maria fühlt sich nicht bei uns integriert. «Mein Ich ist nicht integriert», sagt sie und meint, daß sie noch viel Zeit dazu braucht, um über sich nachzudenken, sich selbst zu analysieren, was sie denn nun von den anderen – Deutschen und Griechen – unterscheidet. Um mehr über sich zu erfahren, hat sie sich seit einigen Semestern ganz auf die Ausländerproblematik in ihrem Studium konzentriert. Daneben arbeitet sie in vielen deutsch-ausländischen Initiativen mit und ist häufig in linken griechischen Organisationen zu treffen. Doch stört sie bei den politisch aktiven Griechen, daß jeder nur mit seiner politischen Gruppe verkehrt. «Das müßtet ihr in der Mensa mal erleben. An einem Tisch sitzen die Pasok-Leute, am anderen die Anarchisten und ganz hinten die Kommunisten.»

Gabi und Eşref: Glück zu zweit in der Provinz

Wir lernen Gabi und Eşref in der Türkei in Karamürsel kennen. Sie besuchen dort Eşrefs Eltern und Geschwister. Karamürsel ist eine Kleinstadt am Marmarameer, drei Stunden von Istanbul entfernt. Die Familie wohnt in einer modernen Eigentumswohnung in der Nähe des an dieser Stelle ziemlich verdreckten Meeres. Eşref macht mit seiner Frau Gabi und seinem kleinen Sohn Can Urlaub. Wir lernen die beiden in einem Teegarten am Meer kennen. Wir kommen schnell ins Gespräch und werden gleich zum Abendessen eingeladen. Eşref ist enttäuscht darüber, daß ihn viele alte Freunde ablehnen als einen, «der aus Deutschland kommt». Zielscheibe der Aggressionen ist sein neuer Opel, auf dem er täglich neue Kratzer entdeckt. «Die meinen, wenn man aus Deutschland kommt, ist man ein Kapitalist, und deswegen hassen sie uns», sagt er verbittert. Seine

Frau Gabi nimmt das alles etwas leichter. Sie, die zwanzigjährige Krankenschwester aus Meschede, hat sich in die Familie so integriert, daß man ihr glaubt, wenn sie sagt, «ich fühle mich hier wohl». Man hat nicht das Gefühl, daß sie ihre Selbständigkeit aufgibt oder bei Diskussionen schweigt, nur weil sie eine Frau ist. Man merkt, daß sie von Eşrefs Familie akzeptiert wird, besonders von Hülya, der ältesten Schwester. Hülya hat lange in der Bundesrepublik gelebt und ist mit den Eltern zurückgegangen. Sie wirkt unglücklich. Mit ihren 26 Jahren ist sie zum Nichtstun verurteilt. «Wenn ich in Karamürsel zweimal am Tag die gleiche Straße entlang gehe, ist das für die Leute schon verdächtig. Sie unterstellen einem gleich, auf Männerfang zu gehen. Eşref denkt da anders, weil er lange in Deutschland war.»

Eşref: «Ich war 17 Jahre, als ich die Hauptschule in Meschede beendete. Wenn ich nicht ein bißchen faul gewesen wäre, hätte ich auch das zehnte Schuljahr geschafft, aber im neunten Schuljahr mußte ich ein Berufspraktikum machen, und ich war in einer Autoschlosserei als Helfer, das war ein ungeheurer Schock, etwas, was ich bis dahin nicht gekannt habe. Da waren so Leute, die für Hitler waren, die Türken nicht leiden konnten, und bei jeder Kleinigkeit haben sie dann auf mich geschimpft, «blöder Türke», und sind mit Schimpfwörtern auf mich losgegangen. Ich habe dort 2 Wochen gearbeitet, dann bin ich nie mehr hingegangen, weil ich das abstoßend fand. Nach der Schule hatte ich keine Lust mehr, in Deutschland zu bleiben, weil ich glaubte, das würde bei jeder Arbeitsstelle so sein. Ich habe gedacht, wenn du erst mal einen Beruf in der Türkei lernst, dann hast du vielleicht mehr Möglichkeiten, dich durchzusetzen, als drei Jahre hier zu arbeiten und sich Vorwürfe anhören zu müssen. Ich bin dann in die Türkei gekommen und besuchte die Hotelfachschule. In Istanbul habe ich alleine eine Wohnung gehabt und bin auch dort zur Schule gegangen. Erst waren meine Eltern dagegen, weil ich die Türkei nicht kannte. Die dachten, ich gehe da verloren. Obwohl ich schon 17 Jahre alt war, wußte ich nicht viel von der Türkei, nur aus den Ferien, aber wie man sich da einlebt, damit hatte ich überhaupt keine Erfahrung. Das erste Jahr war sehr schwierig. Das zweite Jahr habe ich bei meiner Oma gewohnt, aber da gab es Meinungsverschiedenheiten. Die war nicht gewohnt, daß ich abends nach der Schule wegblieb und nicht gleich nach Hause kam. Die dachte, sie müßte jetzt über mich bestimmen. So wie bei den eigenen Kindern. Da habe ich gesagt, ich will wieder allein wohnen. Das dritte Jahr war von der Politik her schlimm, das war 1979/80. Es war ungeheuer kriminell hier. Wie im Wilden Westen. Wir hatten Angst, von der Schule nach Hause zu gehen. Obwohl du damit gar nichts zu tun hast, wirst du mit hineingezogen. Weil du z. B. in eine Schule gehst, wo politisch was los ist. Bei uns haben die Schüler sozialistisch gedacht, und die Lehrer und Schulrektoren waren auf der anderen Seite.

Wenn ich in Deutschland anders beraten worden wäre, wenn mir einer gesagt hätte, diese Hotelfachschule kannst du auch in Deutschland machen, dann hätte ich das auch getan. Das Einleben war unheimlich schwer. Ich bin mit Sachen in Konflikt gekommen, die ich nicht gewöhnt war. Ich war frei, meine Meinung immer zu sagen; das darf man in der Türkei nicht. Man darf seine Meinung nicht demjenigen sagen, dem man es gerne sagen möchte, was man so über ihn denkt. Das kann man dort nicht vertragen. Daß ich zu direkt bin, das haben sie kritisiert. Da ist man ruhiger und denkt sich sein Teil. Das spielt auch in die Politik mit rein. Man kann seine Meinung nicht voll vertreten. Wenn man sie vertritt, dann ist man entweder Kommunist oder Faschist. Was Freundschaft angeht, das ist in der Türkei wertvoller als in Deutschland. Das ist wie bei Geschwistern, so eng sind die Freundschaften. Ich habe in Deutschland keine Freunde, wo man sich so richtig vertraut, sich so richtig gerne hat. Andererseits habe ich in den drei Jahren in der Türkei keine richtige Freundin gehabt. Ich konnte die türkischen Mädchen nicht leiden. Die haben ganz anders gedacht, denen mußte man alles genau vorsagen, was sie machen sollen. Die konnten dir in keiner Weise helfen, dir einen Rat geben. Ich weiß nicht, wenn ich manchmal Gabi ausschimpfe, dann möchte ich auch, daß sie was dazu sagt, daß sie sich verteidigt, daß sie mit Gegenargumenten kommt. Das ist in der Türkei nicht drin, wenn du als Mann schimpfst und was sagst, dann hast du recht. Mit der Zeit wird das unheimlich langweilig, wenn man dauernd recht hat. Die haben unheimlich schöne Mädchen, der Figur nach ... Ich weiß auch genau, daß es nicht an den Frauen liegt, sondern daran, wie sie erzogen werden. Die lernen das so, daß die Frau dem Mann unterlegen ist.
Ich habe meinem Vater schon früh geschrieben, daß ich es in der Türkei nicht aushalte. Das hat er eine Zeitlang nicht verstanden, weil er gehofft hat, in den drei Jahren würde ich ein echter Türke werden.
Im August 1980 bin ich wieder nach Deutschland. In der Zeit war nur noch mein Vater hier, meine Mutter und meine Schwester waren schon in der Türkei. Dann habe ich mich sofort auf den Weg ge-

macht, die Aufenthalts- und Arbeitserlaubnis zu bekommen. Die haben als erstes gesagt, das ginge auf keinen Fall. Ich könnte mich zwar hier drei Monate aufhalten, aber ich sollte nicht hoffen, daß ich hier länger bleiben könnte. Weil ich eben über 18 war und diese drei Jahre in der Türkei verbrachte. Ich habe dem Beamten sofort gesagt, daß ich das überhaupt nicht einsehen würde. Ich bin 9 Jahre in Deutschland gewesen, mein Vater hat dem Staat auch Steuern gezahlt und hier 15 Jahre gearbeitet. Ich sehe nicht ein, daß ich keine Aufenthalts- und Arbeitserlaubnis bekomme, obwohl ich vom Staat kein Geld will. Ich will arbeiten und Geld verdienen und meine Steuern zahlen, wie jeder andere Mensch. Ich sehe nicht ein, daß die Asylanten hier rumlaufen dürfen, und ich kriege keine Aufenthaltsgenehmigung. Dann haben wir uns an den Bundesinnenminister gewandt, und auch die Polizei hat einen Bericht geschrieben. Die kennen mich alle von klein an, ich habe immer gedolmetscht, wenn irgendwer mal Schwierigkeiten hatte. Die haben mich alle gern gehabt. Auch mein Fußballverein und die Schulfreunde haben geholfen; die haben an den Bundesinnenminister geschrieben und den Bundespräsidenten. Ich weiß nicht, ob das dadurch geklappt hat, aber 15 Tage, bevor ich raus mußte, habe ich einen Bescheid bekommen, daß ich eine unbefristete Aufenthaltserlaubnis und 5 Jahre Arbeitserlaubnis kriege.

Ich will aber nicht die deutsche Staatsangehörigkeit annehmen, weil ich dann automatisch die türkische verliere. Dann kann ich nicht mehr als drei Monate in der Türkei bleiben und werde mit bösen Augen angeguckt. Andererseits müssen wir 20000 DM bezahlen, um nicht zum Militär zu gehen. Viel Geld für nichts.»

Gabi: «Wir haben uns in der Discothek kennengelernt. Meine Freundin Karin, die ist früher auch immer mit einem Türken zusammen gewesen und die hat sich mit Eşref unterhalten und so haben wir uns dann kennengelernt. Türkische Freunde hatte ich bis dahin keine. Ich kannte nur den Bruder von Karins Freund, der ganz toll Deutsch spricht und nicht wie ein Türke aussieht. Ich wußte, daß Eşref Türke ist, meine Freundin hat es gesagt; vom Aussehen her habe ich es mir gedacht, aber von der Sprache her nicht. Ich hatte eigentlich keine Angst vor den Türken. Ich glaube, die Türken sind immer die Schlimmen, weil ungeheuer viele Türken in Deutschland leben. Sie sind die Mehrzahl der Ausländer. Weil es so viele sind, passiert da schneller was als bei den Griechen oder Spaniern. Ich habe früher nie daran gedacht, daß ich mal einen Ausländer heirate. Am Anfang war das gar nicht so leicht. Ich habe keinem gesagt, daß ich mit dem Eşref befreundet war. Mein Vater lebt nicht mehr und meine Mutter hat immer gesagt: ‹Mit jedem kannst du kommen, nur nicht mit einem Türken.› Nun war das aber einer. Dann war ich ja schwanger, da mußte ich was sagen. Da war erst viel Theater zu Hause, aber jetzt hat sich das alles gelegt.»

Eşref: «Das war bei mir genauso. Mein Vater konnte Gabi nicht akzeptieren. Wenn sie bei uns war, ist er rausgegangen. Aber nach und nach hat sich das gelegt.»

Gabi: «Die mußten sich damit abfinden.»

Eşref: «Jetzt kommen sie mit ihr besser aus als mit mir.»

Gabi: «Erst wollten wir gar nicht heiraten. Wir haben erst eine Weile so zusammen gewohnt und dann machten die Nachbarn Schwierigkeiten. Mit einem Ausländer zusammen leben, ein Kind kriegen, nicht verheiratet sein. Die akzeptieren das nicht. Das sind alles alte Leute. Dann fragte der Vermieter an. Erst hat er gesagt, ihm wäre das gleichgültig. Dann rief er eines Tages an und fragte, wann wir heiraten würden. Ich schätze, daß die Nachbarn angerufen und gesagt haben, die sind immer noch nicht verheiratet. Na, und dann haben wir im Mai geheiratet, auch wegen dem Kind.

Meine Arbeitskollegen im Krankenhaus haben eigentlich nicht viel gesagt. Einige meinten, natürlich die Älteren, ‹fahre nicht in die Türkei, da hast du nichts mehr zu sagen, da darfst du nichts mehr›, aber die Jüngeren, für die ist das eigentlich normal. Bei uns in der Gegend sind viele mit Ausländern verheiratet, vor allem mit Türken, das gab es früher nicht.

Einiges war mir am Anfang schon fremd, z. B. die Eßgewohnheiten. Und dann die Sprache, ich verstehe ja kein Wort. Der Glaube, das gleicht sich eigentlich. Beim Essen war mir die Zubereitung am Anfang fremd. Die essen ja gar keine Kartoffelnwie wir, Brot ist da

das Hauptgericht. Morgens Käse und Tomaten, Paprika, Oliven, das ist ungewohnt, so schwere Sachen. Dann der viele Tee, aber man gewöhnt sich dran. Ich koche nur noch türkisch. Die Zubereitung ist einfach. Die Grundlagen sind immer ähnlich, Tomatenmark, Hackfleisch und Zwiebeln. Meine Mutter kommt gerne zu uns und ißt mit. Türkische Wurst schmeckt mir gut, die ist so wie unsere Kochsalami mit viel Zwiebeln und Knoblauch. Schweinefleisch kochen wir nicht. Eşref hat nichts dagegen, aber wenn ich mir alleine was kochen soll, das mache ich nicht. Fastenzeit machen wir nicht, mit dem Glauben haben wir auch keine Schwierigkeiten. Das Kind ist nicht getauft, Can soll sich später selbst entscheiden.»
Eşref: «Wir haben das so abgemacht, daß wir ihn so erziehen, daß es einen Gott gibt, von mir aus soll er die 10 Gebote kennen, das ist für jeden Menschen gut.»
Gabi: «Aber einen bestimmten Glauben braucht er nicht anzunehmen. Wenn er das nachher will, dann kann er das machen. Beschneiden, das wollen wir aus gesundheitlichen Gründen machen, der hat sowieso Phimose.»

Nurten und Yusuf: Ein türkisches Paar im deutschen Paradies

Yusuf, Anfang Zwanzig, ist in einer besonders schlechten Lage. Vor gut drei Jahren hat er seine türkische Verlobte Nurten geheiratet. Er lebte bis dahin in Ankara, wo er mit seinem Bruder ein Radiogeschäft besaß. Nurten, in Frankfurt aufgewachsen, ist Verkäuferin. Als sie heirateten, haben sie sich lange überlegt, wo sie leben wollen. Sie haben sich für Frankfurt entschieden, da Nurten sich in der Türkei fremd fühlte und Yusuf hoffte, seine technischen Kenntnisse in Deutschland zu verbessern. Doch der Alltag war ernüchternd. Vom Arbeitsamt erfuhr er, daß er frühestens nach drei Jahren «Wartezeit» eine Arbeitserlaubnis bekommen kann, aber nur dann, wenn es eine Arbeit für ihn gibt und sich kein Deutscher für seinen

Arbeitsplatz interessiert, denn Deutsche werden auf dem Arbeitsmarkt bevorzugt.
Yusuf hat tagaus, tagein eine Arbeit gesucht. Er wußte, daß er nur bei bestimmten Jobs, wie Putzen oder Arbeiten im Gaststätten- und Hotelgewerbe, eine Arbeitserlaubnis erhalten kann. Er und Nurten fragten ständig in den großen Hotels an, ob sie nicht eine Arbeit haben. Ihr Verwandten- und Bekanntenkreis wurde eingeschaltet, alle hörten sich nach einer Arbeitsmöglichkeit um. Schließlich erfuhr Nurtens Cousin durch seinen Freund, daß das «Interconti» eine Küchenhilfe sucht. Obwohl das Hotel Yusuf sofort wollte, willigte das Arbeitsamt nicht ein. Erst als sich wirklich kein Deutscher meldete, bekam er seine Arbeitserlaubnis und konnte am nächsten Tag anfangen zu arbeiten. Obwohl sich Yusuf immer eine Stelle in einem Radiofachgeschäft erträumt hat, war er glücklich, eine Arbeit gefunden zu haben. Es war für ihn unerträglich, daß Nurten den Lebensunterhalt verdiente und er zum Nichtstun verurteilt war. Er fühlte sich dadurch als Versager. Wir versuchten ihn davon zu überzeugen, daß er mit seinen Deutschkursen und dem Haushalt auch etwas leiste, und er nicht schuld sei an seiner Arbeitslosigkeit. Als Nurten dann schwanger wurde, geriet Yusuf in Panik. Er befürchtete, daß Nurten wegen ihrer Schwangerschaft von einer Kündigung bedroht sei. Er beschwor sie, keinen Tag zu fehlen. Als sie eine kleine Grippe hatte, nahm sie drei Tage Urlaub, anstatt sich krankzumelden. So war der Küchenjob für beide die Rettung, denn Yusuf konnte endlich seine Frau und sein zukünftiges Kind ernähren, wie es von einem türkischen Mann verlangt wird.
Bewegt schildert Yusuf uns die Zeit seiner Arbeitslosigkeit: «Nimm mal an, du fährst in die Türkei, heiratest einen Deutschen und willst für paar Jahre in der Türkei leben. Und es gibt dort ein Gesetz, das dich zwingt, drei Jahre auf eine Arbeitserlaubnis zu warten. Und du sagst ‹okay›. Am Anfang sagst du okay. Und du wartest drei Jahre, nach drei Jahren findest du nur eine Putzstelle, du bist Akademiker, aber du bekommst nur die Arbeitserlaubnis, um zu putzen oder um zu spülen. Also, du findest eine Arbeit. Nun gehst du zu einer Sach-

bearbeiterin im Arbeitsamt und die sagt nein. Du bittest sie um eine Arbeitserlaubnis und sie sagt nein. Ein einfaches Mädchen, du siehst es äußerlich, daß sie so einfach ist, daß du mit ihr niemals befreundet sein würdest. Du kommst nach Hause und du wartest und wartest und wartest ... Jeden Tag und jede Stunde fühle ich mich so wie ein Versuchstier. Die Wissenschaftler haben mal eine Untersuchung gemacht mit 100 Soldaten. 50 haben sie in den Krieg geschickt, die anderen nicht, die sind in der Kaserne geblieben und ihnen wurde gesagt, sie müßten den nächsten Tag in den Krieg. Das hat man ihnen jeden Tag gesagt, aber man hat sie nie in den Krieg geschickt. Sie sind ständig medizinisch untersucht worden, der Blutdruck hat sich geändert, und sie haben eine Menge Krankheiten bekommen, das waren keine normalen Menschen mehr. Ich habe mir schon überlegt, mich mit zwei Schildern auf die Straße zu stellen, worauf ich schreibe, wie es mir hier ergeht. Die Deutschen wissen das gar nicht. Ich habe auch nie gedacht, daß es hier so ist. Ich fühle mich gar nicht wohl, und ich ärgere mich und ich werde verrückt. Ich habe ja eine Putzstelle gefunden und habe gesagt, ‹ich akzeptiere, daß ich als Putzarbeiter arbeite›! Und ich bitte um eine Arbeitserlaubnis, und sie sagt einfach: ‹Nein. Sie können da nicht arbeiten!› ‹Und warum? Weil ich kein Mensch bin?› Daraufhin die Sachbearbeiterin: ‹Sie können nicht arbeiten, weil es viele Arbeitslose gibt.› Ich sage: ‹Na und? Sie sind Menschen, und ich bin auch ein Mensch, ich muß auch arbeiten. Ich sitze seit drei Jahren zu Hause und was ist mit mir?›»

Yusufs Lebenssituation ist nicht beneidenswert, doch auch den jungen Ausländern, die hier aufgewachsen sind und die Schule besucht haben, geht es nicht viel besser. Sie haben meistens eine ungenügende Schulbildung, denn noch immer verläßt knapp die Hälfte aller ausländischen Schüler die Schule ohne einen Hauptschulabschluß. Ohne Abschluß finden sie keine Lehrstelle, diese sind ohnehin knapp und werden vorrangig an Deutsche vergeben. Das ist festgelegt im § 19 des Arbeitsförderungsgesetzes.

Untersuchungen zeigen, daß Arbeitgeber auch dann deutsche Jugendliche bevorzugen, wenn ihnen qualifiziertere ausländische Jugendliche zur Verfügung stehen. So ist auch die weitverbreitete Meinung falsch, daß ausländische Jugendliche in der Regel an einer Ausbildung wenig interessiert sind. Als größtes Hindernis bei der Ausbildung werden von den Jugendlichen die Sprachschwierigkeiten genannt, danach der fehlende Schulabschluß sowie ungenügende Berufsinformationen (Befragungsergebnisse des Bundesinstituts für Berufsbildung, 1979).

Wir konnten feststellen, daß die mangelnden Deutschkenntnisse für die Jugendlichen ein Problem sind, das sie ständig begleitet. Konnten ihre Eltern noch mit geringen Sprachkenntnissen eine Arbeit finden, so sind heute die Einstellungsbedingungen wesentlich härter. Es gibt genug Arbeitslose, unter denen ein Personalchef wählen kann.

War für die Eltern die Beziehung zu den Deutschen in der ersten Zeit nicht so entscheidend, so leiden ihre Kinder unter diesem Kontaktmangel. Sie beschweren sich oft, daß die Deutschen am Arbeitsplatz und im Jugendclub ungeduldig werden, wenn sie nicht so schnell eine Geschichte oder einen Witz erzählen können und somit auch das Interesse an ihnen verlieren.

Suat, ein türkischer Lehrling meint dazu: «Deutsche Kollegen, die eine Lehre machen, den braucht man nur einmal erklären, in der Schule und am Arbeitsplatz, ich muß dreimal das erklärt haben, damit ich was verstehe ... Wir haben viele Bücher gekriegt. Wenn ich die einmal lese, verstehe ich nur ein bißchen, beim zweitenmal ein bißchen mehr, beim drittenmal noch ein bißchen mehr. Aber ganz nicht. Deutsche Kollegen einmal durch, fertig.»

Stellen wir uns einmal vor, als Ausländer nach Deutschland zu kommen und eine Sprache lernen zu müssen, die häufig keinerlei Zusammenhänge zur eigenen Sprache aufweist, wie bei den Türken, den Tunesiern und Marokkanern. Griechen und Araber müssen zusätzlich eine neue Schrift lernen. Aus eigenen Reiseerfahrungen wissen wir, daß für den Einstieg in eine neue Kultur die Sprache von zentraler Bedeutung ist. Doch erfahren die Ausländer eine permanente Ablehnung oder ein Desinteresse ihrer deutschen Umwelt, so kann sich ihre Bereitschaft, Deutsch zu lernen, verringern.

illegalen Arbeitnehmerverleihs, einer Art modernen Sklavenhandels. Besonders schlecht dran sind die Jugendlichen, die erst nach Abschluß der Schule den Eltern in die Bundesrepublik gefolgt sind. Bei ihnen reichen weder die Sprachkenntnisse noch die Schulbildung für einen Lehrberuf aus.

«Ausländer nehmen uns unsere Arbeitsplätze weg.»

Diesen Satz liest und hört Yusuf immer wieder, und er fragt uns ein wenig verunsichert, ob das eigentlich stimmt. Er hat nun endlich eine Arbeitserlaubnis bekommen, denn die Stelle als Küchenhilfe konnte nicht mit einem Deutschen besetzt werden. Es fand sich kein Deutscher. Noch immer arbeiten Ausländer hauptsächlich in Branchen, in denen viele Deutsche nicht mehr arbeiten wollen bzw. können. Lärm, Schmutz, Schicht- und Akkordarbeit, körperliche Belastungen, stark gesundheitsgefährdende Arbeiten und ein niedriges Lohnniveau, besonders bei Frauen, sind Merkmale für diese Arbeitsbereiche. Über zwei Drittel aller berufstätigen Ausländer sind heute auf Arbeitsplätzen tätig, die in den sechziger Jahren zugunsten qualifizierter, «sauberer» und höher bezahlter Tätigkeiten von deutschen Arbeitern geräumt worden sind und die trotz gestiegener Arbeitslosigkeit auch heute von kaum einem Deutschen besetzt werden.

Am Beispiel der Stadt Frankfurt wird deutlich, wo die meisten Ausländer arbeiten:

50% der Arbeiter in der Frankfurter Industrie
52% der Mülltonnenschlepper
93% der Kehrer beim städtischen Reinigungsamt
33% des Reinigungspersonals in Kindertagesstätten
33% des Personals in der städtischen Zentralküche
20% der Reinmachefrauen in den Schulen
33% der Gärtner oder Grabmacher auf den Friedhöfen
10% der Planstelleninhaber im Bereich des Jugend- und Sozialamtes
50% des Personals in Wäschereinigungsfirmen
34% der in der Gastronomie Beschäftigten
25% der Arbeiter bei der Frankfurter Dienststelle der Bahn

10 % der Ärzte im städtischen Krankenhaus Höchst
25 % des Pflegepersonals im städtischen Krankenhaus Höchst
70 % der Arbeiter(innen) in Reinigung und Transport im städtischen Krankenhaus Höchst
33 % der Mitarbeiter(innen) in Heimen, Beratungsstellen, der Bahnhofsmission und Zentrale des Caritasverbandes
27 % der Ensemblemitglieder, Angestellten und Arbeiter des Frankfurter Theaters am Theaterplatz usw. usw.

(Frankfurter Rundschau vom 4. 3. 1981)

Aus diesen Beispielen geht hervor, daß viele Einrichtungen und Unternehmen ohne die Ausländer ihren Betrieb nicht mehr aufrechterhalten könnten und ihre Tore schließen müßten.
Die meisten Bundesbürger haben keine realistischen Vorstellungen, was der von ihnen gewünschte Exodus der «ausländischen Arbeiter» bedeuten würde. Ganze Industriezweige, etwa die Autofabriken, kämen in Personalnöte. Im VW-Werk zum Beispiel machen die Ausländer 18 % der Belegschaft aus. Auch der Kumpel unter Tage ist oft ein Türke, denn jeder vierte Bergmann ist ein Ausländer. Es ist eben nicht so, daß deutsche Arbeitslose einfach die Arbeitsplätze von Ausländern übernehmen können. Viele deutsche Arbeitslose, wie etwa ältere Arbeitnehmer oder Jugendliche ohne Ausbildung, wären den physischen Anforderungen der typischen Ausländerarbeitsplätze nicht gewachsen. Daß trotz aller Bemühungen der Bundesanstalt für Arbeit die Arbeitsplätze von Ausländern nicht von arbeitslosen Deutschen eingenommen werden können, beweisen sowohl der seit 1974 geltende Grundsatz, daß deutsche Arbeitnehmer bei der Arbeitsvermittlung zuerst zu berücksichtigen sind wie auch die jüngste Diskussion über die «Zumutbarkeitsverschärfung» bei deutschen Arbeitslosen. Vielmehr spricht vieles dafür, daß es bei der Rückkehr der Ausländer in ihre Heimatländer zur nächsten großen Rationalisierungswelle käme: nicht deutsche Arbeitnehmer würden die Ausländer ersetzen, sondern ROBOTER. Außerdem sind ein Großteil der deutschen Arbeitslosen Angestellte in Büroberufen oder Kaufleute. So müßte z. B. ein arbeits-

loser deutscher Industriekaufmann am Fließband Teile lackieren oder am Hochofen arbeiten.
Übrigens: die höchsten Arbeitslosenquoten gibt es häufig in Regionen, wo nur wenige Ausländer beschäftigt sind.
Yusuf und Nurten sind froh, daß jetzt beide eine Arbeit haben. Sie haben vor allem immer Angst gehabt, daß die Ausländerbehörde Yusufs Aufenthaltserlaubnis nicht mehr verlängert, weil er keine Arbeitserlaubnis hatte, denn ohne Aufenthaltserlaubnis muß er als Türke die Bundesrepublik verlassen. Aus diesem Grund arbeitet Yusuf hart in seinem neuen Job, akzeptiert alle Schichtarbeiten und meckert auch nicht, wenn er dreimal hintereinander am Wochenende arbeiten muß. Stillschweigend räumt er morgens das dreckige Geschirr weg, das die Kellner vom Abend vorher stehengelassen haben, obwohl ihn die kalten Fettreste ekeln und diese Arbeit auch nicht von ihm gemacht werden muß. Yusuf tut alles, um nicht arbeitslos zu werden. Als Schreckensbild hat er immer Nurtens achtzehnjährigen Bruder Arif vor sich, der, seit er die Hauptschule verlassen hat, arbeitslos ist und ein Leben «auf der Straße» führt, wie es Yusuf ausdrückt.

Nurten und Yusuf haben nun endlich keine Arbeitsprobleme mehr, jetzt müssen sie dringend ihre Wohnungssorgen lösen. Sie sind seit drei Jahren verheiratet und haben noch nie eine eigene Wohnung besessen. Zuerst haben sie bei Nurtens Eltern gewohnt, dann in einem möblierten Zimmer, später konnten sie eine teure Einzimmerwohnung beziehen. Sie hatte weder ein Bad noch eine eigene Toilette, sondern es gab nur eine Außentoilette, die sie sich mit anderen Bewohnern teilen mußten. Das ist keine Ausnahme. Eine Untersuchung des Bundesministeriums für Bildung und Wissenschaft ergab, daß 72 % der befragten Ausländer trotz gleicher Miete in einer schlechter ausgestatteten Wohnung leben als Deutsche. So haben z. B. 45 % der befragten Ausländer keine Badegelegenheiten, im Gegensatz zu 6 % der Deutschen. Die Wohnungen in denen Ausländer leben, sind überwiegend trist, ausreichende sanitäre Anlagen fehlen, der Wohnraum ist eng, die Bausubstanz schlecht. Diese Wohnsituation verstärkt die Isolation und verhindert die notwendigen Kontakte zu Deutschen. Ausländerkonzentration und Gettobildung haben vielmehr mit Spekulantentum, Wohnungsnot und Vorurteilen zu tun als mit dem den Ausländern unterstellten Wunsch, generell nicht mit Deutschen zusammenwohnen zu wollen. So hat die gleiche Untersuchung ergeben, daß die Mehrheit der Ausländer, wenn sie könnten, lieber in gemischten Wohnvierteln mit Deutschen zusammenleben würden.

So wohnen Yusuf und Nurten im selben Stadtviertel, in dem Nurten schon als Kind gewohnt hat. Natürlich hat das für sie viele Vorteile. In «ihrem» Türkenviertel haben sie noch am ehesten das Gefühl, sich sozial und kulturell ihre Identität bewahren zu können. So fühlte sich Yusuf, als er aus der Türkei kam, erst mal sehr wohl in seiner Umgebung: «Es war fast wie zu Hause», meinte er, «hier gibt es alles. Heimatliche Lebensmittelgeschäfte, Handwerker, Gaststätten und Beratungseinrichtungen. Ich erfuhr keine Ablehnung durch eine deutsche Umgebung, wie z. B. durch Nachbarn, denen ich zu laut war oder zuviel Besuch hatte. Aber ich mußte mich auch nicht mit den Deutschen auseinandersetzen. Ich konnte mir einbilden, ich kann hier so leben wie vorher in der Türkei. Genauso wie es meine Schwiegermutter macht. Sie lebt seit zehn Jahren in diesem Viertel und fühlt sich dort sicher und geschützt. Sie hat wie die anderen türkischen Frauen auch nicht Deutsch gelernt, da sie in ihrer Umgebung nur ihre Heimatsprache braucht. Wenn sie aber mal zu einem Arzt oder zu einer amtlichen Stelle muß, ist sie völlig hilflos. Sie ist dann auf ihren Mann oder Sohn angewiesen.»

Für die ausländischen Jugendlichen bedeutet solch ein Leben in einer gettoähnlichen Umgebung eine starke Kontrolle, die ihnen das Leben schwermachen kann. Wie oft haben wir erlebt, daß türkische Mädchen von Nachbarn dabei beobachtet werden, wie sie mit einem Jungen sprachen, rauchten oder im Eiscafé saßen. Ihren Eltern wurde das sofort in einer meist stark übertriebenen und dramatischen Weise erzählt, so daß viele Eltern nur der Nachbarn wegen ihre Töchter strenger erzogen, als sie es selbst für richtig hielten.

Durch die Isolierung wird die Chance vertan, daß die Jugendlichen verschiedener Nationalitäten einschließlich der Deutschen sich untereinander kennenlernen, um voneinander zu lernen und um Vorurteile abzubauen. Eine Konfrontation mit der deutschen Umwelt wird sie dann später um so härter treffen.

5. KAPITEL

Rigoros raus

Vorurteile, Fremdenhaß und Ausländerpolitik

Es ist ein schöner Spätsommertag, gemütlich gehen wir mit Freunden in Korbach auf einem Rummelplatz spazieren. Es gibt viel zu sehen, und wir sind erstaunt über die große Anzahl von ausländischen Familien, die sich hier vergnügen.

Plötzlich bleiben wir wie angewurzelt stehen: Wir stehen vor einer Schießbude, die aussieht wie ein afrikanisches Dorf aus Pappmaché. Man kann die Dorfbevölkerung bestaunen, natürlich sind sie auch aus Pappmaché, schwarz und mit einem Bambusröckchen bekleidet, sie leben in putzigen Strohhütten, und die schwarzen Frauen rühren in einem riesigen Kochtopf, der auf einem Holzfeuer steht und gleichzeitig als Zielscheibe dient. Wenn man nun sein Gewehr nimmt, schießt und trifft, wird der Kopf eines Weißen, der im Topf zur Suppe verarbeitet wird, sichtbar.

Ein paar Stände weiter gibt es eine Tafel mit der Aufschrift: Mohrenkuß und Negereis. Auch dieser Stand wird rege besucht. Das sind keine Erlebnisse aus der Kindheit, sondern das haben wir im Sommer 1983 erlebt, und es gab keinen, der sich darüber aufregte.

«Bei manchen Deutschen haben sich Ängste vor einer Überfremdung entwickelt. Sie machen sich Sorgen um den hohen Ausländer-

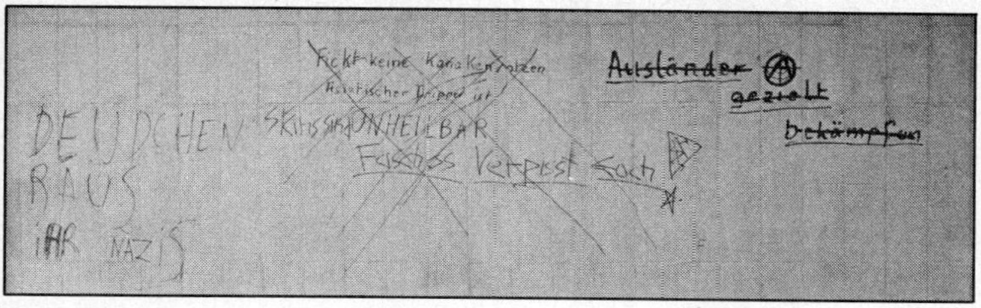

anteil in einigen Schulen und Wohngegenden von Ballungszentren. Sie sehen in Ausländern Konkurrenten um Arbeitsplätze und Wohnungen. Daher finden Forderungen nach einem sogenannten ‹Ausländerstopp› vielfach Zustimmung. In Betrieben, Schulen, Kirchengemeinden, am Stammtisch und in Bus und Bahn werden Stimmen laut, die sich gegen Ausländer wenden.
Die wirtschaftliche und politische Situation ist unsicher geworden. Hierauf wird vielfach mit Angst reagiert. Das Zusammenleben mit Deutschen und Ausländern bringt Spannungen mit sich und vermischt sich mit den Ängsten um eine unsichere Zukunft. Initiativen

gegen Ausländer schüren diese Ängste und bereiten den Boden für nationalistische und völkische Parolen.
In Flugblättern und öffentlichen Stellungnahmen heißt es immer wieder, das deutsche Volk werde durch den Zuzug von Millionen Ausländern und ihre Familien unterwandert und überfremdet. Aber ausländische Arbeitnehmer haben uns nicht ‹unterwandert›. Sie sind im Interesse der Wirtschaft und mit Zustimmung aller relevanten Gruppen der Gesellschaft angeworben worden. Sie haben ihre Familien legal in die Bundesrepublik nachgeholt. Dies geschah auch auf Grund von Verträgen zwischen der Bundesrepublik Deutschland und den jeweiligen Anwerbeländern. Ausländer haben viel zum Wohlstand der Bundesrepublik beigetragen.
Die Ausländer haben unsere Sprache und Kultur auch nicht ‹überfremdet›. Sie sprechen ihre Sprache und leben in ihrer Kultur. Davon ist die deutsche Sprache und Kultur bisher jedoch nur wenig beeinflußt worden. Der Einfluß Amerikas hat die Lebensgewohnheiten der deutschen Bevölkerung in den letzten dreißig Jahren wesentlich stärker verändert.
Insgesamt sind 7,6 Prozent der Bevölkerung Ausländer. Ziehen wir den Vergleich mit der Schweiz, in der 14 Prozent, und mit Belgien, wo 9 Prozent Ausländer leben, so ist der Anteil in der Bundesrepublik noch relativ gering. Diese Tatsachen und Zahlen verbieten es, von einer Unterwanderung des deutschen Volkes zu sprechen.»*
Doch sachliche Argumente helfen leider in Krisenzeiten wenig. Der arbeitslose Bergarbeiter Müller, der nicht weiß, ob er je wieder eine Arbeit bekommen wird, sieht voller Wut auf seine arbeitenden türkischen Kollegen im Bergbau. Wenn er dann noch mitbekommt, daß sein Sohn wieder erfolglos von der Lehrstellensuche nach Hause kommt, während der türkische Klassenkamerad Ali sofort eine Lehrstelle fand, dann ist es für Herrn Müller Zeit sich zu fragen,

* Auszüge aus: «Ängste überwinden – zur Nachbarschaft finden.» Herausgegeben vom Ökumenischen Vorbereitungsausschuß zur Woche der ausländischen Mitbürger und vom Bundesvorstand des Deutschen Gewerkschaftsbundes.

ob man die Ausländer nicht besser nach Hause schicken sollte. Er vergißt dabei, daß Ali gute Zeugnisse und sein Sohn schlechte Zeugnisse aufzuweisen hat. Denn in der Regel sind ausländische Jugendliche in stärkerem Maße von Arbeitslosigkeit betroffen als die Deutschen. Ebenfalls vergißt Herr Müller, daß seine Zeche geschlossen wurde und er nach 25 Jahren Arbeit im Bergwerk seiner Staublunge keinen Tag mehr unter Tage zumuten kann.

Abends beim Fußballspiel Deutschland–Türkei, ist es dann endgültig aus. Auch Herrn Müllers Lieblingssport vermiesen ihm die Türken. Im Fußballstadion von Izmir/Türkei skandieren 75 000 Türken auf deutsch «Deutsche raus». Zum Glück gewinnen die Deutschen 3:0.

Was Herr Müller nicht weiß ist, daß die türkische Militärdiktatur seit 3 Jahren bestimmte deutschfeindliche Strömungen kanalisiert und zur Stimmungsmache gegen die Bundesrepublik benutzt. Sie will damit beweisen, daß die Türkei der bessere Staat ist, trotz Militärdiktatur. So berichtet die mehr oder weniger gleichgeschaltete türkische Presse mit Vorliebe über deutsche Väter, die ihre Töchter keinem Türken zur Frau geben oder über schamlose deutsche Frauen, die versuchen, die türkischen Männer zu verführen.

Herr Müller ist, so glauben wir, typisch für einen großen Teil unserer Bevölkerung. Eigentlich braucht er sich nicht von den Ausländern bedroht zu fühlen, aber in seiner hoffnungslosen Lage braucht er einen Sündenbock, und da bieten sich die Ausländer an. Deshalb ist Herr Müller nicht gleich politisch rechts anzusiedeln. Wer über kernige Sprüche wie «nur ein toter Türke ist ein guter Türke» lacht, muß nicht gleich ein Neonazi sein. Es ist vielmehr ein Zeichen einer in Alltagsfloskeln und Türkenwitzen verpackten und vielerorts viel zu sehr geduldeten, mehr unbewußten als gewollten, Ausländerfeindlichkeit. Es wird viel von «Anpassung» und «Überfremdung» geredet, von der «Angst» in ein Türkenviertel zu gehen. In Diskussionen hören wir von Frauen, daß sie wegen der vielen Ausländer nicht nachts alleine in der U-Bahn fahren. Das Frankfurter Einkaufsparadies, die Zeil, wird mit Anatolien verglichen. Eltern berichten entrüstet: «Auf unsere Spielplätze können keine deutschen

Kinder mehr, weil sie von den Türken verprügelt werden.»
Sehr oft sprechen Eltern von der Befürchtung, daß ihre Kinder in der Schule nicht genug lernen, weil die Ausländerkinder in der Klasse den Unterricht behindern würden. Nun gibt es aber sehr viele ausländische Schüler, die mühelos dem Unterricht folgen können. Die schlecht deutsch sprechenden Kinder müssen eben so gefördert werden, daß sie dem Unterricht folgen können. Sogar Bildungspolitiker und Vertreter der Industrie sind sich darin einig, daß der schulischen und beruflichen Bildung von ausländischen Kindern in den nächsten Jahren ein hoher Stellenwert zukommt, denn der größere Teil der ausländischen Jugendlichen wird zu einem Zeitpunkt auf den Arbeitsmarkt kommen, zu dem der deutsche Schülerberg bereits zusammengeschmolzen ist. 1990/91 werden rund 25 % der Schulabgänger ausländischer Herkunft sein. Also werden die Türken die Facharbeiter von morgen sein und nicht die Deutschen. Auch das sollte klar sein, wenn gefordert wird «Ausländer raus». Es wird nicht genug Deutsche geben, die unsere Existenz sichern können.
Ein verbreitetes Vorurteil ist ebenfalls, daß die ausländischen Studenten den Deutschen die Studienplätze wegnehmen. Der Anteil von ausländischen Studenten an unseren Universitäten darf nur 8 % betragen, in dieser Quote enthalten sind auch die Kinder ausländischer Arbeiter aus der Bundesrepublik. Studenten aus Ländern, die nicht der EG angehören, brauchen ein Visum, außerdem müssen sie schon in der Deutschen Botschaft ihres Landes eine Aufenthaltserlaubnis beantragen. Studenten aus Griechenland, dem Iran und der Türkei müssen einen Studienplatz im Heimatland nachweisen können. Für viele gilt ein Numerus clausus für alle Fächer. Fast alle ausländischen Studenten müssen Deutschkenntnisse nachweisen. Kommen sie aus dem Iran, der Türkei oder Ländern der Dritten Welt, dann wird ihr Abitur bei uns nicht anerkannt. Sie müssen für ein Jahr das Studienkolleg besuchen, erst nach bestandener Abschlußprüfung können sie studieren. Ausländische Studenten erhalten keine Arbeitserlaubnis und können somit in den Semesterferien nicht arbeiten. Ihre Aufenthaltserlaubnis erlischt, wenn sie ihr

Studium beendet haben, denn sie sollen die Bundesrepublik möglichst bald verlassen. Kann man da wirklich sagen, daß uns die Ausländer die Studienplätze wegnehmen! Nehmen nicht deutsche Studenten ganz selbstverständlich das Recht in Anspruch, im Ausland zu studieren? In diesen Ländern fordert auch keiner: «Deutsche raus».

Auch an ihrem Arbeitsplatz sind Ausländer Feindlichkeiten ausgesetzt. Wie unverzichtbar Ausländer für unser wirtschaftliches Wohlergehen sind, erwähnen wir an anderer Stelle. Da werden ausländische Betriebsräte bedroht oder aufgefordert, nach Hause zu gehen. Auf Betriebsversammlungen wird den Unternehmern das Ausländerproblem zugeschoben: «Wir Arbeiter haben ja die Ausländer nicht gewollt.» Es wird behauptet, die Türken versuchen mit allen Tricks, die sozialen Einrichtungen auszunutzen. Durch die Gewerkschaften erfahren die ausländischen Arbeiter nur ungenügende Unterstützung. Der DGB stimmte bisher mit den Unternehmern zusammen für schärfere Ausländergesetze, obwohl ein Drittel der ausländischen Arbeiter gewerkschaftlich organisiert ist. In der IG Metall sind 60 % der ausländischen Metallarbeiter Mitglied. Erst dort, wo die Ausländer den Deutschen garantiert keinen Arbeitsplatz wegnehmen können, gibt es auch keine Ausländerfeindlichkeit mehr. Das ist dann der Fall, wenn ganze Belegschaften auf die Straße gesetzt werden, weil ihre Betriebe Pleite machen, dann zeigen sich die Arbeitnehmer über alle Nationalitätsbarrieren hinweg solidarisch. Wenn es allen zugleich an den Kragen geht, wird auch den Deutschen klar, daß nicht die Ausländer Arbeitsplätze wegnehmen, sondern diese aus ganz anderen Gründen zerstört werden.

Wenn ein jugoslawischer Junge Kassetten klaut, ein Türke Drogen verkauft und ein Spanier im betrunkenen Zustand eine Schlägerei anzettelt, dann ist es für uns in erster Linie der Jugoslawe, der klaut. Keiner käme bei uns auf die Idee zu sagen, der Hesse klaut, sondern der Karl klaut.

Wenn wir auf gleichberechtigter Ebene zusammenleben wollen, setzt das zwar auch eine wechselseitige Kritik voraus, aber ein Rassist ist ein Rassist und ein Chauvinist ist ein Chauvinist, egal ob es sich dabei um einen Deutschen, Türken oder Juden handelt. Ausländer/Inländer müssen eine offene Auseinandersetzung führen können, ohne sich gleich gegenseitig zu diffamieren.

Diese Auseinandersetzung ist umso wichtiger, da eine neue politische Strategie gebraucht wird gegen die Zimmermanns und Späths, gegen weit über 50% der bundesdeutschen Bevölkerung, die mit der «Wende» auch die Ausländerpolitik dieser Regierung gewählt haben. Wir müssen uns «miteinander» auseinandersetzen, wollen wir das von vielen Deutschen bereitwillig aufgenommene «wir Deutschen» gegen «die Ausländer» aufbrechen.

Bundeskanzler Helmut Kohl ging in seiner Regierungserklärung vom 4. 5. 1983 auch auf die Grundsätze der Ausländerpolitik ein. Er sagte unter anderem: «In der Bundesrepublik Deutschland leben jetzt über 4,6 Millionen Ausländer. Wir wissen, daß wir ihnen viel zu verdanken haben. Aber man muß auch sagen, daß Ausländer ihre politischen Auseinandersetzungen mit kriminellen Mitteln auf dem Boden der Bundesrepublik Deutschland austragen. Wir werden sorgfältig untersuchen, ob politischer Extremismus und Kriminalität von Ausländern dadurch wirksam bekämpft werden können, daß die Ausweisungsmöglichkeiten erweitert werden.» Von der jetzigen Bundesregierung wird im Zusammenhang mit ihrer Ausländerpolitik vor allem die Vokabel «menschlich anständig» benutzt. So hat Bundeskanzler Kohl behauptet, daß seine «Politik der Ausländerbegrenzung und -rückführung» auf eine «menschlich anständige Weise» durchgeführt werden soll. Für «menschlich anständig» hält Minister Zimmermann die Idee, bis 1990 die Hälfte aller in der Bundesrepublik lebenden Ausländer – das sind 2 Millionen – aus unserm Land zu vertreiben. Als «menschlich anständig» beurteilt die Bundesregierung auch die sogenannten «Rückkehrprämien», mit denen die auf diese Weise zur «freiwilligen» Rückkehr gebrachten Ausländer um bis zu 50 % des ihnen zustehenden Geldes aus der Arbeitslosen- wie der Rentenversicherung betrogen werden.

Der Berliner Innensenator Lummer (CDU) sprach sich für eine Zuzugsbeschränkung für Kinder ausländischer Arbeiter ab dem 6. Lebensjahr aus und erklärte das auch «als eine Maßnahme zum Kindeswohl, denn es wäre bemerkenswert, daß türkische Eltern die Liebe zum Kind erst entdecken, wenn es 15 oder 16 Jahre alt ist» (Frankfurter Rundschau vom 15. 6. 1983). Auf Berlin bezogen fordert Lummer «Berlin muß eine im Kern deutsche Stadt bleiben».

Was heißt eigentlich «deutsche Stadt»? Woher nimmt Herr Lummer sich das Recht zu bestimmen, wer Deutscher und wer Ausländer ist, wer hier bleiben darf und wer nicht.

Alia

Carmen

Wir wollen es uns nicht zu leicht machen mit der Festlegung, wer Ausländer ist und wer nicht. Zu schnell werden Aus- und Eingrenzungen vorgenommen. Ein deutscher Paß ist noch kein Garant für ein Wohlfühlen in der Bundesrepublik, kein Garant gegen Ausländerfeindlichkeit. Deshalb sollen auch Carmen und Alia hier zu Wort kommen, beide mit deutschen Pässen und doch beide mit der Angst im Nacken, ausgegrenzt zu werden, irgendwann nicht mehr dazuzugehören, Objekt der Ausländerhetze zu werden.
Carmen und Alia sind zwei achtzehnjährige Mädchen. Alia hat einen algerischen Vater und eine deutsche Mutter. Carmens Vater ist Nigerianer, er hat siebzehn Jahre in der Bundesrepublik gelebt, und ihre Mutter ist Ungarin. Ihr Vater war später mit einer Deutschen verheiratet – Carmens Stiefmutter – und lebt jetzt wieder in Nigeria. Carmen wuchs in einer Pflegefamilie auf, in der man sie schon früh ihre schwarze Hautfarbe spüren ließ. Alia und ihre jüngere Schwester Miriam sind nach der Trennung der Eltern zusammen in ein Kinderheim gekommen. Wir kennen beide aus der Zeit, in der sie in einem liberalen Mädchenwohnheim lebten. Beide haben dem Leben, das durch getrennte Familien, Erziehung in verschiedenen reaktionären Kinderheimen nicht gerade sanft mit ihnen umging, durch die Erfahrung in dem Mädchenwohnheim einiges abgetrotzt, können sich gut wehren, sich gut artikulieren und sich auf ihre Art durchsetzen. Beide haben für ihr Alter viel erlebt. Mußten immer wieder kämpfen, wirken dadurch älter und abgehärteter. Das macht sich auch in ihrer Sprache bemerkbar, die oft sehr hart klingt und selbstbemitleidende Gefühle nicht aufkommen läßt. Denn Gefühle machen verletzbar und absichtlichen Verletzungen durch ihre Umwelt ist besonders Carmen als Schwarze ausgesetzt. Wir können verstehen, daß sie sich inzwischen stärker zu Afrikanern hingezogen fühlt, die sie so, wie sie ist, akzeptieren: als Mischling.

«Ich fühle mich echt gestraft»

Carmen: «Meine Pflegeeltern haben immer gemeint, daß ich aus dem letzten Dreck komme, daß ich froh sein sollte, daß ich bei ihnen bin. Ich wollte immer da raus, wurde immer nur verprügelt, und auf dem Jugendamt haben sie sich total stur gestellt, glaubten mir das nicht. Ich bin dauernd abgehauen mit zwölf oder dreizehn. Dann haben sie mich nach München ins Heim gesteckt. Ich glaube schon, daß das alles mit meiner Hautfarbe zu tun hat. In der Pflegefamilie ist mein Vater immer schlechtgemacht worden, auch beim Jugendamt, denn mein Vater ist Nigerianer, ich aber habe die deutsche Staatsangehörigkeit. Meinen Vater kenne ich überhaupt nicht. Den kenne ich nur vom Sehen, das war der Nachbar meiner Pflegefamilie, aber da wußte ich nicht, daß es mein Vater war.

Es fing damit an, daß ich Urlaub hatte vom Erziehungsheim und ich wußte nicht wohin, du darfst ja nur zu deiner Familie fahren. Zu meiner Mutter wollte ich nicht, die ging damals noch auf den Strich. Auf dem Krankenschein hatte ich die Adresse von meinem Vater gesehen und hatte ihm geschrieben, aber da war der schon nach Nigeria zurückgegangen. Natürlich würde ich den jetzt gerne mal sehen. Ab und zu schreiben wir uns. Im letzten Brief hat er mir geschrieben, daß er mir ein Ticket für den Flug nach Nigeria schickt; das war vor einem dreiviertel Jahr. Ich habe ihm geantwortet und da kam nichts. Er hat seinen Job aufgegeben und lebt jetzt in einem Vorort von Lagos. Ich bin neugierig auf meinen Vater, ich habe viel von meinen Halbgeschwistern erzählt bekommen, die waren unten gewesen.

Mich interessiert nicht nur mein Vater, sondern auch die ganze Kultur da. Ich habe ungeheuer viel darüber gehört, ich habe z. B. in der Schule durchgesetzt, daß wir mal Nigeria durchnehmen, was so abgeht mit den Stämmen, den Hausas, den Yorubas und den Ivos, also die Feindschaften untereinander. Mein Vater ist ein total sturer Yoruba und wenn ich mit einem Ivo herummachen würde, da würde mich mein Vater killen. Letztens habe ich an der U-Bahn-Station in

Berlin Yorubas kennengelernt. Ich habe die um eine Zigarette gefragt, und da sind wir ins Gespräch gekommen. Ich habe erzählt, woher mein Vater kommt; die kamen auch aus Lagos. Ob ich schon mal unten war, und ich sollte sie doch da besuchen. Das fällt mir auf, wenn ich erzähle, daß mein Vater Nigerianer ist und es sind auch Nigerianer, da werden sie auf einmal ganz offen; du wirst eingeladen, alles. Ich weiß natürlich nicht, ob ich da unten leben könnte, wenn es hier zu kraß wird für mich mit dem Rassismus und ich für immer die Biege machen muß. Aber da geht es ja auch ganz anders ab ... Als Frau alleine bekommst du da kaum einen Job, es sei denn, du bist Ärztin. Du brauchst da die Familie, und wenn du nicht heiratest, keine Kinder bekommst, wirst du ausgestoßen.
Meine Mutter lebt jetzt auch anders, seitdem ihr Zuhälter verreckt ist. Sie wohnt jetzt mit meinen Geschwistern zusammen. Sie hat die Schnauze voll, die ist ja fast 20 Jahre auf den Strich gegangen und ist jetzt 38. Ich habe sie zum erstenmal nach zwölf Jahren wiedergesehen. Ich hatte nur ein Foto gehabt, da war meine Mutter zierlich und eine ungeheuer schöne Frau. Ich habe sie auf dem Jugendamt wiedergesehen und habe sie nicht erkannt. Ich habe die Sozialarbeiterin für meine Mutter gehalten. Ich hatte absolut keinen Bezug zu der Frau, das war für mich eine Frau wie jede andere auch. Meine Mutter ist stark ausländerfeindlich eingestellt. Die anderen Kinder von ihr sind alle weiß. Die sind total kraß geworden, auch zu mir. Vor ein paar Jahren war das noch gut. Und diesmal? Als ich sie besuchte, hat mein Bruder sich erst gefreut, aber am nächsten Tag hat er mich mit dem Arsch nicht mehr angeschaut. Sie muß ihn total bearbeitet haben. Eigentlich ist mein Bruder aufgeschlossen und hängt nur mit Türken zusammen. Meine Schwester sagte sogar zu mir, ich wäre ein widerlicher Punk. Da habe ich nur noch meine Sachen genommen und bin gegangen.

Es ist auch ein Unterschied, ob ich mit Weißen oder Schwarzen zusammen bin. Ich bin inzwischen Schwarzen gegenüber offener. Ich habe letztens eine schwarze Carmen kennengelernt. Wir haben in der Kneipe gesessen, da habe ich sie angequatscht. Es war sofort was da zwischen uns. Ich weiß nicht, ob es nur an unserer Hautfarbe liegt, es ist was Gemeinsames da. Wir telefonieren ständig. Sie ist ziemlich kraß drauf. Sie ist in so einem Kaff aufgewachsen, als einzige Schwarze und wird ziemlich diskriminiert. Sie sagt selbst von sich, sie sei ein ‹Bimbo› und ein verdammter ‹Nigger›. Ich finde es schon korrekt mit meinem Schwarzsein, nur die anderen fanden es nie korrekt. Ich habe ja ständig die Schule gewechselt und wenn sie dann gefragt haben, wie heißt du denn, und ich mit meinem simplen deutschen Nachnamen antwortete, das war mir schon peinlich. Ich hätte lieber den afrikanischen Nachnamen von meinem Vater, als den deutschen meiner Mutter: «Da wäre ich wenigstens exotisch. Ich finde mich echt gestraft!»

«Ich fühle mich nicht als Ausländerin»

Alia: «Ich habe zwei Pässe, einen deutschen und einen algerischen. Wenn mich jemand fragt, sag ich, ‹ich bin Deutsche›. Ich fühle mich nicht als Ausländerin, in dem Sinne, daß ich hier nichts verloren habe, oder, daß ich mich irgendwo angesprochen fühle, wenn es heißt ‹Ausländer raus› oder, daß ich das Gefühl habe, daß ich irgend jemandem den Arbeitsplatz wegnehme. Wenn ich eine Wohnung haben will, dann tue ich das mit der Selbstverständlichkeit einer Deutschen. Aber wenn ich mir dann die Deutschen angucke, dann denke ich, ‹nee, ich bin doch keine Deutsche›. Ich kann das nicht so beschreiben, aber wenn ich mir die Deutschen so ansehe, so langweilig, gar nicht bunt. Ich sage dann halt ‹typisch deutsch›. Wenn ich z. B. in den Park gehe und da steht ein Schild: ‹In diesem Park darf ein Hund auch angeleint nicht spazieren gehen›, dann denke ich mir, ‹ja, ja, die Deutschen›. Das findest du in südlichen Ländern nicht. Ich bin nie diskriminiert worden, im Gegenteil. Meine Herkunft war immer irgend etwas Exotisches. Die anderen fanden es gut und deshalb fand ich es auch gut. Auf Reisen war das immer lustig, z. B. in Israel. Wenn ich sagte, ‹ich komme aus Deutschland›, sagten die, ‹du bist doch keine Deutsche, das sieht man doch›. Das war ein tolles Gefühl zu sagen, ‹ich bin halb und halb›. Ich hätte mich eher geschämt zu sagen, ich bin nur Deutsche.

Ich habe schon immer gemerkt, da ist noch so ein anderer Teil in mir, und ich habe mir überlegt, ich möchte auch mal meine algerische Familie und das Land, in dem ich geboren bin, kennenlernen. Bis zum vierten Lebensjahr war ich in Algerien, dann sind wir nach Frankreich und wieder zurück; das ging so hin und her, weil die Eltern Krach hatten. Als sie sich trennten, ging meine Mutter nach Deutschland zurück. Damals habe ich nur Arabisch und Französisch gesprochen und kein Wort Deutsch. Mein Vater hat sich jahrelang nicht gemeldet. Irgendwann hat er aus Schweden angerufen. Das war komisch. Da war so ein Mann, der hat in Englisch gesagt: ‹Hallo, ich bin dein Vater.› Er hat meine Schwester Miriam und mich gleich zu Weihnachten eingeladen. Wir saßen dann im Zug, waren sehr gespannt, aber wir waren auch auf Rache aus. Wir haben den ganz schön fertig gemacht; das war blöd gewesen. Ich war nicht so auf Abwehr, aber die Miriam. Es hat sich letztendlich doch vieles anders herausgestellt, als uns das unsere Mutter geschildert hat. Sie hat das aus ihrer Sicht geschildert, aber für ihn war es halt ganz anders. Wenn ich so jung gewesen wäre wie er, hätte ich auch keinen Bock gehabt auf Familie. Ich habe ein total anderes Verhältnis zu meinem Vater als Miriam. Ich bin noch mal nach Schweden gefahren. Wir konnten gut miteinander reden, es war viel einfacher als ein normales Vater-Tochter-Verhältnis, da war eine viel größere Distanz und trotzdem war es dein Vater, der dich zum Essen einlädt. Das habe ich zum erstenmal erlebt, daß da ein Mann war, der für mich sorgt. Ich fand es ein angenehmes Gefühl. Ich habe dort einen Typ kennengelernt in Schweden, mit dem ich auch zusammen war und dann wurde es total schlimm, da ist mein Vater irgendwann durchgeknallt. Da kam der Araber durch, uhjjuj juj, schlimm! Wir haben darüber geredet. Ich habe gemeint, das könnte er sich abschminken, er könnt mich nicht einsperren, ich sei Europäerin, aber er hat das nicht begriffen. Eifersüchtig war er natürlich auch. Ich habe da gelebt, wie ich daheim lebe: nachts spät nach Hause gekommen, mit Leuten getroffen ... Da hat er sich wohl vernachlässigt gefühlt. Aber es war auch schon so eine Einstellung da wie, ‹du Hure, so geht es aber nicht, du bist noch so jung›. Es ging so weit, bis ich gesagt habe, ich reise jetzt ab und wir sind auch im Krach auseinander. Erst mal hatten wir ‹Nullkontakt› und dann habe ich ihn mal aus Israel angerufen. Ich habe dort ein Jahr im Kibbuz gearbeitet. Als ich wieder zurückkam aus Israel, habe ich gemerkt, wie sich hier die Ausländerfeindlichkeit verstärkt hat. Überall an den Mauern und in den Straßenbahnen Sprüche gegen Ausländer. Es wäre mal ganz interessant, eine Zeitung von vor einem Jahr mit der von heute zu vergleichen. Die Ausländerproblematik wird viel mehr angesprochen, im Fernsehen und so. Also das Engagement für Ausländer ist stärker geworden, und das wäre nicht so, wenn nicht auch der Haß stärker wäre. Meine Schwester und ich haben gestern abend durchgespielt wie es ist, wenn der Ausländerhaß genauso stark wird wie der Judenhaß damals, dann wird es uns genauso treffen wie alle Ausländer auch. Wir haben überlegt, was wir dann machen. Meine Schwester und ich haben gesagt, wenn wir Türken wären, dann würden wir gehen. Ich wäre lieber ärmer, als so zu leben. Auf der einen Seite denke ich mir, die haben ein Recht darauf, hier zu sein; es ist okay, daß die hier sind, aber auf der anderen Seite sage ich mir, was wollen sie hier, wenn sie nicht damit zurechtkommen, was hier läuft. Die können wirklich nicht verlangen, daß deutsche Mädchen sich nach ihren türkischen Moralvorstellungen verhalten. Die sollen gefälligst einsehen, daß es hier eben anders läuft.»

Immer mehr Bürger wehren sich gegen Ausländerfeindlichkeit und solidarisieren sich mit den Betroffenen, so wie die «Frankfurter Initiative gegen Ausländerfeindlichkeit». Sie formuliert in ihrem Aufruf: «Nicht die Ausländer sind schuld an der Wirtschaftskrise. Wenn heute gesagt wird, die Ausländer nehmen den Deutschen die Arbeitsplätze weg, dann heißt es vielleicht morgen, die Frauen nehmen den Männern die Arbeit weg, die Ledigen nehmen den Familienvätern die Arbeit weg oder die Arbeitslosen wollen den Arbeitenden die Arbeitsplätze wegnehmen.»

Diese Initiative, in der die unterschiedlichsten deutschen und ausländischen Gruppen, aber auch Einzelpersonen zusammenarbeiten, ruft mit diesen Worten zu einer Veranstaltung mit dem Thema «Was tun gegen die Ausländerfeindlichkeit», auf. Überall in der Stadt wird die Veranstaltung plakatiert, mehrere Zeitungen kündigen sie an. Wie viele unserer Freunde und Bekannten gehen auch wir zu diesem Treffen. Wir sind entsetzt über die rapide Zunahme der Feindseligkeiten gegenüber Ausländern, besonders aber gegen Türken und Asylanten, obwohl bisher keiner unserer ausländischen Freunde ernsthaft bedroht worden ist.

Dieser Abend wird von denselben Leuten besucht, die wir auch sonst auf Ausländerveranstaltungen treffen: Lehrer, Betriebsräte, Sozialarbeiter, Studenten, Sympathisanten von linken Gruppen, die Grünen, manchmal auch Sozialdemokraten, Ausländer von überallher.

Allerdings fehlen auch viele: die nicht organisierten Ausländer, der «normale» deutsche Arbeiter und die Gewerkschaftsfunktionäre. Die Deutschen sind fast alle durch ihre Arbeit als Sozialarbeiter/in oder Lehrer/in, durch ihr Studium in Ausländerprojekten mit dem sogenannten «Ausländerproblem» konfrontiert, die anwesenden Ausländer haben den Weg aus der Isolation geschafft und sich in Vereinen ihrer Nationalität organisiert. Wir sind unter uns und fühlen uns wohl. Ein internationales Familienmeeting!

Brennende Aktualität erhält diese Veranstaltung durch den kurz zuvor lebensgefährlich verletzten Türken in Frankfurt, der von einem Deutschen niedergestochen wurde. Als darüber berichtet wird, verstummen Gespräche und Gelächter im Saale. War die Veranstaltung vorher mehr ein Treffpunkt Gleichgesinnter und willkommender Anlaß, miteinander den neuesten Beziehungstratsch, Ferienpläne und Berufssorgen zu bereden, wird es plötzlich still. Die vorher auf dem Podium abstrakt formulierte und analysierte Ausländerfeindlichkeit ist plötzlich greifbar im Raum. Wir beide sind besonders betroffen, als wir erfahren, daß es sich um Hasan handelt. Hasans Eltern hatten wir gerade erst in Istanbul besucht. Obwohl wir für sie Fremde waren, sind wir wie Freunde aufgenommen worden. Auch Hasans Eltern waren viele Jahre als Arbeiter in Frankfurt und leben jetzt als Rentner in Istanbul. Ihre Kinder wollten damals nicht mit zurückgehen, für sie war Frankfurt zur Heimat geworden.
«Meinen Kindern geht es gut bei euch», so hatte uns Hasans Mutter in Istanbul erzählt, «alle haben eine Berufsausbildung, haben Arbeit, keiner ist arbeitslos. Zwei Kinder sind inzwischen verheiratet, und ich bin Großmutter.» Doch wie schnell kann das Gefühl, in Deutschland die neue Heimat gefunden zu haben, bitterlich enttäuscht werden, denken wir deprimiert.
Als wir Erol, den jüngsten Bruder Hasans, auf der Veranstaltung treffen, wirkt er blaß und erschöpft.
«Ich habe gewußt, daß es so kommen wird», sagt er uns erregt und auch ein wenig vorwurfsvoll. Zum Glück erfahren wir, daß es Hasan schon wieder besser geht. Haben wir Erol nicht immer ein wenig geneckt mit seinen ständigen Horrorgeschichten, die er über die Deutschen erzählt hat? Immer endeten sie mit einem Seufzer und dem Satz: «Ihr wollt uns ja nicht, warum habt ihr uns in euer Land gerufen?» Aber diesmal wirkt er nicht so resigniert wie sonst, sondern trotz allem selbstbewußter, wütend sagt er: «Ich lasse mir das nicht gefallen! Ich habe auch Rechte, wir wehren uns jetzt gemeinsam, wir haben eine Gruppe gegründet!» Da die Veranstaltung sich dem Ende nähert, gehen wir mit ihm auf ein Bier ins «Sportler-

Eck». «Was ist eigentlich mit dir los, Erol? Erzähl doch mal, in was für einer Gruppe du bist?» Nach dem ersten Schluck Bier, fängt Erol an zu erzählen. «Es fing alles mit dem Fußball an. Eines Tages überredete mich Hasan, mit ihm zum Fußballtraining seiner türkischen Mannschaft zu gehen. Ziemlich schnell bekam ich Spaß daran, und auch der Trainer wollte, daß ich in der Verteidigung mitspiele. So bin ich Mitglied des türkischen Fußball-Vereins ‹Anadolu› geworden. Es gibt eine Menge ausländischer Fußballvereine, man erkennt sie an ihren Namen: Maroc Ffm, Taras Ffm, FC Achilleas. Wir ausländischen Vereine sind alle in der C-Klasse, nur eine italienische Mannschaft hat es geschafft, in die A-Klasse zu kommen.

Solange wir gegen Griechen und Italiener spielen, ist alles normal, aber wenn unser Gegner eine deutsche Mannschaft ist, dann ist es nicht auszuhalten. Überall tönt es, ‹Kanaken raus›, von der Zuschauertribüne. Die Schiedsrichter trauen sich nicht einzugreifen. Natürlich ist das in der Bundesliga anders. Erdal Keser oder Ilyas Tüfekçi werden akzeptiert, weil sie gebraucht werden. In den achtzehn Bundesliga-Mannschaften sind ca. 30 Ausländer, die können die deutschen Fußballfans verkraften. Irgendwann bin ich mit türkischen Freunden zu einem Bundesligaspiel gegangen, um die Profis spielen zu sehen. Da bin ich kaum lebend nach Hause gekommen! Besoffene Fans haben uns angemacht, ‹du schwule Ausländersau, geh doch in dein Kanakenland›. Einige hatten Aufkleber, ‹Ausländerstopp – Deutschland den Deutschen›, auf ihren Lederjacken. Als mich dann auf der 1.-Mai-Kundgebung noch ‹Sieg Heil› brüllende Jugendliche, auch wieder Fußballfans, verprügelten, hat es mir gereicht. Seitdem habe ich vom Fußball die Nase voll! Ich zitterte vor jedem Spiel gegen die Deutschen. Mir war schon tagelang vorher so übel, daß ich nichts essen konnte. Auch wenn alle deutschen Spieler kameradschaftlich zu mir waren und die deutschen Fans sogar bei einem Tor von uns Türken klatschten, konnte ich mich nicht darüber freuen. Ich hatte das Gefühl, ich werde von dem Haß der Deutschen verfolgt. Ich fühlte mich nur noch wohl unter Türken und war schon fast froh, arbeitslos zu sein, damit ich

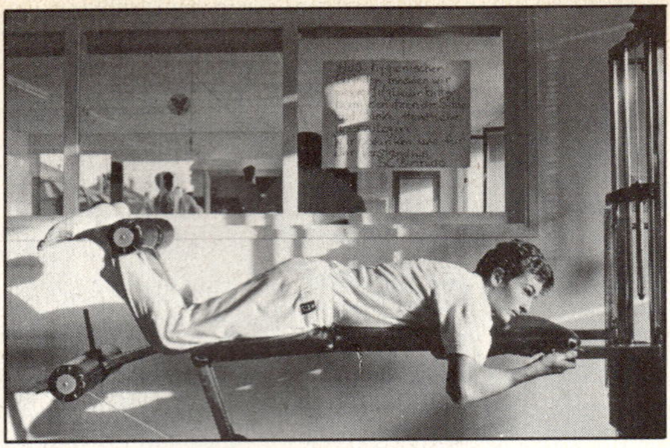

nicht mit Deutschen konfrontiert wurde. Mein Deutsch wurde immer schlechter, ich hatte das Gefühl, meine Zunge war wie gelähmt, wenn ich Deutsch spreche. Nochmals wollte ich mich nicht verprügeln lassen: wie viele meiner Freunde lernte ich Karate. Außerdem machte ich noch Krafttraining mit Gewichten, dafür mußte ich nichts zahlen, da ich die Geräte putzte. In meinem Verein sind viele Ausländer, die Karate und Judo üben. Ich habe einen anderen Türken gefragt, warum er das macht. Er sagte, um sich wehren zu können, wenn er sich bedroht fühlt. In seiner Schule waren Deutsche, die haben einen kleinen Türken genommen und haben ihn verprügelt. Und dann hat der Türke aus meinem Verein gesagt, ‹wenn es mal bei mir soweit ist, dann will ich mich wehren können›. Ich hatte das angenehme Gefühl, daß es mir nicht alleine so geht, und das hat mich sehr beruhigt.

Dann passierte die Geschichte mit Hasan! Ich, der kleine Bruder, hatte recht gehabt: so sind die Deutschen. Doch dann erlebte ich etwas ganz Unerwartetes, das hat mich ziemlich umgekrempelt. Unsere ausländischen, aber vor allem unsere deutschen Nachbarn wachten auf. In unserer Wohnung trafen wir uns alle und besprachen, was wir gegen die Ausländerfeindlichkeit tun könnten. Die Ausländer erzählten den Deutschen, daß sie häufig Angriffen und Demütigungen ausgesetzt sind. So fanden sie in letzter Zeit Hundekot und Flugblätter, ‹Türken raus›, in ihren Briefkästen. Ein deutscher Student meinte kopfschüttelnd; ‹und das in einem Arbeiterviertel›! So schlossen wir uns zu einer Nachbarschaftsinitiative zusammen. Zuerst haben wir eine Pressekonferenz organisiert, auf

der wir über alles berichtet haben. Da es ganz klar war, daß Hasan unschuldig ist, hatten wir die Presse auf unserer Seite. Wir haben Unterschriften gesammelt, damit der Fall auch wirklich untersucht wird. Und so haben wir die Initiative, ‹Gemeinsam gegen Ausländerfeindlichkeit› gegründet. Ja, und deshalb geht es mir jetzt besser! Ich merke so langsam, daß es ganz vernünftige Deutsche gibt und daß man sich auch anders wehren kann als nur mit Karate.»

Erol lehnt sich zurück, trinkt sein Bier aus, und wir können ihm ansehen, daß er ein wenig stolz auf sich ist.

Im Laufe der nächsten Monate ist uns dieser Nachbarschaftskreis noch oft aufgefallen. So hat er, aufgebracht durch eine «Stern»-Reportage des als Türken verkleideten Journalisten Gerhard Kromschröder, der mit der Klassifizierung «Kanake» aus dem Frankfurter Operncafé hinausgeworfen wurde, zum «Kaffeetrinken» in dieses Café eingeladen: Es kamen viele: Ausländer, Journalisten, Politiker der SPD und der Grünen. Wieder wurden die Ausländer in diesem Schickerialokal nicht bedient. Doch die Aktion hatte soviel Wirbel verursacht, daß Oberbürgermeister Wallmann verlauten ließ, daß die Stadt überlege, dem Café die Konzession zu entziehen.

Besonders mutig war ihre Aktion zum Karneval. Sie wagten sich unter die Narren und parodierten sehr gekonnt die Witze, die auf Kosten der Ausländer auf Prunksitzungen Anlaß zum Schenkelklopfen waren. Der Nachbarschaftskreis forderte die Karnevalsvereine auf, daß die Büttenredner auf ausländerfeindliche Witze verzichten, da sie die Spannungen zwischen Ausländern und Deutschen verstärken.

Die Ausländerfeindlichkeit tritt bei uns immer deutlicher zutage und wird untermauert durch Veröffentlichungen, Reden und Kommentare von Politikern und Vertretern bedeutender Organisationen wie zum Beispiel durch Jürgen Schilling, seines Zeichens Generalsekretär des Deutschen Roten Kreuzes, ein Mann, der sich vorher noch nie zur Ausländerproblematik geäußert hat. In seiner Argumentation entwickelt er einen bösen Trick: Er sieht die gefährliche Tendenz einer Verschmelzung extrem fremder Minderheiten, die das Profil der deutschen Nation so nachhaltig verändern, daß die Wiedervereinigung beider deutscher Staaten verhindert wird und daß sich die Bundesrepublik Deutschland durch die vielen Ausländer zunehmend in eine andere Nation verwandelt.
Originalton: «Bei niedriger eigener Geburtenzahl und hoher Fruchtbarkeit vieler Gastarbeiter zeichnet sich neben der politischen die ethnische Spaltung Deutschlands ab.»*
Auch in den Äußerungen vieler Politiker werden die Ausländer – zumindest indirekt – für nahezu sämtliche Probleme verantwortlich gemacht, die sich in der Bundesrepublik in den letzten Jahren aufgetürmt haben: Arbeitslosigkeit, Wohnungsmangel, Staatsverschuldung, Drogenmißbrauch, Kriminalität – all dies sollen Folgen der Anwesenheit von zu vielen Ausländern sein.
«Mit der Integrationslinie», so der hessische Ministerpräsident Holger Börner, «kommen wir nicht durch.» Deshalb ist er der Meinung, daß der Zustrom von Ausländern «rigoros gestoppt» werden muß.
Der Politiker Hans Jürgen Wischnewski paßt sich seinem sozialdemokratischen Parteifreund an, indem er verlauten läßt: «Türken, die ihren Hammel in der Badewanne schlachten, kann man den einheimischen Nachbarn nicht mehr zumuten.»
Aus «politischer Neutralität» lehnte es im Sommer 1982 der dama-

* ZEIT, vom 21. 11. 1980.

Frauen und Muselmann

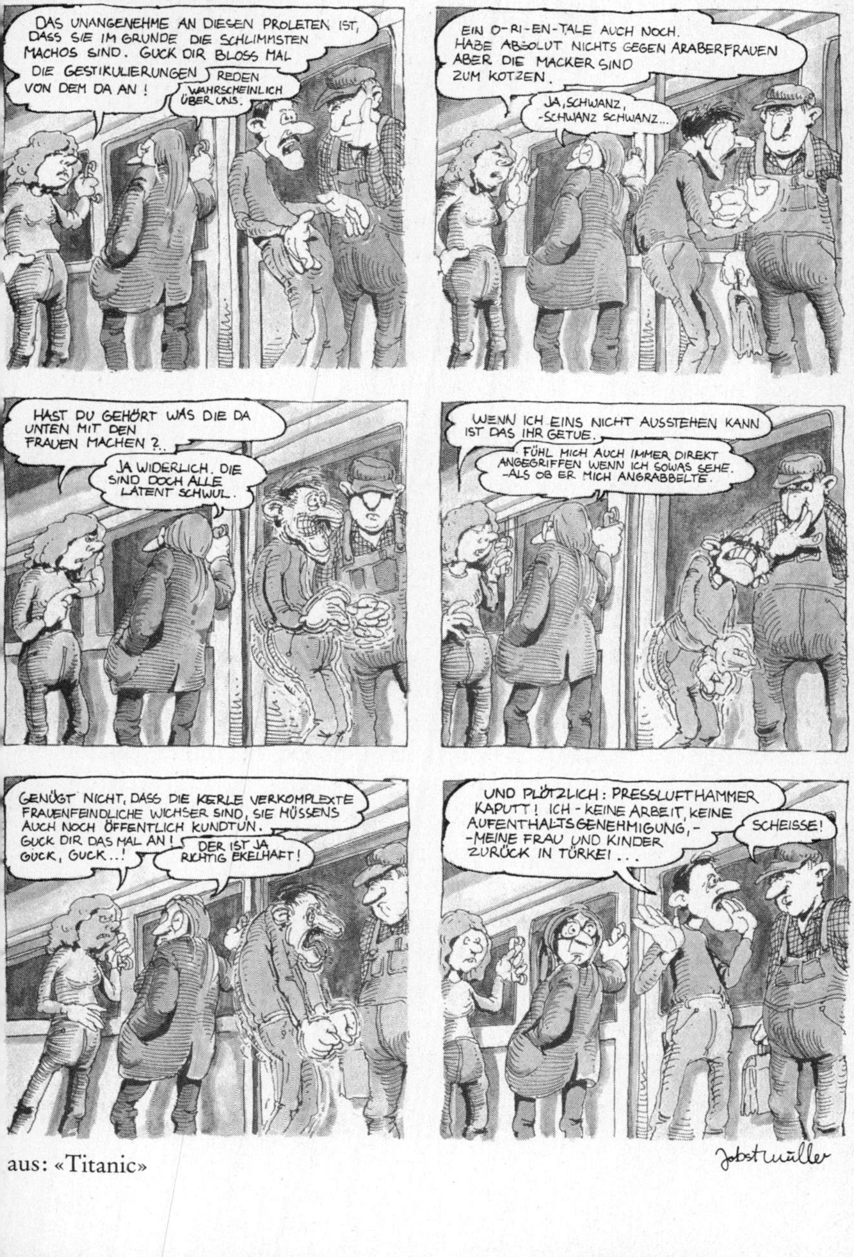

aus: «Titanic»

lige Bundespostminister Hans Matthöfer ab (in früheren Zeiten engagiert für die Freilassung politischer Gefangener, besonders aus Chile), Plakate des internationalen Hilfswerks «terre des hommes» gegen Ausländerfeindlichkeit in den Postämtern aushängen zu lassen. Der Plakattext – ein mit Rot durchgestrichenes «Ausländer raus» und «Deutsche und ausländische Kinder halten zusammen – Kinder kennen keine Grenzen» – zeigte dem Minister eindeutig politische Tendenzen. «Die Bundespost darf sich nicht dem Verdacht aussetzen, sich mit solchen Aussagen zu identifizieren», so der Minister.

Die Einwanderung von Türken in die Bundesrepublik *scharf* zu drosseln und auch das Asylrecht *drastisch* auf *Europäer* zu beschränken, fordert der SPD-Kommunalexperte und Intendant des Norddeutschen Rundfunks Martin Neuffer in seinem Buch «Die Erde wächst nicht mit». Hierzu einige Zitate:

«Die Verlagerung des türkischen Bevölkerungswachstums in die Bundesrepublik ist, mit Verlaub gesagt, ein gemeingefährlicher Unfug ...

Vor allem aber besteht in den meisten Fällen nur wenig Aussicht, daß die gut gemeinten Integrationsbemühungen der Bundesrepublik je dazu führen werden, daß diese Türken Deutsche werden ... So wächst zur Zeit eine starke, im ganzen wenig assimilationsfähige völkische Minderheit heran.»*

Auch in der alternativen Szene sind uns ausländerfeindliche Tendenzen aufgefallen. So diskutieren in der linken «Tageszeitung» vom 2. 8. 1982 vier «Genossen», darunter ein Italiener, den von der Bundesregierung verfügten Ausländerstopp.

Zitate aus dem Interview:

Thomas: «Dann mußt du für Ausländerstopp plädieren.»

Karl-Heinz: «Ich hab keine Scheu davor.» Franco: «Es gibt keine andere Möglichkeit. Man muß auch den Mut haben zu sagen: ich bin für den Ausländerstopp.» Karl-Heinz: «Wir haben die Ausländerbegeisterung als Bereicherung der Kultur im eigenen Land er-

* Martin Neuffer, «Die Erde wächst nicht mit», S. 71–73, München 1982.

fahren. Aber das war immer auf den mediterranen Bereich beschränkt. Die Türken fielen da raus, weil wir die eh nie verstanden haben.» Heide: «Wenn ich Straßenbahn fahre und hintereinander von 5 dumpfnasigen türkischen Bauern angemacht werde, dann gehen die mir einfach auf die Nerven ...»
Es fällt sogar der Satz: «Wie gut, daß ich keine Regierungsverantwortung habe.» Deutlich wird in diesem Interview die Angst, daß die staatlichen Leistungen wie BAFöG, Arbeitslosengeld und Arbeitsbeschaffungsmaßnahmen, von denen ein Teil der Alternativszene lebt, weiterhin gekürzt werden, um das Geld z. B. für Asylanten auszugeben. Die Linken konkurrieren mit den Asylanten, deshalb also Ausländerstopp, so einfach ist das!
Sind ausländerfeindliche Tendenzen schon auf der sozialdemokratischen und linken Seite auffallend, so sind sie ganz deutlich bei den Christdemokraten zu finden.
Der CDU-Politiker Alfred Dregger sagt zu dem früheren Apokämpfer und Chilenen Gaston Salvatore über seine Gefühle gegenüber Ausländern: «Erstens, Menschen mit einer fremden Staatsangehörigkeit, aber deutscher Sprache und Kultur nehmen wir gern auf. Zweitens, Menschen, deren Muttersprache nicht die unsere ist, aber die dem europäischen Kulturkreis angehören, müssen wir aufnehmen, wenn sie aus der Europäischen Gemeinschaft kommen. Freizügigkeit bedeutet aber nicht notwendigerweise die Einräumung eines Dauerwohnrechts. Es wäre besser, die Maschinen zu den Menschen zu bringen. Drittens, die Türken, die lassen sich nicht assimilieren.»*
Frankfurts Oberbürgermeister Walter Wallmann hat schon 1981 ein generelles Aufnahmeverbot für Ausländer in die Diskussion gebracht. Den Aufnahmestopp für Asylanten verfügte er 1980.
Für die Bundesregierung ist das Ausländerthema zum «Dringlichkeitsthema» geworden. Die CDU/CSU/FDP-Koalition will eine «harte Linie gegen Ausländer» durchsetzen. So schlägt die CDU/CSU eine Politik zur Verringerung der in der Bundesrepublik

* Stern, 16.9.1982.

lebenden Ausländer von heute 4,6 Millionen auf 2 bis 3 Millionen im Jahre 1990/91 vor. Kinder über sechs Jahre sollen ihren Eltern nicht mehr in die Bundesrepublik folgen können. Weiterhin denken die Christdemokraten an eine Rückkehrförderung durch Prämienzahlungen. Mit Recht wird von den Ausländern von einer «Rausschmiß-Politik» gesprochen.

Offen ausländerfeindliche Aussagen sind aus Kreisen der NPD zu hören. 1980 und 1983 führten sie ihre Bundestagswahlkämpfe nahezu ausschließlich mit den «Ausländer-Stopp»- und «Deutschland den Deutschen»-Parolen. Sie durfte zur Verbreitung dieser offen rassistischen Sprüche sogar das Fernsehen zur besten Sendezeit um 20.15 Uhr unmittelbar im Anschluß an die Tagesschau im Rahmen der Wahlkampfsendungen der Parteien benutzen.

Von der NPD initiierte Ausländer-Stopp-Initiativen haben sich in vielen Städten gebildet. Im März 1982 eroberte sich bei den Kommunalwahlen in Kiel eine Liste wider die Überfremdung («Kiel ist eine deutsche Stadt») auf Anhieb 3,7% der Stimmen, in Werftgebieten sogar fast 9%. In Hamburg gründete sich eine Partei «Hamburger Liste für Ausländerstopp», hinter der deutlich die NPD stand. Diese Liste erhielt zum Glück keine nennenswerten Stimmen. Die «Deutsche National-Zeitung» (Auflage rund 125000) wirbt für eine «Initiative für Ausländer-Begrenzung» («Deutschland soll das Land der Deutschen bleiben»). Von Bochum aus sammelt eine bundesweite «Bürgerinitiative Ausländerstopp» (BIA) mit Angstmache Mitglieder: «Es entstehen Slums wie in US-Amerika, Chicago und Harlem, vor unserer Haustür.»

In Nordrhein-Westfalen versucht die Bürgerinitiative Unterschriften zu sammeln zur Einleitung eines Volksbegehrens mit dem Ziel, in den Schulen des Landes getrennte Klassen für deutsche und ausländische Schüler einzurichten. In Hessen teilte eine «Bürger-Initiative Frankfurt/M.-Ostend» der sozial-liberalen Landesregierung mit, was ihre Mitglieder denken: «Das Volk hat es satt, sich abzumühen mit den Steuern für Asylanten.»

Ein Studienrat bekommt mit seiner Meinung, für ihn bedeute es eine unterwertige Beschäftigung, wenn er türkische Jugendliche

unterrichten muß, vom Oberverwaltungsgericht Lüneburg recht (Frankfurter Rundschau vom 25. 7. 1980).
Der «Schutzbund für das deutsche Volk e. V.» trat mit einem «Aufruf an die deutschen Wähler» zur Bundestagswahl am 6. März 1983 in Erscheinung. Er forderte «Schaden vom deutschen Volk zu wenden», indem man die ‹Fremdbevölkerung› zwingt, das Land zu verlassen. Der Schutzbund meint, auch im Sinne der Ausländer zu sprechen. «Ausländer zu ‹integrieren› heißt, ihnen ihr Volkstum und uns unser Land zu stehlen. Wer gibt unserer Regierung das Recht, fremde Völker zu ‹germanisieren› (wie die Nazis es sich anmaßten) und deutschen Boden zu internationalisieren? Ausgerechnet das bißchen deutschen Boden, das uns noch geblieben ist!» (Anzeige in der Frankfurter Allgemeine Zeitung vom 15. 2. 1983)
Heute ist es schon nichts Besonderes mehr, daß gegenüber den Ausländern totgeglaubte Ideen aus der finstersten deutschen Vergangenheit sich wieder ans Tageslicht wagen.
Von biologischer Zersetzung des deutschen Volkes ist ebenso selbstverständlich wieder die Rede wie von «massiver biologischer Unterwanderung».*
Das mit wissenschaftlicher Autorität von zahlreichen Universitätsprofessoren ausgestattete Heidelberger Manifest spricht von «Unterwanderung des deutschen Volkes durch den Zuzug von vielen Millionen von Ausländern und ihren Familien», von «Überfremdung unserer Sprache, unserer Kultur und unseres Volkstums», von der «ökologischen Entlastung», die es der Bundesrepublik bringen würde, wenn die Ausländer zur Rückkehr in ihre Herkunftsländer veranlaßt werden würden.
Schockierend ist darüber hinaus, daß sich der Bundestagsvizepräsident Richard Stücklen, CSU, im Sommer 1982 öffentlich mit dem Heidelberger Manifest identifizierte. Wie hieß es doch in der Nazizeit? «Als besonders verwerflich erwies sich in Europa der zersetzende Einfluß der Rassenvermischung mit den Juden.»

* Professor Dr. Irenäus Eibl-Eibelsfeldt in: Lutherische Monatshefte 1/81.

Das Deutsche als das Edle, das Große, das Erhaltenswerte, das von «Zersetzung», «Unterwanderung», «Überfremdung» durch Menschen anderer Völker bedroht ist.
Wenn heute wieder solche Vorstellungen verbreitet werden, zudem noch ausgestattet mit der wissenschaftlichen Autorität von Professoren, dann ist höchste Gefahr im Verzuge, dann ist es auch nicht mehr weit bis zur Gewalt gegenüber Ausländern.

Friedrich K. Waechter aus: «Titanic»

«Hitler verbrannte die Juden,
wir verbrennen die Türken»

(Die Werwölfe)

Der Verfassungsschutzbericht von 1981 stellt fest, daß ausländerfeindliche Aktionen von Rechtsextremisten stark zugenommen haben. Auf ihr Konto gingen 1981 300 Gesetzesverletzungen mit ausländerfeindlichem Charakter, das sind rund 150% mehr als im Jahre 1980.

Welch gefährliche Ausmaße die verbreitete ausländerfeindliche Stimmung bereits angenommen hat, zeigen die beiden Sprengstoff- bzw. Brandanschläge auf Asylantenunterkünfte in Lörrach und Hamburg, bei denen zwei asylsuchende Vietnamesen getötet wurden.

In Dortmund wurden Anschläge gegen türkische Läden verübt.

In Kassel stehen vier Deutsche vor Gericht, die beschuldigt werden, Rohrbomben unter die Autos von Türken gelegt und Sprüche wie «Tod den Kanaken» und «Türkenschweine ins KZ» an Häuserwände gesprüht zu haben. Der Hauptangeklagte begründete vor Gericht die ihm zur Last gelegten Aktionen mit dem Argument: «Es gibt in Kassel zu viele Ausländer.» In Hannover wurden im Juli 1982 zwei Neonazis zu 5 Jahren Gefängnis verurteilt, weil sie den Hauptbahnhof und «Kanakenlokale» in die Luft sprengen wollten. In einer Disco bei Hamburg wurde zur gleichen Zeit bei einer Schlägerei ein Türke getötet; die jugendlichen Täter bezeichneten sich als Türkenhasser. Die Nazirockergruppe «Werwolf» aus Tuttlingen berichtet stolz dem «Stern» von Überfällen auf sozialdemokratische türkische Volksvereine. Dabei prosten sie sich mit dem Spruch «auf ein juden- und türkenfreies Deutschland» zu. «Auschwitz-Auschwitz»-Rufe dröhnten aus deutschen Kehlen beim UEFA-Cup-Spiel gegen eine türkische Fußballmannschaft.

Eine Rockergruppe tötete Silvester 1981 den 44 Jahre alten Türken Sydi Battal Koparan, als er seinen Sohn suchte. Einen makaberen Höhepunkt erreichte dieser Rassismus am 24. Juni 1982 in Nürnberg, als ein 26jähriger Neofaschist drei Ausländer tötete und drei weitere schwer verletzte.
Mit einer Gruppe von ausländischen Jugendlichen diskutierten wir, wie sie die Ausländerfeindlichkeit erleben. Einige Aussagen haben uns sehr betroffen gemacht:
Sürmeli (Türkin): «Da, wo ich wohne, haben sie an die Wand geschrieben, die ausländischen kommunistischen Schweine müssen raus. NPD stand drauf ... Wenn ich so was lese, bin ich enttäuscht, warum die Deutschen die Ausländer nicht verstehen, warum sie sie immer noch nicht achten. Meine Nachbarin ist 15 Jahre alt, geht in die Berufsschule. Dort waren zwei Mädchen, die haben sich an die Tür gestellt und wollten die Ausländer nicht reinlassen. Die haben gesagt: ‹Ausländer müssen raus, die sollen unsere Schule verlassen.› Da haben die ein türkisches Mädchen geschlagen, Haare ausgerissen, und die Lehrerinnen haben gesagt, ‹ach, so etwas kann passieren›, und haben die Mädchen in Schutz genommen.»
Arsen (Jugoslawe): «Bevor ich mich rausschmeißen lasse, gehe ich selbst. Ich will hier meine Schule beenden, und dann gehe ich freiwillig. Es wird immer schlimmer, man kann machen, was man will, es ändert sich einfach nichts. Z. B. mit den Türkenwitzen, die kommen auf einmal auf: ‹Wie holt man einen Türken vom Baum? Indem man den Strick abschneidet.› Dann: ‹Warum haben Mülltonnen Schaufenster? Damit die Türken auch mal Schaufensterbummel machen können.› So ungefähr! Ich höre das jetzt im Tanzkurs, in der Straßenbahn. Das ist doch schon ein Beispiel, wie dieser Ausländerhaß auf einmal zunimmt. Und ich glaube, in den Witzen drückt man das aus ... Du kannst doch eigentlich gegen die Deutschen gar nichts sagen. Viele Ausländer sind einfach sprachlich unterlegen. Sie sagen dann einfach ‹Schwein› und so, aber was sie fühlen oder was sie sagen möchten, das können die einfach nicht auf Deutsch. Und das ist schon eine Sache, wo die, die hier zu Hause sind, die Ausländer fertig machen können. Allein in der Straßenbahn und in den Bus-

sen: überall steht ‹Ausländer raus›, ‹Ausländer-Stopp›, ‹Deutschland erwache!› Ob ich mich bedroht fühle? Schon!»
Spiridula (Griechin): «Die Ausländer, die machen die ganze Drecksarbeit, die die Deutschen nicht machen wollen. Und wenn die Ausländer weggingen, dann würden die Deutschen auch nicht die Drecksarbeit machen.»
Ilknur (Türkin): «Die deutschen Jugendlichen denken, die Ausländer nehmen ihnen die Arbeitsplätze weg, und sagen, die Ausländer sind dreckig. Die Ausländer können dagegen nichts tun. Die können nichts sagen, denn die fühlen sich hier wie Gäste, und wenn die überhaupt was sagen, dann sagen die Deutschen, ‹ihr seid nicht hier in eurem Heimatland, ihr seid dreckige Ausländer, ihr stinkt ...!› Zum Beispiel, wenn einer bei der Arbeitsstelle zu einem Deutschen irgend etwas Schlechtes sagt, dann wird er gleich rausgeschmissen. Die Deutschen, die machen einfache, saubere Arbeiten und sitzen im Büro, am Schreibtisch. Die Ausländer machen die dreckigen Arbeiten, z. B. bei der Müllabfuhr. Die Frauen sitzen am Fließband,

müssen immer Überstunden machen. Wenn es hier keine Ausländer gäbe, würden die Deutschen es gar nicht alles schaffen. Früher wollten die Deutschen die Ausländer, weil die gesagt haben, die können hier in Deutschland arbeiten und die dreckigen Arbeiten machen, und auf einmal brauchen sie die Ausländer nicht mehr und wollen sie jetzt rausschmeißen. Die Ausländer haben hier gelebt, geschuftet, haben immer Steuern bezahlt, und die Deutschen sagen nur, die Ausländer wollen viel Kindergeld haben. Weil die deutschen Jugendlichen arbeitslos sind, schimpfen sie über die Ausländer und sagen ‹Kanake›, und wenn ein Türke oder ein Italiener irgend etwas macht, dann sagen sie gleich, alle Ausländer sind schlecht.»

Die Presse berichtet sehr unterschiedlich über Ausländer. Gerade bei der «Bild-Zeitung» fiel uns auf, daß ihre Ausländerfeindlichkeit oft sehr versteckt ist und damit auch nicht auf den ersten Blick erkennbar. Für typisch halten wir folgendes Beispiel:
In der «Bild-Zeitung» erschien im März 1982 ein «Report über Ausländer in Deutschland». In der Ausgabe vom 15. März wird über eine türkische Familie aus dem Ruhrpott berichtet, die einen grandiosen Aufstieg gemacht hat. Vor allem der Vater, der sich vom Arbeiter bis zum Bergbauingenieur hochgearbeitet hat. Wie sehr er bei uns heimisch geworden ist, beschreibt «Bild» so: «Es war unter Tage. Ein türkischer Kumpel machte etwas falsch. Ganz ungewollt entfuhr es Herrn Kahraman ‹Scheiß-Ausländer›. ‹Da wurde mir klar, welch langen Weg ich gegangen bin.›» Der Artikel endet mit einer Ankündigung für die nächste Reportage: «Morgen lesen Sie: Erol Keser hat ein Fünfzimmerhaus und fährt einen Mercedes. Wie hat er das geschafft? Sein Sohn Erdal wird demnächst 150000 Mark im Jahr verdienen. Wer gibt ihm so viel Geld? Und warum wollen die Kesers trotzdem in die Türkei zurück?» Der Leser muß und soll den Eindruck erhalten, daß es den Ausländern bei uns glänzend geht, ja, daß es ihnen eigentlich besser geht als den Deutschen, daß bei uns keine Ausländerfeindlichkeit existiert und daß die Ausländer, die immer jammern, wie schlecht es ihnen geht, doch selbst daran schuld sind.

6. KAPITEL

Nicht nur auf Straßen und Plätzen

Ausländerkultur in der Bundesrepublik

Sommer, das bedeutet Sonne auf der Haut, Eis und nackte Beine, aber das ist auch die Zeit der Sommerfeste, Straßenmusiker und Grillparties. Die Sommerfeste der Kindheit waren die Sonntagnachmittage in den Schrebergärten mit Bergen von Erdbeertorte und Sahne. Heutzutage sind Straßenfeste in den Städten in Mode gekommen. Viele Ausländer, die es gewohnt sind, sich auf Straßen und Plätzen in ihren Heimatländern zu treffen, nehmen begeistert daran teil. Neben dem Duft gegrillter Bratwürstchen riecht es nach exotischen Spezialitäten, und neben der Ziehharmonika kämpft die Saz, ein orientalisches Saiteninstrument, um Aufmerksamkeit. Bei solch öffentlichen Festen finden Ausländer Gelegenheit, Deutschen ihre Sitten und Bräuche, traditionelle Tänze und Kostüme, ihre Musik, ihre landeseigenen Gerichte vorzuführen. Gerade hier in der «kalten Heimat» helfen solche Feste, den Zusammenhalt untereinander zu stärken, den einzelnen aus der Isolation herauszuholen und dadurch ein Stück alte Heimat aufleben zu lassen. Da der Familienzusammenhalt bei Ausländern stärker ausgeprägt ist als bei Deutschen, werden die Feste mit der ganzen Familie gefeiert. Im-

mer mehr ausländische Jugendliche organisieren inzwischen diese Feste selber.
Ein Plakat an einer Litfaßsäule mit der Einladung in Deutsch, Griechisch, Türkisch, Portugiesisch, Jugoslawisch und Spanisch war uns schon vor Tagen aufgefallen. Ein großes internationales Fest mit Theater, Folklore, Jazz und Rock ist geplant. Mit unseren ausländischen Freunden fahren wir zu dem Park, in dem das Fest stattfindet. Er liegt direkt in einem Arbeiterviertel mit dem höchsten Ausländeranteil, im Volksmund «Kamerun» genannt. Als wir dort ankommen, wimmelt es von Menschen. Junge und Alte, Deutsche und Ausländer drängeln und schieben sich aneinander vorbei. Am Eingang des Parks singt die kurdische Sängerin Şirin Lieder aus ihrer Heimat. Sie trägt eine phantasievolle kurdische Tracht mit einer dunkelroten seidenen Pumphose, einer rot-gold gestreiften Jacke, darunter eine lila Bluse. Eine breit gebundene rot-lila Schärpe mit dicken Fransen ist locker um die Taille geschlungen. Sie trägt ein mit Gold besticktes Käppchen, über das ein feines Tuch gebunden ist. Inzwischen ist sie unter ihren Landsleuten als Interpretin berühmt und wird bundesweit zu politischen Veranstaltungen eingeladen. Da wir sie schon oft gehört haben, lassen wir uns weiter in den Trubel hineinziehen. Auf einer großen Wiese ist eine Bühne aufgebaut. Außen herum sind verschiedene Stände von ausländischen und deutschen Vereinen und Initiativen, unter anderem der «Verein griechischer Eltern», der «Initiativausschuß ausländische Mitbürger», die Gruppe «Saz-Rock», der «Club Voltaire» und das «Türkische Volkshaus». An ihren Ständen finden wir Informationen über ihre Arbeit und Literatur aus den jeweiligen Ländern. Solche Feste sind für Vereine und Initiativen eine gute Gelegenheit, sich in der Öffentlichkeit bekanntzumachen, Interessenten zu werben, selbst zu feiern und durch den Verkauf von Essen und Getränken einen kleinen Gewinn zu erzielen. Jede Gruppe hat selbst zubereitete Leckereien anzubieten. Da gibt es eine riesige Paella und spanischen Rotwein, Handkäs und Apfelwein, Gyros und Döner (ein Drehspieß mit Hammelfleisch), Souvlaki, Şiş kebap, Schmalzbrote, türkischen Tee, Ouzo und Cola.

Mittlerweile hat auf der Bühne eine türkische Folkloregruppe angefangen zu tanzen. Begleitet wird sie von einem Zurnaspieler, der mit seiner Kugeloboe hohe klagende Töne hervorruft. Unter den Tänzern entdecken wir Gülistan, die wir erst vor ein paar Tagen im Drive-In getroffen hatten. In der dörflichen Tracht ihrer Heimat, mit Pumphose und Schleier, wirkt sie zarter und ernsthafter als sonst in ihren Jeans. Die Gruppe tanzt hauptsächlich Tänze aus den südlichen und östlichen Provinzen der Türkei, denn die Jugendlichen in der Gruppe kommen aus diesen Gegenden. Unter Applaus beenden sie ihren letzten Tanz. Schon steht Gülistan zufrieden und stolz über die geglückte Vorführung neben uns, um uns zu begrüßen. Es verwundert uns, daß ausländische Jugendliche mit solch einer Begeisterung Volkstänze vorführen, im Gegensatz zu deutschen Jugendlichen, die bei dem Wort Volkstanz nur gelangweilte Gesichter ziehen. Gülistan erzählt uns, daß immer mehr türkische Jugendliche den Volkstanz für sich entdecken: «Mir macht Tanzen ungeheuer viel Spaß. Ich darf sonst nicht alleine weggehen, aber wenn ich meinen Eltern sage, daß ich mit Freunden zur türkischen Folkloregruppe gehe, dann darf ich ohne Probleme aus dem Haus. Wir treffen uns nicht nur zum Proben, sondern oft auch privat, aber da haben sie auch nichts dagegen. Dann spielen wir auch andere Musik, tanzen und unterhalten uns. Mit unseren Auftritten haben wir bei den Deutschen viel Erfolg gehabt. Ich finde es wichtig, daß man denen mal zeigen kann, daß wir auch eine Kultur haben und nicht nur ‹dreckige Ausländer› sind.»
Gerade in der Fremde ist für viele Ausländer Folklore ein kulturelles Bindeglied zur Heimat. Es gibt inzwischen in der Bundesrepublik unzählige Folkloregruppen, die sich oft im Zusammenhang mit politischen und kulturellen Vereinen gebildet haben. Durch den Tanz versuchen sie, die Traditionen lebendig zu erhalten und bei den Deutschen Interesse an dem eigenen kulturellen Hintergrund

zu wecken. Gülistan erzählt uns, daß in der Türkei weit über 1000 Volkstänze bekannt sind. Durch die Überlagerung der alteingesessenen kleinasiatischen Kulturen durch türkische Nomadenstämme ergaben sich verschiedenste kulturelle Vermischungen. In der Volksmusik und im Volkstanz spiegeln sich diese kulturhistorischen Zusammenhänge am deutlichsten wider. Spuren altanatolischer Naturreligionen, der Fruchtbarkeits- oder Dürrezeremonie, kann man noch heute im Volkstanz erkennen.

Der Volkstanz in der Türkei hat noch immer seine Bedeutung im sozialen Leben. Hochzeiten, Beschneidungsfeste, staatliche und religiöse Feiertage, regional-traditionelle Anlässe wie Erntefeste werden immer durch Volkstänze begleitet. Es gibt Solo-, Paar- und Gruppentänze, die entweder die ganze Tanzform bestimmen oder abwechselnd in ein und demselben Tanz vorkommen. Es gibt Tänze für Männer und Frauen und für gemischte Gruppen. Die Darstellung des männlichen «Heldentums» ist eines der Hauptthemen im türkischen Volkstanz. Wichtig sind auch die Begleitinstrumente; nicht wegzudenken dabei sind ‹davul›, die Trommel und ‹zurna›, eine der Oboe ähnliche Flöte.

In den fünfziger Jahren fing in der Türkei eine Bewegung an, die eine Rückbesinnung auf das Dorf und seine Traditionen, eine Wiederentdeckung der Volkskultur einleitete. Volkshäuser entstanden, die sich u. a. auch der Volkstänze annahmen. Inzwischen gibt es Tausende von Volkstanzgruppen, überregionale Wettbewerbe werden ausgetragen. Auf Grund dieser Tradition ist auch zu verstehen, wieso unter den Emigranten der Volkstanz bei den Türken am ausgeprägtesten weiterlebt.

Während wir an einem Stand stehen, kleine Spieße mit Lammfleisch essen und mit Gülistan über türkische Folklore diskutieren, bereitet die nächste Gruppe ihren Auftritt vor. Vasantha, eine Inderin, die die gemischtnationale Gruppe «Doina» leitet, kommt aus Bombay. Wir wollen sehen, wie eine Reihe von Leuten, die aus verschiedenen Ländern kommen, trotz ihrer kulturellen Unterschiede und Erfahrungen in einer Gruppe zusammen tanzen. Wir sind von dem Auftritt der «Doina» begeistert und auch Gülistan muß zugeben, daß sie türkische Tänze nicht schlechter als die Türken tanzen. Die Initiative, diese Gruppe zu gründen, ging von Vasantha aus. Wir kennen sie von gemeinsamen Seminarbesuchen des Instituts für Völkerkunde. Vasantha fällt auf durch ihre folkloristischen Gewänder und ihren indischen Silberschmuck. Bei einem Semesterfest brachte sie es fertig, daß selbst die größten Tanzmuffel bei einem griechischen Tanz mithopsten. Kein Wunder, denn die Rolle einer Tanzlehrerin ist ihr nicht fremd. Seit mehreren Jahren erteilt sie verschiedenen Gruppen Unterricht im Folkloretanz und verdient sich damit ihren Lebensunterhalt. Nebenbei leitet sie die Amateurgruppe «Doina», das ist die Bezeichnung für eine rumänische Tanzgattung. Die Gruppe existiert seit eineinhalb Jahren. Die Anzahl der Mitglieder fluktuiert, fester Bestandteil sind jedoch zehn bis zwölf junge Leute. Von ihren Berufen her sind es Schüler, Studenten, Lehrlinge und Angestellte. Sie kommen aus Tunesien, der Türkei, Italien, Griechenland, Indien und Deutschland. Alle Mitglieder der Gruppe haben zum Tanz eine leidenschaftliche Beziehung, denn sonst würde man schwerlich die harte Arbeit und Selbstdisziplin dafür aufbringen können. Viele Leute, die die Gruppe auftreten sehen, sind spontan begeistert und wollen mitmachen. Doch eine kontinuierliche Weiterarbeit scheitert oft daran, daß die Anforderungen zu hoch sind.

Alle Tänzerinnen der «Doina» haben bei ihrem Eintritt in die Gruppe Erfahrungen mit Folklore mitgebracht. Aber nicht nur die Freude am Tanz verbindet die Mitglieder. Sie sehen im Tanz eine Form, ihr kulturpolitisches Engagement auszudrücken. Inzwischen wissen sie aus Erfahrung, daß durch künstlerisch-tänzerische Arbeit politischer Einfluß genommen werden kann, ohne daß man den Tanz dadurch zu stark kommerzialisiert. «Vier bis fünf Auftritte im Jahr sollten es schon sein, damit wir auch einen Ansporn haben», meint Vasantha. «Es sind Solidaritätsfeste mit der 3. Welt, Ausländerveranstaltungen, Stadtteilfeste und Veranstaltungen der Gewerkschaften. Bei unseren Auftritten versuchen wir das Publikum zum Mittanzen zu bringen und über die Bedeutung von Folkloretänzen zu erzählen.»

Die Gruppe setzt sich in der Auswahl ihrer Tänze thematisch Schwerpunkte. Da sie letztes Jahr in Bulgarien waren, um an einem internationalen Folklorefest teilzunehmen, tanzen sie jetzt diese Tänze. Außerdem beherrschen sie traditionelle Tänze aus dem gesamten Balkan, der Türkei, Griechenland, Armenien ... Die Gruppenmitglieder verbringen häufig ihre Ferien in den Ländern, aus denen ihre Tänze stammen, und nehmen dort an Seminaren teil.
Die Gruppe trifft sich einmal in der Woche in einem italienischen Zentrum. Diese Regelmäßigkeit ist Voraussetzung für eine Mitarbeit. Einige der Tänzerinnen sind fester miteinander befreundet. Als Mitglied der «Doina» muß man zur kontinuierlichen Mitarbeit in der Gruppe bereit sein. Da werden oft an den Wochenenden neue Kostüme genäht, Socken nach traditionellen Mustern gestrickt, und da müssen auch die Männer mit ran! Es gibt sicher Empfindlichkeiten, die auch bei einer deutschen Gruppe bestehen würden. Da sie aber aus verschiedenen Ländern kommen, ist man vorsichtiger miteinander. Vasantha erzählt uns, daß unter ihnen mehr vermittelt werden muß als in einer nationalen Gruppe. «Es kommt

schon vor, daß einer unserer südländischen Männer beleidigt ist, wenn ihn eine Deutsche kritisiert oder ihm über den Mund fährt – und das als Frau!! Nach dem Training bleibt in der Kneipe genug Zeit, um über solche Mißverständnisse zu reden. Außerdem gehen wir noch einmal im Monat zusammen essen. Die gemeinsame Kasse unserer Gruppe wird von freiwilligen Beiträgen und Einnahmen aus Auftritten aufgefüllt. Das gemeinsame Konto hält für die Beschaffung von Kassetten, Platten, Kostümen und Schuhen her, aber auch die Geburtstage, die wir gemeinsam feiern, werden davon bezahlt.»

Lust am Theaterspielen

Doch nicht alle ausländischen Jugendlichen sind mit Folklore zu begeistern. Das hat uns Gülistans Schwester Hatice durch gelangweiltes Weghören während unserer Unterhaltung eindeutig demonstriert. Jetzt aber wird sie putzmunter. Die italienische Theatergruppe «I MACAP» mit ihrem neuesten slapstickartigen Stück «Holiday mit Eis» beginnt mit der Vorstellung. Mit Clownesken à la Charly Chaplin bieten sie eine Menge Anleihen aus der Stummfilmära. Neben vielen Sketchs über die Abenteuer Pasquales in Deutschland, die Direttore Camillo uns vorstellt, bildet die Schlacht in einer Eisdiele den Abschluß. Die Zuschauer lachen auch dann noch, wenn der beflissene Garçon zum fünftenmal mit Eistüten durch die Schwingtüre stolpert und die Eisbällchen im Gesicht des Eisdielenbesuchers landen. Nicht nur wir, der ganze Park kringelt sich inzwischen vor Lachen. Hatice, die die Gruppe noch nie gesehen hat, meint, daß sie schon lange nicht mehr so viel gelacht hat. Sie sagt spontan; «So etwas will ich auch können, das bringt sicher Spaß.» Die Gruppe «I MACAP» ist aus den Anfangsbuchstaben der fünf Mitglieder Mario, Antonio, Camillo, ein zweiter Antonio und Pietro hervorgegangen. Wer verbirgt sich hinter diesem Namen? Die Akteure sind zwischen 20 und 25 Jahre alt, verbrachten die Hälfte ihres Lebens in der Bundesrepublik. Mario ist gelernter Automechaniker, leert bei der Post die Briefkästen, Antonio eins wegen seiner hervorragenden Darstellung von Frauenrollen auch «Assunta», die Jungfrau, genannt, fährt Brot aus, statt wie gelernt als Kraftfahrzeugschlosser zu arbeiten. Camillo, ebenfalls Autoschlosser, spielt Gitarre. Antonio zwei wurde vom Film entdeckt, und Pietro hat bisher als Galvaniseur gearbeitet. Schon in ihrem ersten Stück hatte diese Gruppe mit Stoffen und Mitteln der Commedia dell'arte versucht, etwas anderes als ihre eigene «Gastarbeiter-Problematik» zu spielen. Sie verarbeiteten das Stück «Decamerone» des italienischen Klassikers Boccaccio zu einer lustigen Szenenfolge. Die Traditionen der Commedia dell'arte kannten sie von der Schule. Mit einfachen Mitteln war die Ausstattung hergestellt: die Kostüme wurden aus Jutesäcken genäht, Strohballen dienten als Dekoration. Das Stück war ein großer Erfolg.

Wir fragen uns, wie es die Gruppe geschafft hat, so erfolgreich zu werden. Wir selbst hatten innerhalb unserer Arbeit in einem Zentrum für ausländische Familien versucht, eine Theatergruppe aufzubauen. Der Andrang an Interessenten war groß. Die türkischen Jugendlichen waren mit Begeisterung dabei, hatten sprühende Ideen, ihre eigene Situation als ausländische Arbeiter darzustellen. Kleine Sketchs gelangen oft auf Anhieb, manch einer stellte sich als Naturtalent heraus. Als es aber zu den ersten gegenseitigen Vorwürfen kam, weil einige zu spät oder gar nicht mehr kamen, weil sie zu ihrem Putzjob mußten, bröckelte die Gruppe ziemlich schnell ab. Da konnten wir auf «I MACAP» schon neidisch werden! Wie ist es möglich, daß diese Jugendlichen eine fast perfekte Gruppe auf die Beine gestellt haben, die inzwischen berühmt ist und sich auf der Bühne sehen lassen kann? Sind sie eine Ausnahme? Haben sie nicht solche Erfahrungen gemacht wie wir, die sie fast dazu brachten, alles hinzuwerfen? Schauen wir uns die Vorgeschichte von «I MACAP» an:

Ende 1974 im Frankfurter Gallusviertel – im Volksmund auch «Kamerun» genannt – hat es begonnen. Hier leben fast zehn Prozent der in Frankfurt gemeldeten Ausländer. In einer ehemaligen Autowerkstatt, über der noch einige türkische Familien wohnen, entwickelte sich ein «Multinationales Zentrum» für lokale Betriebs-, Kinder-, Hausaufgaben-, Spiel- und Kulturgruppen. Konzipiert als Ort, der verschiedenen Nationalitätengruppen eine Möglichkeit zur kulturellen und politischen Selbstdarstellung bietet und in Zusammenarbeit mit diesen Straßen- und Stadtteilfeste, Diskussions- und Musikveranstaltungen organisiert, wird das Gallus-Zentrum vorwiegend von Deutschen in Selbstinitiative betrieben – ohne finanzielle Unterstützung im permanenten «Überlebenskampf»!

Die italienischen Jugendlichen betrachteten das Haus von Anfang an als eine willkommene Gelegenheit: sie waren immer da, auch ohne Programm. Und während sich die Marokkaner, Spanier, Griechen und Türken allmählich mehr und mehr zurückzogen, machten sie es sich immer wohnlicher, bauten Treppen und Türen ein, schleppten Möbel an, organisierten eine Disco und schufen ein Theater.

«Neunzig Prozent der Italiener sind Schauspieler», meint Dario Fo, Italiens populärster Theaterregisseur und Schriftsteller. Warum also sollten sie ihre Begabung im Ausland einbüßen? 1978 versammelten sich die ersten italienischen Jugendlichen zu einem sechstägigen Theaterkurs in einer Jugendbildungsstätte. «Qui et la – Hier und dort» hieß das erste Stück, in dem sie ihre Erfahrungen zwischen Heimat und Fremde, Eltern und Arbeitsamt verarbeiteten. Das «Teatro Siciliano» war geboren!

Ein halbes Jahr danach traten sie mit ihrem zweiten Stück «La deutsche Vita» auf. Das war der einmalige Versuch einer gemeinsamen Theaterproduktion zwischen italienischen und kurdischen Jugendlichen. Deutlich wurde, daß die Süditaliener, discoorientiert und modebewußt, mit dem politischen Anliegen der jungen Kurden und ihrem Kampf gegen die Unterdrückung in Kurdistan wenig zu tun hatten. Sie waren eher besorgt, daß ihnen durch diese, in ihren Augen langweilige und uninteressante Darstellung, ihre eigene ‹show› verpatzt werden könnte. «Was herauskam war ein Sze-

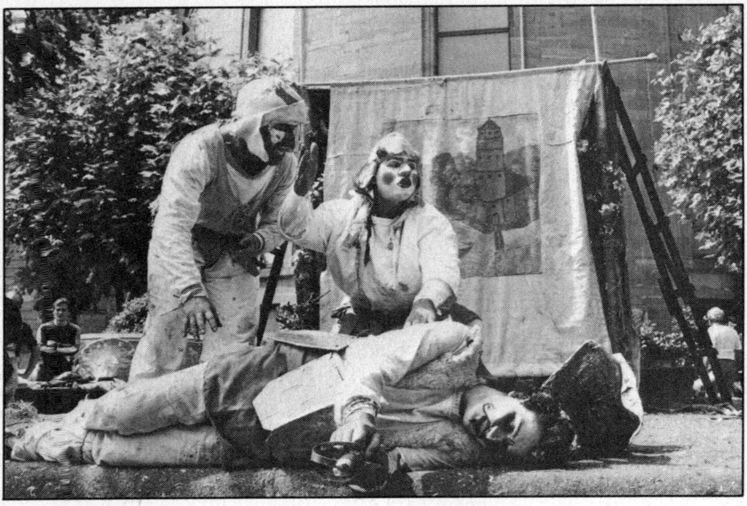

nenwechsel von sizilianischem Rock'n'Roll, Unterdrückung und Widerstand kurdischer Bauern, einer italienischen Mittagessensszene, Konfrontationen eines kurdischen Arbeitsuchenden mit der deutschen Bürokratie. Es wurde jedoch ein großer Erfolg», meint Birgit, eine Mitarbeiterin vom Zentrum.
Die nächste Szenenmontage, genannt «Bienenstrich», behandelte die Gefahr der ausländischen Jugendlichen, ins kriminelle Milieu abzurutschen. «Nach Sizilien fährt man nicht», erzählt von Urlaubsgefühlen im eigenen Land. «Wird nicht bezahlt?» erweiterte einen schon geflügelten Titel von Dario Fo. Meistens wurden in den Stücken die Frauenrollen von den italienischen Jugendlichen selbst gespielt, da die Mädchen keine Erlaubnis von ihren Familien bekamen. Später wurden weibliche Nebenrollen von deutschen Mädchen übernommen.
Mit «I Vitaloni», die Lebenskünstler, gingen achtzehn Jugendliche mit fünf Betreuern in drei VW-Bussen auf Theatertournee in die Heimat der Jugendlichen nach Apulien und Sizilien. «Auf dieser Fahrt wurde die Entfremdung der Jugendlichen von ihrer Heimat

und damit die Perspektivlosigkeit einer Rückkehr deutlich. Die Hoffnung der Jugendlichen, als ‹Stars› in ihre Heimat zurückzukehren, wurde nicht erfüllt: Die Ankunft in den kleinen Ortschaften Süditaliens glich einer Ankunft in Afrika – kein Zeichen von Zugehörigkeit, eher eine Demonstration ihres Wohlstands, der modischen Kleidung, des überdimensionalen Stereo-Cassettenrecorders. Ihr Auftreten entsprach dem spürbaren Zwang, als Reiche – auch im Urlaub – zurückzukehren, mit entsprechendem Konsumwahn, Großzügigkeit im Verteilen von Trinkgeldern an ihre Landsleute, natürlich nach einem erstklassigen Essen. Das alles mußte provozieren, Mißtrauen hervorrufen und führte vor dem ersten Auftritt in Süditalien – ihrer Heimat!? – sogar zur Schlägerei mit ‹einheimischen› Jugendlichen, womit ihnen sehr deutlich gemacht wurde, daß sie nicht dazugehörten, Fremde, Touristen sind. Ihr ‹bella Italia›-Bild brach jämmerlich zusammen», erzählt Birgit, die es selbst miterlebt hat. Im Gegensatz dazu war das «Teatro Siciliano» inzwischen bei uns berühmt geworden. Doch auch die vielen Presseartikel, Rundfunkinterviews und Fernsehberichte verhalfen dem Theater zu keiner gesicherten finanziellen Grundlage. Vielleicht aus Überdruß über die Schwerfälligkeit einer großen Gruppe, vielleicht aber auch nur aus Lust an einer Neuorientierung gingen aus dem «Teatro Siciliano» Kleingruppen hervor, unter denen «I MACAP» inzwischen die professionellste ist.

Das «Teatro Siciliano» und seine Kleingruppen machen aber auch noch gemeinsame Produktionen. Im Sommer 1982 brachten sie das Stück «Bartholomäus-Markt», eine vor 370 Jahren uraufgeführte englische Komödie heraus. Es stellt den Versuch dar, so der Regisseur, «jetzt mal mit diesen Ausländern einen klassischen Text auszuprobieren». Es führte leider zum finanziellen Fiasko. Doch die Gruppe macht weiter, zunächst mit einer Neubearbeitung des Stükkes. Bei dem Theaterfestival «Steirischer Herbst» in Graz wurde das «Teatro Siciliano» und seine Kleingruppen euphorisch gefeiert. «Beneidenswert», hieß es da in einer Rezension, «die Stadt Frankfurt, die über so eine Gruppe verfügt.»

Auch «I MACAP» als Kleingruppe macht weiter. Zur Zeit arbeiten sie an einem neuen Stück. Anlaß war eine Anti-Ausländerkampagne im Gallus vor einiger Zeit. Es soll ein Musical werden. Die Musik dafür macht Peter, ein Deutscher. Das Stück erzählt die Geschichte eines italienischen Jugendlichen, der von Freunden erfahren hat, daß es in Frankfurt genügend Arbeit gibt. Das letzte Geld wird zusammengekratzt, damit er seine Fahrkarte nach Germania kaufen kann. Dort angekommen, muß er feststellen, daß er nicht nur bei den Deutschen, sondern auch bei seinen Landsleuten unerwünscht ist ...

Eine Geschichte, die auf die eigenen Erfahrungen der «I MACAP» zurückgreift.

Während wir zusehen, wie «I MACAP» ihre Requisiten von der Bühne räumen, kommt José mit einem Stapel Zeitschriften auf uns zu. José ist Portugiese, und wir kennen ihn seit mehreren Jahren. Er ist Mitglied in einem portugiesischen Arbeiter- und Kulturverein, beteiligt sich aber auch an multinationalen Gruppen, so arbeiten wir mit ihm zusammen in der kulturellen Arbeitsgemeinschaft, «Die Pinie». Hier auf dem Sommerfest verteilt José die Zeitschrift «WIR», denn er arbeitet auch in ihrem Redaktionsteam mit.
«WIR», eine Zeitschrift von Ausländern für Deutsche, so heißt es im Untertitel, ist die erste Zeitschrift, die von Ausländern gemacht wird. Es ist nicht verwunderlich, daß sie in Frankfurt publiziert wird, denn diese Stadt hat den höchsten Ausländeranteil der deutschen Städte. Die «WIR», die sich an Deutsche und Ausländer wendet, wird gemacht von Vertretern verschiedener Ausländervereine und einigen Deutschen. Sie erscheint vierteljährlich in einer Auflage von 50000 Exemplaren. Die «WIR» hat Modellcharakter, denn es gibt im Bundesgebiet keine regelmäßig erscheinende Zeitschrift in dieser Auflagenhöhe, die sich gleichermaßen an alle Nationalitäten in der Bundesrepublik wendet. Günstig ist auch, daß es die «WIR» kostenlos gibt, denn der Durchschnittsbürger gibt wohl kaum Geld aus, um sich über die Belange von Ausländern zu informieren. Als Herausgeber fungiert ein SPD-Abgeordneter, der auch größtenteils die Kosten für die Ausgaben übernimmt, private Spenden kommen

Eine Zeitschrift von Ausländern für Deutsche

hinzu. Im März 1981 stellten sich die Redaktionsmitglieder zum erstenmal vor. Sie unterstrichen, daß Integration kein einseitiger Prozeß sei und daß Ausländer in der Lage sind, ihre Probleme selbst in die Hand zu nehmen. Sie streben gemeinsam das Ziel an, das deutsche Leserpublikum zu informieren. Ziel der Redaktion ist es, die Kultur der in der Bundesrepublik lebenden Ausländer zu verbreiten und einer größeren Öffentlichkeit bekanntzumachen. «Wir wollen damit auch ein schiefes Bild von der ‹Ausländerkultur› korrigieren. Sie beschränkt sich nicht nur auf Folklore und Pizza», heißt es in einem ihrer Artikel. Jede Nummer hat ein zentrales Thema: Ausländische Jugendliche, Ausländerkultur, Ausländerfeindlichkeit. Weiterhin informiert die «WIR» über Veränderungen in der Ausländergesetzgebung, und ausländische Vereine berichten über ihre Aktivitäten. Neue Bücher, die sich mit der Ausländerthematik beschäftigen, werden besprochen, Gedichte und Geschichten abgedruckt. In einer heißt es: «Die Deutschen glauben, sie verstehen alles, aber sie verstehen eigentlich nichts. Sie haben Angst vor dem Leben, verstehen soviel von der Liebe wie Steine – eigentlich sind sie arme Menschen, die immer arbeiten, sparen, Häuser bauen. Sie verstehen nicht zu lachen. Sie tun mir leid.»

Das hat uns geärgert, sind wir Deutsche wirklich so? Schade, daß Ausländer Deutsche oft nur so kennenlernen. «Aber gerade solch einen Eindruck will man ja durch die gemeinsame Arbeit von Ausländern und Deutschen in der ‹WIR› korrigieren», sagt José zu uns.

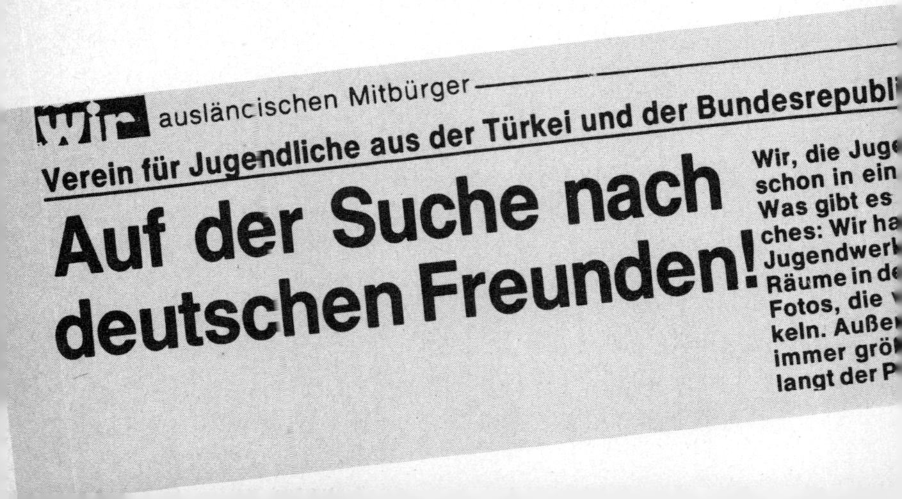
wir ausländischen Mitbürger

Verein für Jugendliche aus der Türkei und der Bundesrepubli

Auf der Suche nach deutschen Freunden!

Wir, die Jug
schon in ein
Was gibt es
ches: Wir ha
Jugendwerk
Räume in de
Fotos, die
keln. Außer
immer grö
langt der P

Während wir die neueste Ausgabe der «WIR» lesen, fragen wir uns, wie die Arbeit in so einer Redaktion aussieht. Nach außenhin vertritt sie eine einheitliche Position, doch wie ist diese entstanden. Wir wissen, daß die im Impressum angegebenen ausländischen Vereine die unterschiedlichsten politischen Gruppierungen vertreten, von den Sozialdemokraten und Sozialisten bis hin zu den moskauorientierten Kommunisten. Es sind Türken, Kurden, Griechen, Italiener, Spanier, Portugiesen, Palästinenser und Deutsche in der «WIR» vertreten, muß es da nicht zu Spannungen kommen, überlegen wir und versuchen uns in einem Gespräch mit Redaktionsmitgliedern darüber ein wenig Klarheit zu verschaffen. Wir erfahren von ihnen, daß zwar viele Vereine im Impressum stehen, aber nur einige aktiv an der Gestaltung der Zeitung teilnehmen. Momentan arbeiten Türken, Griechen, Portugiesen und Deutsche mit. Sie treffen sich einmal im Monat. Gemeinsam diskutieren sie, unter welchem thematischen Schwerpunkt die neue «WIR» erscheinen soll. Steht das Thema fest, sind die Inhalte geklärt, werden die einzelnen Artikel verteilt. Natürlich gibt es Vorlieben bei den Redaktionsmitgliedern, da schreibt ein türkischer Student lieber über die Wirtschaftslage der Bundesrepublik als über die Ausländerkultur und ein Grieche bevorzugt politische Analysen über sein Heimat-

en von SAZ-ROCK, haben unsere Arbeit
vorigen Nummern von »Wir« dargestellt.
s Neues? Einiges, und zwar auch Erfreuli-
ndlich Räume gefunden, und zwar über das
rbeiterwohlfahrt. Wir benutzen jetzt deren
eutstraße 319 mit. Wir können dort sogar die
nserem Fotokurs schießen, selbst entwik-
aben wir Platz für unsere SAZ-Gruppe, die
d besser wird. Für unsere Folklore-Gruppe
cht ganz, wir müssen diesen Kurs auslagern.

Wo gibts »Wir« in Frankfurt?

Die Zeitschrift »Wir ausländischen Mitbürger« liegt in allen Zweigstellen der Stadtbibliothek aus. In geringen Mengen kann man sie sich auch bei den Vereinen besorgen, die im Impressum der Zeitschrift als Mitglieder der Redaktion aufgeführt sind.

Die Redaktion

land. Da Frauen nur sehr spärlich vertreten sind, kommen Frauenthemen erheblich zu kurz. Das ist uns jedenfalls negativ aufgefallen. Wenn die Redaktionsmitglieder ihre Artikel geschrieben haben, treffen sie sich, um sie zu diskutieren. Die Mehrheit entscheidet, ob ein Artikel angenommen wird oder nicht. Natürlich, so sagen uns die Redakteure, kommt es bei der Diskussion über die Inhalte der Artikel zu Auseinandersetzungen. Folgenden Konflikt halten wir für typisch. In einer der letzten «WIR»-Nummern mit dem Schwerpunkt «ausländische Jugendliche» beschreibt ein türkischer Jugendlicher seine Lebenssituation in der Bundesrepublik. Er tut das sehr selbstbewußt und provokativ. Unter anderem schreibt er, daß er sich bei uns ein angenehmes Leben machen will, indem er eine schöne deutsche Frau heiratet, die, falls er Schwierigkeiten bekommt, für ihn arbeiten soll.

Diese omnipotenten Wunschträume eines Jugendlichen werden aber von einem türkischen Verein als Angriff auf die Türken empfunden. Sie gehen soweit zu sagen, daß durch diesen Artikel das türkische Ehrgefühl beleidigt worden ist. Da es in ihrem politischen Verein solche Türken nicht gibt, lehnen sie es ab, sich überhaupt mit diesem Problem auseinanderzusetzen. Für sie gibt es nur den «echten» Türken, der ungebrochen zu seiner Heimat und zu seinem Volk steht und sich nicht den deutschen Verführungen ausliefert. Aus Protest verteilt kein Mitglied die Zeitschrift. Diese Ausgabe wird von ihnen boykottiert.

Doch es gibt noch andere Kommentare zu diesem Artikel. Auch Deutsche, die in der Ausländerarbeit engagiert sind, meinen, daß man keine Artikel veröffentlichen darf, in denen Ausländer in irgendeiner Form negativ dargestellt werden oder sich selbst so darstellen. Das Bild vom «sauberen» Ausländer muß stimmen. Wir fragen uns, mit welchem Recht von den Ausländern verlangt wird, das absolut Gute zu verkörpern. Manchmal haben wir das Gefühl, von den Ausländern erwartet man, daß sie zwar arm und rechtlos, aber die besseren Menschen sind. Sie müssen gastfreundlich, herzlich, kinderlieb, familienverbunden, lebensfroh, kämpferisch und folkloristisch sein. Sie sollen das verkörpern, was wir Deutschen angeblich nicht sind oder wozu wir uns nicht trauen. Wenn aber plötzlich dieses Klischee vom «lieben» Ausländer nicht mehr stimmt, wird man unsicher. Jetzt müßte man sie ernst nehmen und mit ihnen streiten, und das ist unbequem. Doch auch von politisch rechts stehenden Lesern kommen Kommentare zu diesem Artikel. Sie schreiben an die «WIR», das in Zukunft wohl die deutschen Männer auswandern müssen, wenn die Türken sich zwei Frauen nehmen, und das ist ein Grund mehr für sie zu fordern: Ausländer raus.

Ist die «WIR» endlich fertig, muß sie unter die Leute gebracht werden. Auch das ist nicht einfach. Wir haben oft erlebt, daß in den ausländischen Vereinsräumen stapelweise die Zeitschriften vermodern. Auf Nachfragen stellen wir fest, daß uns Vereinsmitglieder sagen, daß sie nicht wissen, wie sie die «WIR» verteilen sollen. Obwohl sie alle politisch orientiert und geschult sind, haben sie Angst davor, beim Verteilen in ein Gespräch oder eine Auseinandersetzung mit Deutschen zu kommen und dem nicht gewachsen zu sein. Denn auch die ausländischen Vereinsmitglieder haben kaum Kontakt mit Deutschen. So wird die «WIR» an Abonnenten verschickt. Der größte Teil wird bei Veranstaltungen und Demonstrationen, und an Gruppen, die Ausländerarbeit machen, verteilt. Aber wenige werden in die Briefkästen der Nachbarn gesteckt oder an Arbeitskollegen im Betrieb verteilt.

Die Arbeit an der «WIR» wird dadurch erschwert, daß, bis auf eine Ausnahme, keiner über journalistische Erfahrungen verfügt und zusätzlich viele Schwierigkeiten mit der deutschen Sprache haben. Dadurch besteht die Gefahr – so das deutsche Redaktionsmitglied –, daß die Artikel Flugblattcharakter annehmen, da die Mitglieder sich an den politischen Broschüren ihrer Vereine orientieren. Er wünscht sich vor allem, daß Deutsche und Ausländer, die die «WIR» lesen, spontan Artikel an die Redaktion schicken, die dann abgedruckt werden. So wie in der letzten Nummer die Aufforderung zur Mitarbeit von zwei Mädchen der deutsch-türkischen Jugendgruppe Saz-Rock abgedruckt wurde.

Während José weiter die «WIR» verteilt, treffen wir wie verabredet an einem türkischen Stand Sabine-Yasemin und ihren Bruder Deniz. Nichts an Yasemins Äußerem bestätigt das Klischee der Deutschen, wie eine Türkin auszusehen hat. Yasemin ist groß, blond, hat grüne Augen, trägt einen Jeansanzug und statt des berühmten türkischen Kopftuches ein Stirnband. Ihre Mutter ist Deutsche, ihr Vater Türke. Sabine-Yasemin verbindet schon in ihren beiden Namen die zwei Kulturen, aus denen sie kommt. Doch woher kennen wir sie? Eines Tages fiel uns in der Zeitung folgende Meldung auf: «Sabine-Yasemin Erönal, neunzehnjährige ‹Frankfurter› Türkin, Kind deutsch-türkischer Eltern, hat bei einem Wettbewerb, den die türkische Tageszeitung ‹Günaydin› (Guten Morgen) ausgeschrieben hatte, den ersten Preis errungen.» Das machte uns neugierig, und wir riefen ein paar Tage später bei ihrem Vater an, aber da war sie schon zu den Filmaufnahmen abgereist in die Türkei. Nach den Sommerferien trafen wir uns dann. Sie wohnt mit ihren Eltern in einer Siedlung bei Frankfurt. Ihr türkischer Vater ist seit 1956 in der Bundesrepublik. Bis zum 12. Lebensjahr hat Yasemin kein Türkisch gesprochen. So ging sie 1975, ohne ein Wort Türkisch zu können, mit ihrer Familie für drei Jahre in die Türkei. Sie lebten in Istanbul und es war zunächst schwierig für sie, eine passende Schule zu finden. Da sie türkische Staatsbürgerin ist, sollte ihr der Zugang zu dem deutschsprachigen Gymnasium nicht gestattet werden. Und das, obwohl ihre Mutter Deutsche ist! Nach vielen Kämpfen wurde sie zu einer amerikanischen Schule zugelassen. Sie mußte dadurch gleich zwei neue Sprachen lernen. Inzwischen aber beherrscht sie Englisch und Türkisch genauso perfekt wie Deutsch. Als sie nach drei Jahren in die Bundesrepublik zurückkehrte, war auch hier die Integration in das deutsche Schulsystem schwer. So wundert es nicht, wenn Yasemin heute mit achtzehn Jahren in der elften Klasse ist. Sie geht in eine Privatschule und wird dort auch ihr Abitur machen. Yasemin erzählt uns von ihrer Klassenfahrt nach

Berlin: Für die beiden letzten Abende schlug der Lehrer vor, daß man gemeinsam ausländisch essen gehen sollte, einen Abend in ein griechisches Restaurant und einen Abend in ein türkisches. Der erste Abend wurde ziemlich boykottiert, keiner ihrer deutschen Mitschüler hatte Lust in ausländische Kneipen essen zu gehen. Daraufhin wurde der Besuch im türkischen Restaurant zur Pflicht erklärt. Yasemin ist den ganzen Tag durch Berlin gerannt, um ein richtiges Lokal zu finden, wo es auch für den «deutschen» Geschmack ihrer Mitschüler notfalls ein Steak geben sollte. Doch als dann die türkischen Gerichte auf dem Tisch standen, wurden auch die Klassenkameraden neugierig auf dieses Essen. Das Ganze wurde jedenfalls ein voller Erfolg, als auch noch später am Abend die skeptischsten Mitschülerinnen gemeinsam mit anderen Gästen türkisch tanzten. Yasemin, die sowohl Bauchtanz und Folklore als auch den neuesten Discotanzstil beherrscht, animierte alle. Als Vermittlerin zwischen den beiden Kulturen fühlt sich Sabine-Yasemin besonders wohl. Sie hat deutsche und ausländische Freunde; mit den normalen türkischen Arbeiterfamilien kommt sie gut aus, «die sind sehr nett, aber da gibt es oft nichts zum Unterhalten», meint sie. Am ehesten gerecht werden ihr die Leute, die ähnliche kulturelle Erfahrungen gemacht haben wie sie, z. B. türkische Studenten, die lange hier leben. Über ihren Erfolg als Filmstar in der Türkei weiß man in der Schule nichts. Ein kurzes Interview, das der Rundfunk telefonisch mit ihr in Istanbul führte, hatte ein Lehrer von ihr zufällig gehört. Er meinte dann, «na, du rasende Reporterin», als sie wieder ganz brav nach den Sommerferien zur Schule ging und weitere Angebote für Rollen ausgeschlagen hatte. Dazu ist sie zu realistisch und meint: «. . . dann hast du einen Unfall und dein Gesicht ist futsch und dann sitzt du da ohne Ausbildung . . .»
Doch wieso steht ihr Name in der Zeitung, wie kam es eigentlich zu ihrem Erfolg? Ihr Vater ist Besitzer eines Videoladens. Er ist Jurymitglied in einem Europa-Video-Schönheitswettbewerb. Sie sollten für einen Videofilm die schönste Türkin unter den Emigrantinnen aussuchen. Als die Familie Erönal bei dem Wettbewerb erscheint, ist man von der Tochter des Jurymitglieds beeindruckt.

Man drängt darauf, daß auch sie noch an dem Schönheitswettbewerb teilnimmt. Yasemin läßt sich überreden und wird prompt Erste. Ein Videofilm mit ihr in der Hauptrolle soll gedreht werden, doch da der Produzent von ihr als «Neuling» verlangt, daß sie umsonst arbeitet, platzt die Realisierung des Films. Yasemin nimmt 1982 – gewissermaßen aus Trotz – an einem Schönheitswettbewerb der Zeitung «Günaydin» teil. Sie kommt in die engere Auswahl von fünf Mädchen. Das Leserpublikum wählt sie dann auf den ersten Platz. So bekommt sie einen Filmvertrag für den Fotoroman, der in diesem Sommer in zwei Monaten in Istanbul fertiggedreht wurde. Yasemin sagt dazu: «Nach zwei Tagen wußte ich genau, was die wollten: so und so hinstellen und smilen ...» Der Film basiert nach Yasemins Ansicht auf einem richtigen Kitschroman. Thema: Die reiche Tochter kommt nach dem Besuch eines Internats zurück zu ihrer Mutter auf ihr ländliches Gut. Der Vater ist bereits tot. Schon immer liebte sie heimlich den reichen Nachbarssohn, der sich inzwischen mit einer leichtlebigen Sängerin eingelassen hat. Als sein Vater stirbt, bittet seine Mutter Yasemin – wie sie auch als Fotoheldin heißt –, ihren Sohn zu heiraten; nur sie würde es schaffen, ihn auf den rechten Weg zurückzubringen. Da sie ihn liebt, willigt sie ein und heiratet ihn. Doch er kommt von der anderen Frau nicht los. Dramen bahnen sich an: Yasemin wird verschiedenen Anschlägen ausgesetzt, ihr Hund wird vergiftet... Als Folge eines Autounfalls ist ihr Mann gelähmt; sie pflegt ihn hingebungsvoll. Erst jetzt erkennt er seine Liebe zu ihr. Inzwischen stirbt auch die Sängerin, er wird gesund und ihrer Liebe steht nichts mehr im Wege.

Während der Filmarbeiten war in den türkischen Boulevardblättern täglich etwas über das Filmsternchen zu lesen. Ihr Leben hat sich dadurch nicht geändert. «Dieser Erfolg ist mir egal», sagt Yasemin. «Als nächstes will ich in der Bundesrepublik meine Dolmetscherprüfung machen und nach dem Abitur werde ich Jura studieren und Anwältin werden.» Schon jetzt geht sie öfters zu Gerichtsprozessen, um zu beobachten und davon zu lernen. Sie glaubt, daß sie mit dieser Arbeit ihren Platz im Leben gefunden hat. «Mit diesem Beruf wird es mir möglich sein, türkischen Familien, die nicht so gute Bedingungen haben wie ich, zu helfen.»

Aber hat sie als «Sonderfall» überhaupt etwas mit der Welt der türkischen Arbeiter und mit der Armut in der Türkei zu tun? Entweder lebt sie, wenn sie in der Türkei ist, in einem vornehmen Stadtviertel oder amüsiert sich mit Freunden, die häufig auch aus gemischten Ehen kommen, in ihrem Sommerhaus am Marmarameer. «Natürlich», urteilt Yasemin nüchtern, «wenn du da das richtige Kleingeld hast, kannst du gut leben.» Aber sie hat dort auch andere Seiten gesehen. Der Wunsch ihrer Mutter war, sie mit allen Seiten des Lebens vertraut zu machen. Nicht nur mit den Schokoladenseiten! Yasemin blickt auch bei uns ganz gut durch. Ihre Mutter sieht das sehr positiv, sie meint: «Yasemin bekommt von den beiden Kulturen das Beste mit; sie kann sich das, was sie will, aussuchen.»

Yasemins Bruder Deniz ist wie sie ganz blond und sieht wie ein «typischer» deutscher Junge aus. Er ist kürzlich von spanischen Jungen verprügelt worden, weil sie sauer waren auf die Deutschen und er dafür herhalten mußte. Yasemin, die eher wie eine Norddeutsche aussieht und die sicher nicht wegen ihres Äußeren diskri-

miniert wird, meint dennoch: «Ich sitze zwischen zwei Stühlen.» Nicht die eigenen Erfahrungen sind es, unter denen sie leidet, sondern es ist ihre Empfindlichkeit, mit der sie auf die Diskriminierung ihrer Landsleute reagiert. Sie erzählt uns, wie ihre Mutter Ungerechtigkeiten, die sie erzürnen, spontan in Gedichten verarbeitet. Aber als sie vor kurzem in einer türkischen Zeitung ein Gedicht eines jungen Türken las, der nur auf Deutschland schimpfen konnte, hat sie postwendend ein von ihr verfaßtes Pamphlet an die Redaktion geschickt und auf die Veröffentlichung gedrängt.
Auch Yasemin schreibt Gedichte und Texte und versucht dadurch Ungerechtigkeiten, von denen sie hört, aber auch ihre persönlichen Erlebnisse zu verarbeiten. Sie hat bereits ein Drehbuch geschrieben, das zunächst verfilmt werden sollte, dann aber abgelehnt wurde. Yasemin meint, daß das Thema des Drehbuchs für die Türkei zu brisant ist. «Ein junger Türke, der in Deutschland lebt, fährt in die Türkei, um dort seinen Urlaub zu verbringen. Er wird verhätschelt und verwöhnt, als Exot, als ‹Deutschland-Türke›, wie man uns dort häufig nennt, gefeiert. Auf der Rückfahrt wird er in Jugoslawien kontrolliert; eine Menge Heroin wird bei ihm gefunden. Er weiß nicht, woher es stammt, seine Landsleute in der Türkei haben es ihm heimlich ins Auto gepackt. Im Knast macht er sich Gedanken über sein Heimatland und über das Land, in dem er lebt. Er sieht die Gegensätze zwischen der ‹großartigen› Gastfreundschaft und der Art, wie man als ‹gurbetçi›, einer, der in der Fremde lebt, ausgenützt wird», erzählt uns Yasemin den Inhalt ihres Drehbuchs.
Uns interessiert natürlich auch, wie ein Mädchen wie Yasemin in der türkischen Presse aufgenommen wurde. Yasemin hat alle Artikel, in denen über sie berichtet wurde, gesammelt. Auch Zeitungsausschnitte mit dem abgedruckten Fotoroman hat sie aufbewahrt. Der Film wurde in dem Haus ihrer Eltern am Meer mit Hilfe aller Familienangehörigen gedreht. Ein Interview aus der Boulevardpresse mit dem Titel, «Königin Yasemin ist eine wirkliche Idealistin», übersetzen wir uns. Darin heißt es: «Genauso, wie ich bisher noch nie Sklavin meiner Leidenschaften geworden bin, werde ich auch diesmal nicht Sklavin des Kinos werden. Ich werde nicht, auf

(Günaydın Avrupa Fotoroman Kraliçesi) Yasemin Erönal
(Günaydın Avrupa Fotoroman Kralı) Ismail Çolak
AŞKIN ZAFERİ
Sema Cenk
Ahmet Karasu
Esra Saygın
Kamil Sesli
Dilek Özden
* Liana Erönal
* Deniz Erönal
* Levent Yazıcı
* Ali Ağgez
* Kemal Ağgez
* Ayla Eröz
Sana ne düşündüğümü söyledim ben... Bu kadar ısrar etmenin bir nedeni mi var ?
Var yavrum.
Seni bir isteyen olsaydı cevabın ne olurdu, bana söyler misin ?.
Ne o, yoksa bir talibim mi var ?
Evet yavrum, var... Tarık bey...
YASEMİN ŞAŞIRMIŞTI. CEVAP VEREMEDİ. MASADA BİR SESSİZLİK BAŞLAMIŞTI...
BU SESSİZLİĞİ GENE ANNE BOZDU...
Ne o yavrum, neden sustun ? Yoksa Tarık beyin o kadınla olan ilgisi mi seni düşündürüyor ?
Bilmiyorum.
Şu anda cevap veremem anne. Bu konuyu biraz düşünmem gerek... Ben odama çıkıyorum.
Peki yavrum...
Sevdiğim adam, benimle evlenmek istiyor. Ama onun beni sevebileceğini düşünmek, budalalık olur...
O GECE SABAHA KADAR YASEMİN'İN GÖZÜNE UYKU GİRMEDİ. HEP TARIK'I DÜŞÜNDÜ.
SONRA TARIK'IN ANNESİNİ DÜŞÜNDÜ.
Tarığı sana emanet ediyorum kızım. Onu ancak sen kurtarabilirsin...
Acaba Tarık'ın benimle evlenmek istemesinin, annesinin bu sözleriyle bağlantısı var mı ?.. Kimbilir, belki de beni gerçekten seviyor... Of, Tanrım ! Kafam karma karışık.
DEVAMI YARIN

meine Schönheit vertrauend, Schauspielerin werden ... Wenn ich in zwei Jahren das Gymnasium beendet habe, gehe ich an die Juristische Fakultät und werde Rechtsanwältin, um die Rechte meiner sich in Deutschland abmühenden türkischen Brüder und Schwestern zu verteidigen.»

Zuerst sind wir ganz erstaunt, als wir Yasemin kennenlernen: eine emanzipierte junge Türkin, die sich von den überholten Moralvorstellungen befreit hat, die studieren will, sich kleidet, wie es ihr Spaß macht, und sogar schreibt und filmt. Doch Yasemin ist nicht in einer typischen türkischen Arbeiterfamilie groß geworden, sondern in einer Mittelschichtfamilie, die es auch in der türkischen Gesellschaft gibt, wenn auch spärlicher als bei uns. Die Väter sind Angestellte und Selbständige. Die Mütter haben nie ein Kopftuch getragen, sie arbeiten oder können es sich schon wieder leisten, ein Hausfrauendasein zu führen. Der Erziehungsstil in diesen Familien ist liberal, für ihre Kinder wollen die Eltern eine gute Schul- und Berufsausbildung, auch für ihre Töchter. Sie möchten, daß diese sich im Notfall auch alleine ernähren können. Bei einer Heirat der Tochter, wobei sie sich den Ehemann durchaus aussuchen kann, soll sie nicht die dumme Hausfrau sein, sondern wird auch ihrem Mann intellektuell eine Partnerin sein. Das heißt aber nicht, daß die Familie den Rahmen des traditionellen Werdegangs für Mädchen, nämlich eine vorbildliche Ehefrau und Mutter zu sein, verläßt. Selbstverständlich erwartet man von der Tochter, daß sie sich einen Partner aussucht, der ihr gesellschaftlich ebenbürtig ist und ihr ein angenehmes Leben ermöglichen kann, und die Tochter wird als kluge, charmante Ehefrau und treusorgende Mutter alles für eine gute Ehe tun. Wir wollen damit nicht Yasemins Lebensweg vorherbestimmen, aber nur so können wir uns erklären, wieso es für sie keinen Bruch bedeutet, die traditionelle Frauenrolle in dem türkischen Fotoroman zu spielen. Yasemin führt zwar ein freieres Leben als viele gleichaltrigen türkischen Mädchen, aber auch sie bleibt in ihrem traditionellen Rahmen. Für sie sind Ehe und Kinder fest in ihr Leben eingeplant. Es bleibt abzuwarten, wie sie das mit ihren hochgesteckten Berufswünschen vereinbaren kann.

Jemand tippt uns auf die Schulter und holt uns aus unserem Gespräch mit Yasemin. Es ist Dimi, ein Grieche, der Musik macht. «Ihr wolltet uns doch mal spielen hören. Heute abend üben wir, da könnt ihr dabei sein.» Wir verabreden, daß wir in ihrem Übungsraum vorbeischauen. «Paßt aber auf, daß ihr nicht im Dunkeln über die Drähte im Hof stolpert», ruft uns Dimi im Weggehen zu. «Was macht er denn für Musik», fragt uns Yasemin interessiert. «Neue Tanzmusik, nennt Dimi sie», können wir nur vage antworten. «Da würde ich gerne mitkommen», sagt Yasemin aufgeregt. «Ein Grieche, der keine Folklore macht ...» wundert sich Hans, ein deutscher Freund, der das Gespräch mitbekommen hat. «Als gäbe es für alle Ausländer nur Folklore; schließlich tragen nicht alle Deutschen Tirolerhüte und essen Sauerkraut», wehren wir Hans ärgerlich ab. «Natürlich, genauso verschieden wie sich der musikalische Hintergrund bei einem Deutschen äußert, genauso unterschiedlich drückt er sich bei einem Ausländer aus. Wir kennen Jugendliche, die ihre Folklore begeistert spielen, aber auch solche, die lieber klassische Musik, politische Lieder, Jazz, aber auch Tanzmusik, Punk und Rock'n'Roll spielen. Es stimmt schon, daß für viele in der Fremde die Verbindung zur Heimat eine stärkere Dimension bekommen hat. Alte Lieder werden wiederentdeckt, sie bekommen eine Bedeutung, die sie im Heimatland teilweise gar nicht mehr haben. Viele Ausländer verknüpfen mit der Folklore ihr politisches Anliegen. Durch das Verbot jeglicher politischer Betätigung und Artikulation, wie es z. B. in einer Militärdiktatur wie der Türkei der Fall ist, wird der Freiraum in der Emigration um so wichtiger. Gerade hier wächst für viele die Bedeutung des politischen Liedes. Aber gerade bei den Türken und Italienern hat sich in der Emigration eine eigene lokale Musikkultur entwickelt, in der sie ihr Schicksal, ihre alltäglichen Erlebnisse verarbeiten und anderen mitteilen. Besonders am Wochenende versuchen die Ausländergemeinden, ihren musikalischen Nachwuchs durch Wettberwerbe heranzuziehen. In

ihren Zentren oder angemieteten Turnhallen werden Programme mit Folkloregruppen und musikalischen Einschüben veranstaltet. Hier hoffen sich viele einen Namen in ‹ihrer› Gemeinde zu machen», erzählen wir Hans. «Habt ihr die letzte Platte von ‹Ideal› gehört, da singt die Anette Humpe ein Lied in Türkisch», fragt Yasemin. Uns fällt auf, daß es in der deutschen Welle eine Menge Texte über den Ausländeralltag gibt. So singt die Gruppe «Spliff» in ihrem Lied «Spaghetti carbonara» ein Loblied auf die italienische Küche und die Gruppe «DAF» wendet sich mit ihrem Song «Kebabträume» gegen die Ausländerfeindlichkeit. Der Refrain «Wir sind die Türken von morgen» macht klar, daß jeder der Sündenbock werden kann. «Kennt ihr noch ‹Rosen aus Athen› und ‹Es gibt kein Bier auf Hawaii›», fragen wir Yasemin und Hans. «Damals ging es nur um das exotische Ausland, den sonnigen Süden; jetzt singen auch in deutschen Gruppen Ausländer ganz nüchtern und unromantisch über ihre Gefühle. Bei ‹Wirtschaftswunder› sind zwei Italiener dabei, die in einigen Texten ihren Deutschlandfrust ausdrükken. Lieder, in denen sie die Konsumbürokratie, den Überflußüberdruß und die Freizeitfreiheit besingen. Wieso sollte also Dimi, ein Jugendlicher mit griechischen Eltern, nicht in einer Gruppe mit deutschen Jugendlichen ‹Neue Tanzmusik› machen?»
«Der Dimi ist doch kein richtiger Ausländer», sagt Aron aus der Gruppe «Equipe Presto Forte». «Warum interviewt ihr ‹den› denn?» werden wir von der Gruppe empfangen.
Seit fünf Jahren macht Dimi, 22, Grieche, Musik, Er hat schon bei verschiedenen Musikgruppen mitgespielt, z. B. als Bassist bei der Punkgruppe «Abgang». Auf vielen Instrumenten hat er seine Erfahrung gesammelt. «In Griechenland habe ich angefangen, Gitarre zu lernen. Aber ich habe dann wieder aufgehört. Ich bin ein Mensch, der immer so einen kleinen Kick braucht. Ich habe ständig vor mich hingesungen, aber nie richtig ein Instrument gelernt. Mit der Musik hat es in der Schule angefangen. Da gab es einen Übungsraum und meine Freunde, die schon spielten, haben mich als Sänger angeheuert. Im Laufe der Zeit war ich noch Bassist, Gitarrist und manchmal Schlagzeuger.»

Dimi lebt seit vierzehn Jahren in der Bundesrepublik und hat sich inzwischen einbürgern lassen, um dem Wehrdienst in Griechenland zu entgehen. «Ich bin quasi seit meinem zweiten Lebensjahr zwischen Thessaloniki und Frankfurt hin und her gependelt, ich war vom fünften bis zum dreizehnten Lebensjahr hier, dann wieder in Griechenland. Seit ich sechzehn bin, lebe ich ständig hier. Ich habe in der Gesamtschule Abitur gemacht, danach mit einem Völkerkundestudium angefangen. Seit August mache ich die Lehre als Dachdecker.»

Doch wie kam Dimi überhaupt zur Rockmusik?

«Ich wurde als Kind sehr oft alleine gelassen und hatte einen Plattenspieler. Da gab es klassische Platten und Rock'n'Roll-Platten von meinem Vater, die habe ich mir damals reingezogen. Das waren die ersten Musikeindrücke bei mir.

Das mit der Rockmusik, das war eine wichtige Sache, etwas Eigenständiges, was ich gegen meine Eltern in der Hand hatte. Und natürlich haben wir dann in der Schule Schlager und Rockmusik gehört.

Ich will damit nicht sagen, daß so ein Widerstand gegen Autoritäten sich nur durch Rockmusik ausdrücken läßt. Man braucht ja nur Theodorakis oder Victor Jara aufzuführen, um diese Ansicht zu

widerlegen. Es ist eine individuelle Erfahrung, welche Art von Musik für jemanden die meiste Radikalität oder Widerstandskraft besitzt.
Trotzdem bin ich so sehr an Musik interessiert, daß nicht nur die politische Aussage eine Musikrichtung für mich akzeptabel macht. Ich selber bin – was die Musik angeht, die ich mache – schon fixiert, aber ich bin offen für jede Art von Musik. Ich empfinde sie als eine Form von Ausdruck, eine Form der Kreativität und auch der Individualität! Es ist z. B. wichtig, daß Ausländer ihre Kultur weiterpflegen. Wenn sie sich ‹zu schnell› von einer fremden Kultur einnehmen lassen, dann wirkt das wie nachgemacht. Ein sogenannter ‹Sozialisationsprozeß› darf nicht zu schnell erfolgen, vor allen Dingen nicht einseitig.
Trotzdem gibt es Elemente, in der griechischen Kultur z. B., die ich, ihrer Aussage wegen, nicht akzeptiere. Unheimlich viele griechische Lieder befassen sich in einer Art und Weise mit ‹Sachverhalten›, die meiner eigenen Meinung widersprechen. Texte wie: ‹Ich war so gut zu dir und du schlägst dir die Nacht in Bars um die Ohren, du bist die Schande der ganzen Nachbarschaft›, sind nicht selten. Bei solchen Texten kann auch die beste Musik nichts mehr retten.
Bei unserer Gruppe ist eine gewisse Liebe zur Musik da, aber was man erreichen will, da spielt ein gewisser Erfolg, eine Anerkennung, schon eine große Rolle.»
Die Musikgruppe «Equipe Presto Forte» gibt es seit einem halben Jahr. In der Gruppe spielen mit: Andy, arbeitslos, Martin, der seinen Zivildienst macht, Aron, der selbständig als Schreiner arbeitet, Franziska, die noch in die Schule geht, Dimitrios, Dimi, der eine Lehre als Dachdecker macht und Uwe, der seinen Zivildienst in einem Jugendzentrum angefangen hat. Dreimal in der Woche übt die «Equipe» im Hinterhaus, in einem mit Eierkartons isolierten Raum, immer vier bis fünf Stunden. Alle sechs stecken ihre Gefühle und Energie in die Musik, für alle ist Musik lebenswichtig. «Aber wenn man mal eine Idee hat und sie versucht, den anderen klarzumachen, bleibt davon oft nichts mehr übrig, da heißt es ganz schnell ‹Fresse›», meint Andy, der Schlagzeuger. «Wir treffen uns

in der Gruppe, um was Kreatives zu machen, mit möglichst wenig Kompromissen für jeden von uns, aber die wenigen Gemeinsamkeiten, die wir haben, setzen immer Kompromisse voraus. Um etwas ‹Sinnvolles› zu machen, muß man mehr miteinander zu tun haben. Erst dann kann sich eine ‹gemeinsame› Musik richtig entwickeln», sagt Dimi. Er und Andy sind da einer Meinung.

«Ich kann nicht sagen, daß wir die und die Inhalte in der Gruppe vertreten, das steckt bei uns noch in den Kinderschuhen. Wir wissen zwar, was wir nicht wollen, aber es ist noch nicht vorgekommen, daß wir uns um einen Text gestritten haben oder einer abgelehnt wurde. Wir haben uns ziemlich zufällig formiert. Die Lust Musik zu machen, das war der Anlaß. Bei uns kann wirklich alles passieren. Wir sind ziemlich variabel, weil wir keine bestimmte Richtung verfolgen. Einer hat eine Idee auf seinem Instrument oder einen Text, und daraus entwickelt sich etwas. Jeder gibt seinen kleinen Teil dazu. Je nachdem, manchmal wird es dann halt fetzig, manchmal punkig, manchmal total langsam, mystisch. Bei uns ist noch alles in der Schwebe. Keiner von uns hat gelernt, ein Instrument von der Piecke auf zu beherrschen. Wohin das tendiert? Es soll eine Musik mit Überraschung sein, nicht langweilig, soll aus dem Rahmen fallen. Es gibt Momente, da sind wir aggressiv drauf, da kommt ein Punkstück raus, ein anderes Mal mehr rhythmisch, mehr Ska. Wir wissen schon, daß unsere Musik ein bestimmtes Publikum anspricht. Denn eine Gruppe wird nicht nur durch ihre Musik beurteilt, sondern ganz gewaltig durch ihr äußeres Auftreten. Man wird schnell in irgendeine Schublade gesteckt, und es ist sehr schwer da wieder rauszukommen. Am besten glaube ich, kommen wir bei Leuten an, die uns kennen.

Wir sind zwar nicht apolitisch, aber wir verfolgen keinen Kurs wie früher Ton-Steine-Scherben. Es gibt in unserem Text keine Parolen, die jemanden in eine bestimmte Richtung weisen. Aber bei uns ist schon eine versteckte Kritik drin, z. B. so ein Text wie: ‹In der ersten Reihe läßt es sich besser sterben, in der ersten Reihe bist du voll dabei. Warum sollst du dich hinten anstellen, warum sollst du nicht wissen, wie es weitergeht.›

Ich habe einen Horror davor, wenn Leute ihren Widerstand zum Dogma machen. Ich möchte mein Leben lang wandlungsfähig bleiben.
Ich möchte, daß ich, wenn ich älter werde, noch so viel Grips habe, daß ich mir immer noch Gedanken mache und nicht stehenbleibe. Das ist so eine Sache, die ich verfolge, auch in meinem Auftreten in der Musik. Ich möchte mich nicht in irgend so etwas reinstecken lassen. So etwas sehe ich oft bei den Linken, daß die dann schnell in Klischees verfallen. Dagegen wehre ich mich. Aber ich kann nicht sagen, daß ich weiß, wohin der Weg führt, den ich gefunden habe. Ich habe immer damit zu kämpfen gehabt, mir ein eigenes Urteil bilden zu können. Einerseits habe ich, am Rande zwar nur, so eine Ausländerfeindlichkeit mitgekriegt, aber gegen mich selber ging das immer ziemlich reibungslos. In der Volksschule haben wir uns dann zweimal geprügelt, dann war die Sache klar. Andererseits habe ich vom Elternhaus her eine Feindlichkeit, ein Mißtrauen anderen Nationen gegenüber gesehen. Früher war ich in doppelter Hinsicht ein Ausländer; in Deutschland der Ausländer und in Griechenland der Deutsche.
Mich als Ausländer zu interviewen setzt eigentlich voraus, daß ich ein nationales Bewußtsein habe. Ich habe mit der Zeit gemerkt, daß ich versuchen will, mich an keine Nationalität zu binden. Ich fühle mich nicht als Grieche, ich fühle mich aber auch nicht als Deutscher. Das liegt wahrscheinlich daran, daß ich beide Kulturen mitbekommen habe und daß ich gemerkt habe, daß es sowohl in Griechenland ganz beschissene Leute gab und umgekehrt in Deutschland auch ganz liebe Menschen. Wo ich nicht einfach sagen kann: ‹Wir Griechen›. Ein nationales Bewußtsein ist schon eine Verallgemeinerung, der kleinste gemeinsame Nenner für eine Masse von Leuten, und dagegen wehre ich mich! So ein neues Bewußtsein gibt es sicher bei vielen Jugendlichen, die so wie ich hier aufgewachsen sind. Mein Vater z. B., der gibt sich ganz liberal und sehr offen, aber sobald es gegen die Türken geht, fängt der an zu schimpfen. Wenn ich eine schlechte Erfahrung mit einem Türken gemacht habe, dann ist es der *Mensch* Ömer, der ein Arschloch ist. Aber von einer Er-

fahrung auf eine ganze Nation zu schließen, das ist falsch. So entsteht auch die Ausländerhetze, der Sündenbock, der gefunden werden muß. Dieses ‹Anders-Sein›, glaube ich, hängt schon damit zusammen, wenn man von klein auf mitbekommt, daß die Kultur, in der man lebt, eine ‹Kann-Form› ist; man kann so leben, aber man kann auch sehen, daß andere Leute ganz anders leben und daß es auch anders geht. Da wird man einfach wesentlich offener, das zu akzeptieren.

Daß ich als ‹Ausländer› eine Ausnahmesituation in der Gruppe habe, glaube ich nicht; jedenfalls bekomme ich es bewußt nicht mit. Die Leute, mit denen ich zu tun habe, mit denen ich Musik mache, die gehören schon einer bestimmten Szene an, und die ist halt linksorientiert, und da haben sie sich von solchen Vorurteilen befreit.

Aber ich finde es auch eine üble Sache, Ausländer so zu verherrlichen. Das ist auch eine Form von Entmündigung, so total interessiert, egal was man macht, und: ‹Griechenland? – toll› ... Das kann ich auch nicht leiden. Ich habe das ab und zu mal mitbekommen, da haben die Leute gesehen, daß sie damit bei mir nicht weit kommen. Daß ich nicht der Typ bin, der auf so eine Art Komplimente eingeht. Das habe ich einfach nicht nötig, mich über eine Nationalität aufnehmen zu lassen, nur weil ich eben Grieche bin. Ich fühle mich nicht so, für mich ist wirklich die Nationalität belanglos.

Wo ich als Ausländer angesprochen werde? Ich habe mit Freunden den türkischen Film ‹Yol›, der Weg, von Yilmaz Güney gesehen. Danach liefen gleich so Sprüche wie: ‹Mann, war der Film hart!› Und wir gehen die Treppe runter, und da fragt mich einer: ‹Eh Dimi, wie ist es denn in Griechenland, ist es dort genauso?› Da fühle ich mich zunächst mal vor den Kopf gestoßen. Da frage ich mich, was erwarten die Leute von mir? Ich habe das nie so mitbekommen. Ich könnte natürlich ihr Klischeedenken voll bestätigen und sagen: ‹In Kreta gibt es auch Blutrache.› Aber ich habe das nie mitbekommen. Natürlich, die Sitten sind schon strenger dort.

Bei der Dachdeckerei merke ich schon mal, daß ich durch Griechenland geprägt bin. Ich bin so oft mit Sachen konfrontiert worden, deren Wichtigkeit für mich nicht mehr erkennbar war. Wo ich

mir gedacht habe, das kann nur der deutsche Perfektionismus sein. Ich habe halt mitbekommen, daß es in einer anderen Kultur, wie z. B. Griechenland, alles ein bißchen ‹relaxeder› geht, und es läuft auch.
In Griechenland kann man z. B. zwischen zwei und fünf nicht arbeiten, besonders im Sommer. Wenn du da nur einen Hammerschlag machst, da würden die sagen, der hat sie nicht mehr alle. Vom Klima her ist eine viel ruhigere Arbeitsweise vorausgesetzt. In der Pause kann man sich regenerieren und dann in aller Ruhe wieder ans Werk gehen. Wenn du hier von acht bis fünf herunterratterst, dann um Viertel nach sechs nach Hause kommst, guckst in den Kühlschrank rein, ‹Ach, du Scheiße, keine Milch für morgen›, rennst dann noch in den nächsten Laden, um ein Viertelliter Kondensmilch zu kaufen.
Ich würde schon gerne im Süden leben, doch muß das nicht Griechenland sein. In Deutschland ist es mir auf die Dauer zu bürokratisch; hier kannst du dir nicht erlauben, ein müßigeres Leben zu führen.»

Südliche Gaumenlust

«Ich habe noch keine Lust, nach Hause zu gehen. Wollen wir nicht noch zusammen essen gehen», fragt Yasemin. Wir beratschlagen, in welche Kneipe wir gehen könnten. Der Italiener an der Ecke ist zwar am nächsten, aber wir haben erst gestern Spaghetti gegessen, das indische Restaurant am Bahnhof ist uns zu teuer, für die großen Portionen beim Jugoslawen haben wir nicht genügend Hunger, Nikos, der Grieche, hat Betriebsferien, und so entschließen wir uns für Pepe, den Spanier.
«Wie, geht ihr nie deutsch essen?» fragt uns Yasemin verwundert. Tatsächlich, uns fällt auf, daß wir eigentlich nur von ausländischen Kneipen gesprochen haben. Und wir müssen zugeben, daß wir

kaum deutsche Lokale kennen. Auf dem Weg zu Pepe überlegen wir, woran das liegen mag.
Griechen, Spanier, Italiener und Jugoslawen übernehmen immer häufiger heruntergewirtschaftete oder unrentable Kneipen. In Hamburg, München, Stuttgart, Frankfurt und Berlin sind 25–30% der Lokale in ihrer Hand. In einzelnen Stadtteilen, z. B. in Hamburg, sind es sogar über 50%. Ein Inhaberwechsel macht sich oft nicht bemerkbar, außer an der Speisekarte. In der deutschen Stammkneipe, ja selbst im Schwimmbadrestaurant wird plötzlich griechisch gekocht. Nicht nur in den Uni-Städten, wo es Ende der sechziger, Anfang der siebziger Jahre unter den ans Mittelmeer gereisten Studenten «in» wurde, sich in der Pizzeria oder beim «Griechen» zu treffen, ist diese Bewegung zu beobachten. Auch in der Provinz sind Ausländer als Gastronome längst vorgedrungen.
Der Geschmack an ausländischem Essen hat sich durchgesetzt. Mit an der Spitze der Beliebtheitsskala stehen Italiener, Griechen, Spanier und Jugoslawen, aber auch Chinesen und Thailänder, selbst kurdische und japanische Restaurants sind entstanden. Nicht zu vergessen die argentinischen Steakhäuser, wenn es darum geht, ein großes Stück gutes Fleisch zu essen. Nicht nur für den studentischen Geschmack und den kleinen Geldbeutel ist die ausländische Gastronomie verlockend, auch in der hintersten Provinz prangt auf der Speisekarte im altdeutschen Ritterkeller mit bürgerlicher Küche «Bombaysteak mit Kiwi und peruanischem Gemüse».
Ein weiterer Grund für den Besuch der ausländischen Lokale sind die billigeren Preise; denn die Herstellungskosten für Nudelgerichte oder Pizza und auch der Einkaufspreis für griechischen Wein in 2-Liter-Flaschen läßt sich schwer unterbieten. Außerdem sind die ausländischen Kneipen meist Familienbetriebe, in der jeder oft bis zur Erschöpfung mitarbeitet. Ihre Lokale sind fast immer geöffnet und man bekommt auch um Mitternacht noch etwas zu essen. Die musikdurchsetzte Atmosphäre und die freundlichere Bedienung tun das ihre. Der Gast wird häufig mit einer kleinen Aufmerksamkeit umworben, einem Glas Ouzo, einem Metaxa und dem südlichen Charme und Akzent des Wirts.

Die südliche Gaumenlust, aber auch der levantinische Geschäftssinn machen sich bei vielen Gelegenheiten im deutschen Alltag angenehm bemerkbar. Da wird die «Demo» mit einer heißen türkischen Pizza, «Lahmacun», die von fahrenden Händlern verkauft wird, verkürzt. Beim Gang über den Flohmarkt bekommt man Durst bei den «Fanta, Mirinda, Coca-Cola»-Rufen der türkischen Knirpse und auch noch an der hintersten Kiesgrube gibt es einen Italiener, der bei sommerlicher Hitze unerschrocken über sich sonnende Nudisten kletternd Eis verkauft.

Inzwischen sind wir bei Pepe angelangt. Allabendlich ist die Kneipe überfüllt, da sie in Mode gekommen ist. Als die Besitzer, Arminia und Pepe, Anfang Zwanzig, aus Madrid, diese Kneipe übernahmen, war sie ein Treffpunkt für die «Unterwelt». Dieser Eindruck hat sich durch die Lage in einem häßlichen Nachkriegsgebäude erhalten. Zwei Jahre brauchten die beiden, um ein anderes Publikum zu bekommen. Jetzt trifft sich dort alles aus der linken Szene: Grüne, Punks, Rechtsanwaltskollektive, darunter auch ganz «normale» Spanier. Arminia ist für die Küche zuständig. Zu essen gibt es kleine spanische Gerichte, «Tapas»: Gambas in Knoblauch, Tortilla, Mu-

scheln, Oliven, Tintenfische ... Dazu trinkt man spanischen Landwein. Das Zentrum der Kneipe ist die verspiegelte Bar, an der Pepe, Anselmo und manchmal auch Angel bedienen.
Einmal im Monat ist Flamencoabend, dann tanzen und singen Anselmo und sein Freund José, beide als Tänzerinnen verkleidet, mit schwingenden Röcken und ständig wechselnden Kostümen zu klappernden Kastagnetten nach melancholischen Rhythmen des Gitarrespielers Juan. Das Publikum klatscht im Takt mit; darunter sind viele junge Spanier mit ihren deutschen Freundinnen. Ein spanischer Familienvater mimt dann schon mal den «Caballero», und auch seine Tochter geniert sich nicht, einen Flamenco hinzulegen.
Da wir heute abend recht früh in der Kneipe sind, setzt sich Pepe kurz zu uns. Er erzählt, daß er mit vierzehn Jahren nach Deutschland kam. Er war in Madrid im Internat; eigentlich wollte er die Schule fertig machen und einen «richtigen» Beruf erlernen. Seine Mutter, die alleine in Deutschland lebte, stellte ihn vor die Tatsache, daß er ihr nachreisen mußte. Der Mutter zuliebe willigte er ein. Hier in der Bundesrepublik sah er dann ein, daß er den größten Fehler seines Lebens begangen hatte, wie Pepe es heute nennt.

«Nichts mehr mit Schule und Ausbildung war möglich, den erstbesten Job zum Geldverdienen mußte ich annehmen, denn meine Mutter hatte viele Schulden.» Die Mutter ist inzwischen lange zurück, und er ist auf ihren Schulden sitzengeblieben. Damit ist an eine baldige Rückkehr für Pepe nicht zu denken. «Wenn man dort alles aufgegeben hat, keine Schule fertig gemacht und keinen Beruf hat, dann muß man mit etwas Gespartem in der Tasche zurückkehren, sonst bist du da niemand. Die Kneipe wirft aber nicht so viel ab, denn wir haben zwei Angestellte. Die Arbeit hier, das hältst du vielleicht ein paar Jahre durch, aber dann bist du auch total fertig. Es gibt ja Leute, gerade unter den Ausländern, die schmeißen so einen Laden ganz alleine. Aber mit der Zeit schlägt das auf die Gesundheit und die Nerven. Vormittags mußt du früh auf den Fischgroßmarkt, dich um die besten Fische kloppen, dann zum Gemüsemarkt. Wenn man zu spät kommt, bekommst du nichts mehr, also nichts mit lange Ausschlafen. Aber das können sich die Gäste nicht vorstellen, wenn du nachts pünktlich zumachen willst. Mittags heißt es dann die Kneipe in Schuß bringen: Toiletten putzen, Stühle runter, Aschenbecher auf die Tische, Rolläden hoch, Fenster auf ... Dann kommt der Getränkelastwagen, da mußt du Kisten schleppen. Dann das Essen vorbereiten, Fische putzen, Salat schneiden, Kartoffeln schälen ... Und schon sind die ersten Gäste da! Um neun Uhr ist Hochbetrieb, und das geht bis ein Uhr. Nur rennen, Wein einschenken, Bestellungen entgegennehmen; einer schreit nach mehr Brot, einer will unbedingt andere Musik; irgendein spanisches Lied, das er im letzten Urlaub gehört hat ... Gut, auch auf Sonderwünsche gehen wir ein! So geht es die ganze Nacht; da bist du froh, wenn die letzten Gäste endlich aus der Kneipe sind. Und dann mußt du noch putzen, Gläser und Geschirr spülen. Wenn du das alleine packen willst, drehst du durch. Das bringt es auch nicht. Wir haben es in der ersten Zeit zu zweit versucht, waren überreizt, dann blieben die Gäste weg. Also teilen wir uns die Arbeit mit zwei Angestellten, und dann ist auch noch genügend zu tun. Durch das Essen verdienen wir genug. Pro Abend gehen genügend Teller weg. Die Deutschen haben sich inzwischen daran gewöhnt, daß man zu Wein

und Bier immer eine Kleinigkeit ißt. Wir Südländer gehen nicht nur zum Trinken in die Kneipe. Das ist auch viel vernünftiger. Wie ich mit den deutschen Gästen auskomme? Viele, die kommen, wollen ihren Urlaub hier wiederfinden oder ihre Urlaubserinnerung auffrischen. Die bringen dann schnell den Vorwurf, ‹in Spanien ist alles viel billiger und die Tortilla viel größer, der Wein schmeckt auch besser ...› Bei solchen Nörglern kann ich nur sagen, ‹natürlich, wenn ich in Spanien auf den Markt gehe, ist alles viel frischer und die Preise günstiger. Aber schließlich leben wir in Deutschland.› Einigen kann man es nie recht machen. Für alles Spanische wird geschwärmt, und hier kann nichts mithalten, aber wenn ich dann wirklich so kochen würde, wie es in Spanien üblich ist, ist ihnen alles zu scharf, zuviel Knoblauch ... Natürlich möchte auch ich lieber meinen Gästen den echten spanischen Schafskäse anbieten und nicht den billigen Gouda. Aber da müßtet ihr mal hören, was sie zu den Preisen sagen würden. Manche Gäste möchten genau das essen, was sie in Spanien als ‹typische Spezialität› vorgesetzt bekommen haben. Weiß der Himmel, was denen da angedreht wird. Sie werden jedenfalls manchmal ganz schön übers Ohr gehauen. Und dann wollen sie mir weißmachen, daß ich kein richtiger Spanier mehr bin! Inzwischen gibt es bei uns auch schon den ‹griechischen Bauernsalat›. Und das in einer spanischen Kneipe! Einfach deshalb, weil er dauernd verlangt wird. Dabei soll es den in Griechenland auch erst seit dem deutschen Massentourismus geben, hat mir mein griechischer Freund Vasili erzählt. Es gibt auch Gäste, die nach ihrem Spanienurlaub hier ganz verklärt sitzen, nur Flamenco hören wollen und ganz stolz ihr Bier auf Spanisch bestellen. Wenn ich sie in Spanisch verabschiede, leuchten ihre Augen.»
Pepe wird unterbrochen durch ein Paar am Nebentisch, die, eben noch sehr zärtlich miteinander, zahlen wollen. «Getrennt oder zusammen», fragt Pepe. Auch sie zahlen nach «deutscher Art», wie das Getrenntzahlen in den Mittelmeerländern bereits genannt wird. «So etwas wäre bei uns unmöglich. Dieses kleinliche Verhalten, daß jeder für sich bezahlt, gibt es bei uns nicht», sagt Pepe und auch Yasemin stimmt ihm zu.

Morgens um sechs weckt mich ein lautstarkes, langgezogenes «Uaah» aus dem Schlaf. Ach ja, die 12 qualifizierten polnischen Steinmetze in der Etage unter uns müssen zur Arbeit. Während ich wieder einschlummere, höre ich noch das Gerumpel der leeren Mülltonnen und arabisch-türkisches Gemurmel. Na also, die ausländischen Kollegen bei der städtischen Müllabfuhr tun auch diese Woche ihren Dienst! Um 7.30 Uhr weckt mich dann endgültig das Läuten des Telefons. Meine türkische Freundin Suna erzählt mir aufgebracht, daß jetzt auch bei ihnen in der Firma, wo sie täglich Rasierapparate zusammensetzt, Kurzarbeit eingeführt wird. Und das, nachdem wir gerade ihre Kündigung durch die Tatsache abwimmeln konnten, daß sie ein sozialer Härtefall ist, mit fünf Kindern und einer durch einen Betriebsunfall verletzten Hand. Ich bin nun endgültig wach und stehe auf. Espresso fürs Frühstück ist zwar noch da, dafür keine Milch, und auch die Zeitung ist mal wieder geklaut. Ich gehe zum nächsten Kiosk an der Ecke. Der Besitzer, ein Ungar, macht mir mit seinem k.u.k.-Charme gleich gute Laune. Den fehlenden Liter Milch hole ich beim Türken um die Ecke, wobei man gleich einen Schwatz mit der ganzen Familie halten kann und so den neuesten türkischen Klatsch erfährt. Ich bin nun wirklich froh, so früh auf zu sein, wenn ich sehe, daß die spanischen und italienischen Dachdecker im Nachbarhaus bereits bei ihrer zweiten Frühstückspause sind. Ich scheine ihnen Anlaß zu geben, an mir ihre Pfeifkünste auszuprobieren. Auch die bescheidene Türkin mit ihrem Handkarren ist wieder unterwegs, um für das Altenheim nebenan die Einkäufe zu erledigen. Allmorgendlich lächeln wir uns wie zwei alte Bekannte zu. Endlich sitze ich beim Frühstück. In der Zeitung stehen mal wieder nur Horrorberichte über die geplanten Verschärfungen in der Ausländergesetzgebung, dazu noch die Folterberichte aus der Türkei und der Mord aus Eifersucht eines Türken in der Elbestraße, der seinen mutmaßlichen Nebenbuhler inmitten einer Kartenspielerrunde aus dem Wege schoß.

Ich bin verabredet und hole meine Freundin an der Haltestelle ab.

Während sie aus der Straßenbahn steigt, starren die mit mir wartenden pakistanischen Asylanten auf ihre «nackten» Knie unterm Minirock. «Pfui!» Sie erzählt genervt, daß ihr ein älterer Ausländer kurz vorher in den Hintern gekniffen und durch seine Goldzähne völlig selbstbewußt «ficki-ficki» zugeflüstert hat. Zu zweit müssen wir nun doch darüber lachen.
Auf der Zeil ist schon reger Betrieb. Drei Viertel der Käufer sind Ausländer. Vor den Ständen mit frischem Obst und Gemüse drängeln sich aufgeregt schnatternde ausländische Hausfrauen, um die besten Tomaten zu ergattern. Schnell machen wir noch einen Abstecher bei der AOK. Die Atmosphäre gleicht der auf einem Busbahnhof in Anatolien. Überall Gruppen von Leuten, die geduldig warten. Meine Freundin braucht dringend einen Krankenschein, denn morgen hat sie einen Termin bei dem Zahnarzt, wo die nette Italienerin arbeitet, die viel lieber Deutsche sein möchte. Warum wohl? Als Deutsche kommen wir bald bevorzugt dran und rauschen mit dem Krankenschein in Richtung Bahnhofsviertel davon. Wir stärken uns erst mal in der italienischen Eisdiele mit einem zweiten Kaffee. Hier sitzt man herum, liest Zeitung, palavert ein paar Brocken Italienisch; griechische Pelzhändler zählen derweil ihr Geld. Im «City Bazar», einem Ladenzentrum ausschließlich für Türken, leihen wir uns einen türkischen Videofilm aus. Dabei erfahren wir, daß es demnächst einen schwarz kopierten, bei uns in den Kinos mit Erfolg laufenden Film von Yilmaz Güney geben wird. Wir fühlen uns hier wie in Istanbul: zwei deutsche Touristinnen unter lauter Türken. Ismail, der Videoverkäufer, ein ehemaliger Sprachschüler von uns, erzählt, daß es einen «Boom» von ausländischen Cafés gäbe, da immer mehr arbeitslose Männer ihre Zeit und ihr weniges Geld beim Kartenspiel und Tavli verbringen, nicht zuletzt um dem Kindergeschrei zu Hause zu entgehen.
Vermummte orientalische Gestalten sitzen im Reisebüro «Maşallah» und warten auf das Ticket einer arabischen Chartergesellschaft für die Pilgerreise nach Mekka. Die Tarife sind selbstverständlich in Arabisch und Türkisch angeschlagen. Im ersten Stock des Bazars stolpern wir über zahlreiche Schuhpaare, die in Reih und Glied or-

dentlich vor einer Tür stehen. Ach ja, heute ist Freitag und in dem als Moschee genutzten Raum hat sich die Gemeinde zum Gebet versammelt. Um den Pflichten des gemeinsamen Mittaggebets nachzukommen, verläßt auch der geschäftstüchtigste Moslem seinen Laden. Frauen ohne Kopfbedeckung sind hier nicht erwünscht, und wir verziehen uns. Nach dieser Episode stärken wir uns an einem Stand mit frischen Croissants. Ein muffliger Marokkaner fragt nur: «Mit oder ohne?» Wir entschließen uns für «Mit Schoko». Unseren Durst stillen wir mit von einem Pakistaner frisch ausgepreßten Kiwi- und Ananassaft. Auf einen Sprung schauen wir in dem «3. Welt-Laden» vorbei, den Antonio, ein chilenischer Emigrant, betreibt. Wir kaufen dort Nicaragua-Kaffee und Ceylon-Tee. Bei einem Probetrank der neuesten Teesorte aus Darjeeling sind wir bald in ein Gespräch verwickelt. Antonio erzählt uns, daß es mit der Solidarität der Linken mit der 3. Welt auch nicht mehr weit her sei. Bei jedem Kauf werden seine Preise für Körbe und indische Röcke mit denen von «Woolworth» verglichen. Daß die eine Mark, die es bei ihm mehr kostet, als Spende in die Herkunftsländer fließt, um dort bestimmte Projekte zu unterstützen, tröstet kaum einen Käufer. Da wir noch ein Verlobungsgeschenk für unsere griechische Freundin Georgia kaufen wollen, schauen wir uns im Laden um. Man kann zwar inzwischen chinesische Eßstäbchen, Schatzkästchen aus Südseemuscheln und Lampions aus japanischem Reispapier in jedem Kaufhaus erstehen, aber die handgeschnitzten kolumbianischen Eierbecher aus Bambus gibt es nur bei Antonio. Mittlerweile ist es später Nachmittag und wir genehmigen uns im amerikanischen Drive-In einen Orient-Hamburger und eine Fallafel, eine jüdisch-arabische Spezialität, bestehend aus einer Brottasche mit Salat, Sojabällchen und scharfer Soße; bedient wer-

den wir von einem Inder, dessen Frau im Sari im Hintergrund unauffällig die Gläser spült. Während wir in unsere Brottaschen beißen, öffnen sich gegenüber die Tore der Fabrik: es ist 16 Uhr. In Scharen strömen, in vielen Sprachen durcheinander redend und temperamentvoll gestikulierend, hauptsächlich junge Mädchen und Frauen heraus. An ihrem südländischen Äußeren sieht man, daß es sich vor allem um Ausländerinnen handelt. Eine Gruppe junger Mädchen löst sich aus der Menge und steuert winkend auf unser Drive-In zu. Es sind Gülistan, eine Kurdin, und ihre Freundinnen, die alle als Löterinnen in dem Betrieb arbeiten. Sie haben bereits einen 8-Stunden-Tag im Akkord hinter sich, unterbrochen durch die Mittagszeit und einigen kurzen Zigarettenpausen. Lange aufhalten können sie sich nicht, denn vor dem kleinen Putzjob, den jede zusätzlich hat, muß noch der Einkauf für die Familie erledigt werden. Auch wir brechen auf.

An der nächsten Ampel, an der wir warten, schlängelt sich während der Rotphase ein Ceylonese mit den noch druckfeuchten Abendausgaben verschiedener Zeitungen zwischen den Auspuffgasen der wartenden Autoschlangen umher, um sich bei der nächsten Gelbphase wieder flink vor den bereits gasgebenden Autos auf das Trottoir zu flüchten. Wir rechnen uns aus, daß er unter Einsatz seines Lebens und dem Ruin seiner beiden Lungenflügel mindestens zehn Jahre arbeiten muß, um sich in Ceylon eine Hütte bauen zu können.

Nach all dem Stress beschließen wir den Abend in einem typischen Frankfurter Apfelweinlokal mit deutscher Schrammelmusik, «Handkäs mit Musik» und der vielgepriesenen «Gemütlichkeit». Doch wer lugt da aus der Küche hervor: zwei Pakistaner, die «Frankfurter Rippche» klopfen.

Strandcafe
Ger
hard
muß
raus

7. KAPITEL

Kalte Heimatgefühle

Schlußgedanken

Im Zeitalter der Industrialisierung und der Bedrohung durch einen dritten Weltkrieg scheint es uns sinnvoll, auf die Gebrochenheit des Heimatbegriffs einzugehen. Hat der Begriff Heimat noch etwas mit uns zu tun? Für uns im Nachkriegsdeutschland Geborene hat das Wort Heimat noch immer den unangenehmen Beigeschmack der Blut-und-Bodenideologie der Nationalsozialisten. Familie, Volk, Nation, Vaterland und «Das Reich» wurden gleichgesetzt mit Heimat. Die Nazis, für die die eigene Heimat unantastbar war, eroberten rücksichtslos die Heimat anderer, um sie sich zu eigen zu machen. Das Recht auf Heimat galt nur für Deutsche und nicht für andere Völker.

Heimat ist auch heute noch entweder vom falschen Pathos besetzt oder erinnerungsverklärt. Wer seine Heimat verloren hat, redet gerne und idealisierend von ihr.

So machen in den achtziger Jahren die Verbände der Heimatvertriebenen der Sudetendeutschen, der Schlesier etc. noch immer ihren Anspruch auf die «alte Heimat» geltend. Und auch heute noch hört man bei der Bundeswehr die bereits in zwei Weltkriegen erprobten

Lieder: «Nun ade, du mein Heimatland, lieb Heimatland» und «In der Heimat, in der Heimat, da gibt's ein Wiedersehn».

Für Jugendliche in einem Land mit von Säureregen zerfressenen Wäldern, vergifteten Flüssen, verseuchten Nahrungsmitteln, ohne Zukunftsperspektive reduziert sich Heimat immer mehr auf eine geographische Lokalisierung. Dagegen scheinen Ausländer in der Bundesrepublik oft einen ungebrocheneren Heimatbegriff zu haben; unserer Ansicht nach neigen sie dazu, ihre Heimat zu schnell zu idealisieren. Sie haben die vertraute eigene Welt eingetauscht gegen eine fremde Welt, in der sie immer noch isoliert sind und in der sie sich zunehmend bedroht fühlen. Das Leben in der Fremde läßt sie die Heimat verklären, obwohl sich die «alte Heimat» inzwischen verändert hat. Für die hier aufgewachsenen jungen Ausländer ist es schwierig, ihre Heimat geographisch und emotional eindeutig festzulegen. Sie müssen für sich den Begriff Heimat neu bestimmen. Damit unterscheiden sie sich nicht sonderlich von den jungen Deutschen. Beide Gruppen werden sich *ihre* Heimat noch zu eigen machen müssen.

Wir haben deutsche und ausländische Freunde befragt, wo *ihre* Heimat ist:

Heimat ist für Dolly da, wo sie geboren ist und ihre Verwandten wohnen.

Heimat ist für Frau Dönmez das erste Glas Tee hinter der türkischen Grenze.

Heimat ist für Alfred, mit Freunden allabendlich in der Wieland Stubb ein Bier zu trinken.

Heimat ist für Pepe ein selbst gefangener Fisch aus dem Gebirgsbach seiner Kindheit.

Heimat ist für Wolfgang die Wiese, wo er laufen lernte.

Heimat ist für Münevver ein Tag im türkischen Frauenbad.

Heimat ist für Renate der Ort, wo die Menschen leben, die ihr am nächsten stehen, ihre Söhne und ihre Freunde.

Heimat ist für den Rückkehrer Ahmet aus Izmir, eine Tasse Tschibo-Kaffee in Kiel zu trinken.

Heimat ist für Max, im Bett liegend Händel zu hören.

Heimat ist für Anna das, was sie nie hat und wonach sie immer sucht.
Heimat ist für Mario, wie eine Schwalbe in den Lüften zu treiben.

P. S. Das letzte Wort in Ernst Blochs «Prinzip Hoffnung» ist Heimat: «... etwas, das allen in die Kindheit scheint und worin noch niemand war: Heimat.»

Peter: «Heimatlosigkeit, okay»

Peter, 25 Jahre alt, Tscheche, ist ein bekanntes Gesicht in der Frankfurter Musikszene, die sich in Kneipen wie Cooky's, Batschkapp oder der Gallus-Disco trifft. Peter studiert Architektur und fährt nachts Taxi.

«Wir sind in der Tschechoslowakei ziemlich viel herumgefahren, weil mein Vater ein kleiner Schieber war, auch politisch ist er da verfolgt worden, es ist nicht einfach gewesen. Es war für mich kein persönliches Problem zu emigrieren, im Gegenteil, es war sehr reizvoll, woanders hinzugehen. Mein Vater bedauert es wahrscheinlich sehr. Mir geht es hier besser, das beruhigt ihn ein bißchen. Aber eigentlich würde er lieber in der Tschechoslowakei sein. Er hat den größten Teil seines Lebens dort verbracht. Meine Mutter hat es mitgemacht, weil sie sich eine bessere Zukunft für mich erhofft hat. Ausreisen kann man als Tscheche schon, man muß eine Bewilligung haben, das Visum kriegt man ziemlich einfach, aber das geht nur bei Leuten, die zurückkehren, also einzelnen Familienangehörigen, Müttern oder Vätern. Wir sind ein halbes Jahr in Österreich geblieben, dann sind wir nach Deutschland.

Ich bin ziemlich antiautoritär erzogen worden. Meine Mutter ist gelernte Schneiderin, die jobbt jetzt so rum. Mein Vater ist Rentner, der war Gastwirt. Der hat auch in Konstanz eine tschechische Kneipe aufgemacht. Ich habe ein gutes Verhältnis zu meinen Eltern. Spießig sind sie nicht, aber es ist eng zu Hause. Ich habe mich dann irgendwann mal losgemacht; die Eltern sind in Süddeutschland, ich bin weg. Eine Zeitlang habe ich in Tübingen Philosophie studiert. Damals war Bloch noch da. Ich dachte, daß ich da an den rankomme, es ist aber nicht passiert, der war schon über 90. Der hat Kolloquien gehalten, aber da war ich noch nicht soweit. Gerade dieses Kleinstädtische hat mich irgendwann mal gestört und deshalb bin ich dann weg. Es war genauso muffig wie irgendwo, wo man sich zu Hause fühlt. Da, wo man sich zu Hause fühlt, die Heimat, das ist gleichzusetzen mit Muff. Ich lehne das bewußt ab und würde das auch jedem empfehlen.

Wie ich dazu kam, Philosophie zu studieren? Ich habe natürlich vorher schon was gelesen, was angelesen, aber das war wirklich nicht genug. Ich wollte eine Übersicht haben und vielleicht einen Halt finden, den ich durch die Heimatlosigkeit verloren habe; das ist jetzt zu extrem gesagt, aber so eine Identitätslosigkeit, die dadurch aufgekommen ist. Durch die Heimatlosigkeit, durch Traditions- und Kulturlosigkeit fühle ich mich keinem Kulturkreis zugehörig.

Und dadurch ist auch so ein ‹In-der-Luft-hängen-Gefühl› entstanden, aber das ist gut; ich will mich jetzt nicht beschweren. Ich denke, daß die anderen Menschen ziemlich stark örtlich, lokal fest-

hängen und das ist, glaube ich, bei den meisten Leuten, die so doppelt aufgewachsen sind, nicht so. Einerseits bedeutet das mehr Freiheit, andererseits ein bißchen Haltlosigkeit. Ich versuche zu vermeiden, mir eine Heimat einzurichten: ich habe ein kahles Zimmer, vieles rausgeschmissen. Meine Bücher? Nee, die haben meine Eltern. Inzwischen sind kahle Wände auch etwas modisch. Ich finde, es ist besser, bewußt identitätslos zu sein, als unbewußt eine falsche Identität zu haben. Zum Beispiel diese Punksachen, das ist ja auch eine Identitätssuche, die sich dann irgendwann aufbraucht. Eine Identität als Punk habe ich nicht, die ist mir zu ungemütlich. Mir ist wohler in meiner Nichtidentität. Vielleicht ist es auch aus der Not eine Tugend machen, aber ich glaube es eigentlich nicht. Es ist bei mir vielleicht auch eine Illusion, eine Utopie, aber ich versuche das zu verfolgen, zumindest im Moment. Es fällt mir nichts anderes ein, was ich machen könnte. Ich glaube schon, daß meine Bekannten mich als sehr unverbindlich einschätzen, aber ich finde das gut, denn auch wenn man verbindlich ist, kann man trotzdem alles falsch machen. Das kriegt man ganz schnell zu spüren.
Ich kann mich in der Zwischenzeit in Deutsch viel, viel besser ausdrücken als in Tschechisch. Ich fühle mich sogar unwohl, wenn ich Tschechisch reden muß. Zum Beispiel jetzt, als ich drüben war; ich bin einfach nicht so schnell wie die. Kann die meisten Witzchen nicht machen, ich kann mich mit den Leuten kaum auf einer Ebene unterhalten. Das geht einfach nicht, die sind viel schneller, findiger und besser in der Sprache. Und: das Deutsche ist mir auch deshalb lieber, weil das viel emotionsloser für mich ist. Das ist so eine Konstruktionssprache für mich, eine nachträglich erlernte Sprache, zu der ich mich ganz anders verhalten kann, die viel weniger emotionale Werte enthält. Distanz zur Sprache ist dadurch da ...
Letztens war ich in der Tschechoslowakei, aber das war, zumindest habe ich mir es vorgenommen, das letzte Mal. Es ist mir einfach zu blöd! Es bringt mir absolut nichts Neues mehr, und es ist nur Stress. Ich habe mir gedacht, daß ich doch noch mehr an der Tschechoslowakei hänge, als mir bewußt ist, und dann bin ich hingefahren, und ich glaube, es ist nicht so; ich habe kein Verhältnis mehr zur Tsche-

choslowakei oder genauso wie zu Deutschland oder anderen Orten. Es ist ein anderes Bewußtsein dadurch entstanden, ich bin nicht mehr gebunden an irgendwas.
Ich freue mich, wenn ich jemandem aus einem Ostblockland begegne. Ich interessiere mich dafür, was da passiert, was das für Leute sind. Du erkennst sie am Akzent. Auch äußerlich kann ich sie erkennen. Nicht hundertprozentig, aber so bestimmte Physiognomien. Aber ich sehe sie nicht mit irgendwelchen wärmeren Gefühlen ... Ich habe vielleicht mal die Illusion gehabt, aber wie gesagt, ich war jetzt da ein paarmal drüben, und davon bin ich geheilt worden. Es läßt sich eben nicht durch die Herkunft ableiten. Es gibt einfach Leute, die eine ähnliche Anschauung haben wie ich, die Türken oder Deutsche sind. Das ist für mich eher ein Unterscheidungskriterium für Freundschaft als die Nationalität.
Taxifahren ist sicher so eine Identitätsbildung, davon ist da was mit drin. Ich komme vom Taxifahren auch nicht weg, das stelle ich immer wieder fest. Ich werde es bestimmt noch eine Zeitlang machen, gerade aus dem Grund, weil es total unverbindlich ist. Es ist ein Beruf, wo man anruft, fährt und mit unheimlich vielen Leuten, mit denen man nichts zu tun hat, hin und her flitzt.
Meine Eltern? Die sind zufrieden mit mir. Das ist alles okay und vernünftig. Ein Architekturstudium mache ich seit zwei Semestern mit großem Erfolg. Es hat was mit Ästhetik zu tun, wie Menschen wohnen.
Ich bin inzwischen fünf Jahre in Frankfurt. Ich bin deshalb hierher gekommen, weil hier mehr los war als in anderen Orten: Aufbruch, Revolution, das undogmatische Moment natürlich ... Frankfurt, das ist Heimat geworden auch durch Taxifahren und Erfahrungen, Erlebnisse, die ich hier gemacht habe. Aber es soll nicht so sein. Ich will es nicht! Diese Gebundenheit, diese Einschränkungen, das paßt mir einfach nicht, ich möcht mich schon jederzeit verpissen können. Wo ich hin wollte? Das weiß ich eben nicht. Das hängt sicher damit zusammen, daß ich hier schon zu fest bin. Das ist schon schwierig, wenn man einen festen Bezug zur Stadt hat. Ich kenn mich hier wunderbar aus.»

Michael: «Die Heimat trägt man immer in sich»

Michael, 29 Jahre alt, geboren in Kreta, kam als Jugendlicher zu seiner Familie nach Berlin. Er lebt in einer Männerwohngemeinschaft und arbeitet als Operator. Durch Besuche von Lehrgängen qualifiziert er sich in diesem Beruf weiter.

«Ich habe in meinem Leben in Deutschland wenig getan, um mich als Ausländer zu integrieren oder um mich zu wehren gegen Ausländerfeindlichkeit. Ich kam hierher als Teenager, da habe ich das gar nicht gecheckt. Als ich älter wurde und politisch mehr kapiert habe, sah ich, was zwischen Ausländern und Deutschen läuft. Es hat mich persönlich aber nicht betroffen, das lag vielleicht daran, daß ich inzwischen etabliert war in Deutschland, fast ausschließlich deutsche Freunde hatte. Bei mir sieht das so aus, daß ich mir vor einigen Jahren noch gar keine Gedanken gemacht habe, nach Griechenland zurückzugehen. Ich dachte, ich bleibe in Deutschland, bzw. ich dachte gar nicht darüber nach. In der letzten Zeit, wenn ich im Süden bin, spüre ich schon den Wunsch, mich da irgendwann niederzulassen. Ich denke dabei automatisch an Griechenland, weil ich aus Griechenland komme, weil ich die Sprache kann, Freunde

und Familie habe. Was mich in den Süden zieht? In Deutschland läuft viel Gutes ab, z. B. gibt es in Deutschland unter den Menschen ein ungeheures intellektuelles Leben. Ich habe so eine Zeit gehabt, wo mich das angezogen hat, weil ich hier ständig gelernt habe. Im Süden ist das Leben weniger intellektuell. Die Leute dort reden von vielen Dingen, die man hier nicht für wichtig hält, aber das ist viel emotionaler, viel lebhafter. Das zieht mich jetzt an. Früher war das nicht so, da dachte ich, in Deutschland ist mehr zu holen für mich. Das Leben hier schien mir mehr zu geben, weil es spannungsreicher ist. Die deutsche Jugend z. B. ist ihrer Zeit gegenüber sehr aktiv. In Italien und Griechenland haben die Jugendlichen ihr Motorrad, gehen in die Disco, aber es gibt nicht so viel politische Auseinandersetzung. Die Generationskonflikte dort sind nicht so ausgeprägt wie in Deutschland. Es ist ein reicheres Spannungsfeld hier, und dieses Spannungsfeld hat mich eine Zeitlang angezogen.
Jetzt zieht mich die einfache südliche Mentalität an. Zwar nicht so stark, daß ich alles packen würde, um nach Griechenland zu fahren, aber ich bin zum erstenmal mit dem Gedanken vertraut, daß ich in dieser südlichen Atmosphäre mal wieder mein Heim finden kann. Das hat absolut nichts mit Bitterkeit gegen das Leben in Deutschland zu tun, auch nichts mit Angst vor Ausländerfeindlichkeit oder Isolation.
Heimat ist für mich in erster Linie der Bezugspunkt einer Person, die Beziehung zu sich selbst, die ein Mensch braucht, um sich zu entwickeln, seine Persönlichkeit aufzubauen. Insofern ist Heimat in ihrem eigentlichen Sinne nicht ortsgebunden. Ich glaube, daß Zigeuner und Nomaden die intimste oder intensivste Auffassung von Heimat in sich tragen, gerade weil sie ja ständig auf der Wanderschaft sind. Bei sich zu sein, einen Weg zu haben im Leben, die Selbstverwirklichung, die Suche nach dem Ich, dieser Wunsch manifestiert sich in ihrer alltäglichen Lebensführung stärker und ungebundener.
Eine Gesellschaft, die Männer erzieht, die mit 25 Jahren eine Karriere angefangen haben, das heißt in den meisten Fällen einen unabänderlichen Weg genommen haben, damit habe ich überhaupt

nichts zu tun und habe auch keinen Gedanken daran, daß mir dadurch etwas fehlt. Mein Beruf ermöglicht mir, in beiden Ländern zu arbeiten; mit der Berufsausbildung in Deutschland habe ich in Griechenland besondere Chancen, weil sie denken, das sei etwas Besseres. Aber das ist für mich nicht wichtig. Wichtig ist für mich, das ‹Heimatliche› in einem Menschen. In erster Linie ist für mich Heimat das Werden, das, was man in sich drin hat. Es gibt für mich keine kalte Heimat, denn dann ist es keine Heimat. Heimat ist für mich immer warm. Es ist ein Gefühl der Wärme und der Vereinigung der eigenen Kräfte. Ein Ziel, das man sich nicht gewollt setzt. Ich habe nicht gedacht, daß ich Operator werde. Ich habe nicht gesagt, ich will das jetzt lernen, um das später in Griechenland auszuüben. Diese Sachen mache ich gerne, ohne daß ich das Ziel festgelegt habe. Kann sein, daß ich noch lange hier bin, kann sein, daß ich im nächsten Jahre nicht mehr Operator bin, sondern in der Disco arbeite, hinter der Bar oder sonstwo.
Indem ich den Weg nach Süden nehme, wenn dieser Weg dem entspricht, wozu ich gerade veranlagt bin, dann ist das meine Heimat. Wenn ich hier bin, weil ich mich dazu veranlagt fühle, dann ist das auch meine Heimat. Mache ich das nicht, auf Grund von Zwängen, von Umständen, die das nicht begünstigen, dann bin ich heimatlos, dann bin ich kalt, gefühllos, traurig, deprimiert. Das Wichtigste war, um mich heimisch zu fühlen, daß ich gute Freunde gefunden habe, dir mir noch heute ermöglichen, daß ich mich zu Hause fühle. Ich habe meine Herkunft nie als Eigenschaft von mir betrachtet. Grieche sein heißt für mich, in Griechenland von griechischen Eltern geboren zu sein. Das ist mehr oder weniger ein Zufall. Ich neige nicht dazu, Leute nach ihrer Nationalität zu kategorisieren. Ich akzeptiere schon bestimmte Eigenschaften der Völker, aber ich weigere mich trotzdem, einen einzelnen Menschen in der Kategorie Grieche oder Italiener einzuordnen.
Mich zieht die Art und Weise an, wie die Menschen im Süden so locker über die kleinen Sachen des Lebens plaudern und sich darüber freuen. Diese warme, emotionale Seite zieht mich jetzt stärker an. Früher hat mich das deutsche Geordnete, das analytische Den-

ken angezogen. Ich habe mir davon viel angeeignet, das hat mir irgendwo auch gut getan. Ich habe das Land gelernt zu lieben, weil hier unheimlich viel passiert. Ich mag die Spannung, die existiert, auch wenn sie ihre negativen Seiten hat.
Meine Geschwister sind im Umkreis der Familie geblieben, die haben sich ganz anders entwickelt. Sie kennen mehr Griechen als Deutsche. Als ich hierher gekommen bin, gab es schon die ersten Auseinandersetzungen in der Familie, weil ich spät nach Hause kam. Ich bin bald ausgezogen, weg von Berlin, nach Westdeutschland. Ich hatte danach jahrelang keinen Kontakt mehr mit meiner Familie, jetzt bin ich wieder öfters in Berlin. Mir hat es gutgetan festzustellen, daß meine Familie mich noch liebt und ich sie auch lieben kann. In der Zeit, wo ich keinen Kontakt hatte mit ihnen, wollte ich auch nichts mit Griechenland und Griechen zu tun haben. Seit ich wieder mit meiner Familie zusammen bin, habe ich auch wieder den Wunsch, nach Griechenland zu reisen, und es gefällt mir dort auch wieder. Dieser Abstand, den ich genommen habe, war auch in meiner Entwicklung wichtig, der hat Früchte getragen.
Du bist heimatlos, wenn du das, was du in dir hast, nicht erkennst. Es gibt Menschen, die ein vorgeschriebenes Leben führen, die können genausogut in Deutschland geboren sein und dort auch leben oder in Griechenland und trotzdem heimatlos sein, weil sie sich von sich selbst entfernt haben. Die gehen nur Zielen nach, die vorgeschrieben werden: in der Schule, später im Beruf, der Aufstieg, das Geldverdienen. Dann kommen die Ersatzbedürfnisse. Ihre eigenen Bedürfnisse haben die Leute eigentlich nie befriedigen können, weil sie sie nicht in sich erkannt haben. Ein schönes Auto kaufen oder ein schönes Haus bauen, das ist für mich ein Ersatz für die Heimatlosigkeit, der die Leute verfallen sind, auch wenn sie in ihrem Heimatland leben.
Ich habe auch viele Dinge im Leben gemacht, die nicht von mir direkt kamen, sondern verbunden waren mit Erwartungen, die jemand anderes, eine Person oder die Gesellschaft, an mich gestellt haben. Die Erkenntnis, zu wissen, was einen befriedigt, ist das

Wichtigste: das ist mein Weg, das ist meine Heimat. Diese Heimat trägt man immer in sich, ob man in Deutschland oder Griechenland ist. Auch als Ausländer in Deutschland kann ich in meiner Heimat sein, solange ich meine innere Heimat in mir trage, ich auf dem Weg zur Selbstverwirklichung bin, welche Erscheinungsformen sie auch immer annehmen mag. Heimat hat mit Ungebundenheit und mit ständiger Erneuerung mehr zu tun als mit Gebundenheit und sei sie eine örtliche. Heimat heißt, mit sich selbst befreundet sein. Wie ich mich finden kann? Heute habe ich mehr Bereitschaft, das auszuleben, was in mir gerade passiert, und sei es etwas Unangenehmes, z. B., du wirst wütend, weil etwas passiert, was dich außer Fassung bringt, aus dem Gleichgewicht, aus dir selbst. Diese Wut kannst du unterdrücken, dann bleibst du noch länger außerhalb deiner ‹Heimat›. Lebst du die Wut aus, stirbt diese Wut, sie hat sich ausgelebt. Das ist z. B. ein Weg, wieder zu sich zu finden. Du leidest? Ich habe gelernt, dieses Leid auszuleben. Ich habe heute keine Angst mehr vor Depressionsphasen, insofern habe ich auch viel weniger Depressionsphasen als früher. Wenn ich down bin, dann denke ich, ‹gut, das ist jetzt eine Etappe des Wegs›. Ich kann mich ablenken, indem ich in die Disco gehe, aber ich weiß heute, ich lebe das aus. Das hat nichts mit Sichgehenlassen zu tun, es hat etwas mit Bewußtheit zu tun. Ich denke nicht darüber nach, was es für ein Bild macht, wenn ich wütend bin. Ich habe auch nicht vor, ein guter Mensch zu sein. Es ist mir lieber, ich gelte als herzlos, als daß ich neurotisch werde, indem ich ein Trugbild von mir pflege, von dem ich annehme, daß es *anderen* besser paßt als mein wahres Ich und ich so nicht mehr mit mir zurecht komme, weil ich ständig meine Gefühle unterdrücke. Das Ausleben der verschiedenen emotionalen Situationen ist sehr wichtig, um wieder zu mir zurückzufinden, um wieder das warme Heimatgefühl zu finden. Zwangssituationen bringen dich schnell aus der Heimat. Wenn man etwas nicht will, muß man es dem anderen auch klar sagen, auch wenn es nicht immer leicht fällt, ja, selbst wenn es vielleicht verletzt.

Die Heimatlosigkeit der Menschen, die sich hinter einer Situation verstecken, die das ganze Leben lang anhält, ohne Inhalte, das ist

Heimatlosigkeit, das ist Fremde. Das ist kalte Heimat oder keine Heimat. Das kann für einen Deutschen in Deutschland geschehen und für einen Amerikaner in Amerika.
Heimat hat in dem Bewußtsein der Menschen sehr viel mit Grenzen zu tun, und Grenzen sind für mich da, um überschritten zu werden.
Das Überschreiten von Grenzen und das Hinübergleiten in neue Räume oder Lebenssituationen ist unentbehrlich für die geistige Entwicklung jedes Menschen. Es gibt sogar ein Wort dafür. Das heißt Transzendenz. Aber dafür gibt es sicher andere Bücher.
Immer wenn du einen Raum verläßt, eine Grenze überschreitest, ist Spannung drin, ist Entscheidungskraft erforderlich und immer heißt das, ein Stück verlassen um des Weges willen. Es bedeutet eine Erweiterung im Prozeß der eigenen Entwicklung. Vor kurzem habe ich einen deutschen Dichter für mich entdeckt, der sich von der Vergangenheit meiner Heimat sehr inspirieren ließ und der einen Satz geschrieben hat, mit dem er für meine Begriffe die Unfixierbarkeit und Unbeständigkeit dieses Wortes auf eine sehr poetische Weise klarmacht. Er hat geschrieben: ‹Ach, für des Menschen wilde Brust ist keine Heimat möglich.› Das war Hölderlin. Ich glaube aber schon, daß eine Heimat möglich ist. Nur sicher nicht die im gewöhnlichen Sinne. Nicht eines dieser riesigen Grundstücke auf der Erde, die ihre erste Aufgabe nicht etwa darin sehen,

Menschen zu beheimaten, sondern sich vor ‹anderen› zu schützen, Grenzen zu errichten, zu erweitern und zu verteidigen, indem erfundene Tugenden wie Vaterlandsliebe, Heldentum oder gar Glaube herhalten müssen, um Perversionen, die schon in den Worten ‹Schlachtfelder› und ‹Massengräber› erscheinen, und den dazugehörigen Vernichtungsdrang und Machtgier einiger Paranoiden, kurz, um den Krieg, zu rechtfertigen.
Ich finde es abscheulich, daß die aufwendigste Tätigkeit der Machthaber dieser Welt darin besteht, die Mittel anzuhäufen, die die Zerstörung dieser Erde herbeiführen können. Statt dessen ist mein Interesse die Erhaltung dieses Planeten als einzigen festen Punkt im Kosmos, als warme Heimat im kalten All. *Aller Heimatlosen*. In aller Ehre.»

Gemeinsam haben wir eine Chance

Die Bundesrepublik will kein Einwanderungsland sein, aber danach ist gar nicht mehr gefragt; denn Millionen von Menschen lassen sich nicht nach den jeweiligen Arbeitsmarktbedürfnissen hin und her schieben. 1973 wurde der Zuzugsstopp verfügt, aber da war es längst zu spät. Heute sieht es so aus, daß die Hälfte der über 4

Millionen Ausländer keine Rückkehrabsichten hat. Nach dem dritten Familienbericht der Bundesregierung haben noch circa 1,4 Millionen Angehörige das Recht, hierherzukommen. 1995 werden 20 % der Jugendlichen zwischen 15 und 18 Jahren Ausländer sein, im Augenblick sind es 7 %.

Da man lange genug ignoriert hat, daß es sich um Einwanderer handelt, wurden sie nur als hier vorübergehend lebende Arbeitskräfte behandelt. Es entstanden Ausländerwohnbezirke, eigenständige Bereiche mit einem intensiven Vereinsleben, eigenen Läden und Restaurants. Neben der deutschen Gesellschaft sind national organisierte Kleingesellschaften entstanden.

Inzwischen wird zwar die kulturelle Eigenständigkeit der Ausländer anerkannt, aber andererseits wird Integration doch mit Einbürgerung gleichgesetzt. Der Ausländer wird vor die Alternative Eindeutschung oder Rückkehr gestellt. Ganz abgesehen davon, wie das funktionieren soll, wer gibt uns eigentlich das Recht, so etwas zu forcern?

Eine Hoffnung für eine gemeinsame geglückte Zukunft kann nur dann bestehen, wenn endlich Abschied genommen wird von der Vorstellung eines sprachlich und kulturell geschlossenen Nationalstaates und wenn man einsieht, daß ein Zusammenleben mit Bevölkerungsgruppen, die sich mitten unter uns ihre Sprache, ihr religiöses und nationales Selbstverständnis bewahren, möglich sein muß. Das würde bedeuten, daß in Kindergärten, Schulen, Ausbildungsstätten und Arbeitsplätzen, aber auch im Freizeitbereich, *nicht* selbstverständlich von der Existenz *einer* Kultur und *einer* Sprache ausgegangen werden kann.

Die Ausländer verändern sich hier, sie bleiben nicht die, die sie waren, aber sie werden auch keine Deutschen. Etwas Neues entsteht, eben eine typische Emigrationskultur; parallel dazu müssen auch Veränderungen bei uns Deutschen laufen. Nicht eine Aufnahme einzelner, besonders begabter, «anpassungsfähiger» Jugendlicher in das deutsche Milieu und damit ihre Entfremdung von ihrem traditionellen Hintergrund darf weiterhin angestrebt werden, sondern der mühsamere Weg zur Bildung einer multikulturellen Gesell-

schaft muß von uns Deutschen und Ausländern gleichermaßen verfolgt werden.
Sich mit der Kultur der Ausländer auseinanderzusetzen, bietet die Chance, eigenes Verhalten, eigene Normen zu überdenken und zu relativieren. Gerade die Sensibilität vieler Emigranten für die sozial Schwächeren in der deutschen Gesellschaft kann ein Beispiel dafür sein. Vereinsamte alte Menschen, der rüde Umgangston zwischen Eltern und Kindern, die Anonymität vieler Menschen in Wohngettos werden immer wieder von Ausländern festgestellt und kritisiert.
Arbeitsemigranten stammen meist aus vorindustriellen, ländlichen Kulturkreisen. Viele ihrer Verhaltensweisen, die von den hiesigen abweichen, haben dort ihre Wurzeln und Funktionen. Der familiäre Zusammenhalt ist in diesen Gesellschaften unabdingbare Voraussetzung zur Existenzsicherung. Der Kinderreichtum bedeutet dabei eine Sicherung von ausreichenden Arbeitskräften. Bei uns wird dieser Kinderreichtum als Zeichen von Unterentwicklung und männlicher Selbstbestätigung verachtet bzw. als Überfremdungsbedrohung gefürchtet. Das Feiern traditioneller Feste mit vielen Freunden und Verwandten, das zur Bestärkung ihres Gemeinschaftsgefühls wichtig ist, wird von Deutschen als bedrohlich empfunden. Das «südliche Temperament», ausgedrückt durch Gestik und Mimik und die ungehemmtere Art, Gefühle zu zeigen, faszinieren und erschrecken Deutsche zugleich. Dieses ambivalente Gemisch von Anziehung und Ablehnung prägt das Verhältnis vieler Deutscher zu Ausländern. Einerseits gibt es Neidgefühle gegenüber dem südlichen Aussehen und der in sie projizierten sexuellen Potenz, dem ungebrochenen Zusammengehörigkeitsgefühl, der intakten Familienstruktur – alles Werte, die bei uns nicht mehr in dem Maße gelten – andererseits existiert eine tiefsitzende Angst und Ablehnung gegenüber dem Fremden.
Werden Werte von Ausländern angenommen, dann oft nur als zusätzliche Garnierung: Paella und türkische Folklore gibt einem Fest einen besonders exotischen Anstrich. Eine Nachahmung ausländischer Kultur, z. B. durch das Tragen eines El-Fatah-Tuches, einer türkischen Pumphose oder das Herumlaufen im nach europäi-

schen Bedürfnissen kreierten «Indien-Look», der mit der traditionellen indischen Kleidung wenig zu tun hat, wird oft leichtfertig als Zeichen von Ausländerfreundlichkeit vorgegeben, anstatt sich mit den Ausländern ernsthaft auseinanderzusetzen.

Wie könnte nun eine multikulturelle Gesellschaft aussehen? Grundvoraussetzung ist, daß die prinzipielle Gleichwertigkeit verschiedener Kulturen anerkannt wird. Diese Anerkennung anderer Kulturen muß sich in Programmen von Kindergärten, Schulen und anderen Institutionen ausdrücken. Lebenserfahrungen der Einwanderer aus ihren Heimatländern und in der Bundesrepublik sollen Bestandteil des Unterrichts sein, die Muttersprache sollte als Fremdsprache anerkannt werden. Auch deutschen Schülern sollte die Möglichkeit angeboten werden, die Sprachen ihrer ausländischen Mitschüler zu lernen. Kulturelle Angebote und Aktivitäten, gerade auch Möglichkeiten zur Selbstdarstellung der Ausländer, sollten verstärkt werden, wobei die Verschiedenheiten, aber auch die Gemeinsamkeiten der jeweiligen Kultur vermittelt werden sollen.

In Bradford, England, dürfen asiatische Schüler statt Schuluniform traditionelle Kleidungsstücke wie Pumphose und Turbane tragen. In Nordrhein-Westfalen wird ab Schuljahr 1983/84 islamischer Religionsunterricht in den Grundschulen angeboten. Er soll den Muslimen ihre islamischen Traditionen bewußt machen. Gleichzeitig kann man dadurch den Einfluß der privaten und in der Türkei verbotenen Koranschulen eindämmen.

Nicht zu vergessen ist die führende Rolle der Ausländer bei Streiks (Adler, Rockwell Golde, Demag), von der man nur lernen kann, ebenso wie von ihren selbstbewußten, anregenden Kulturproduktionen aus der Emigrationskultur, die immer mehr zunehmen.

Integration kann nicht verordnet werden, aber die Umstände, in denen sich der Integrationsprozeß vollzieht, lassen sich beeinflussen. Integration verstehen wir als Prozeß eines wechselseitigen Austausches beider Seiten. Voraussetzung dafür ist aber eine Basis gleichrangiger Partner. Gleichrangigkeit beinhaltet Gleichberechtigung, also gleiche Rechte auch an politischer Partizipation. Auslän-

der müssen in allen Lebensbereichen die gleichen Rechte wie Deutsche haben: Recht auf einen gesicherten Daueraufenthalt in der Bundesrepublik, Recht auf Chancengleichheit in der schulischen und beruflichen Bildung, volle arbeits- und sozialrechtliche Gleichstellung, Recht auf politische Betätigung, aktives und passives Wahlrecht, Recht auf Familienzusammenführung, keine Ausweisung von Straftätern, Arbeitslosen und Sozialhilfeempfängern.
Wir hoffen mit «Kalte Heimat» einen Beitrag zum gegenseitigen Verständnis geliefert zu haben, damit die Bundesrepublik für junge Ausländer nicht weiterhin nur eine «Kalte Heimat» bleibt.

Was wird in fünf Jahren sein? – Frage an unsere ausländischen Freunde

Maria: «Erst einmal werde ich mein Diplom machen. Nach dem Studium suche ich einen Arbeitsplatz, natürlich will ich im Kinder- und Jugendbereich arbeiten. Die Aussichten sind allgemein mies, aber besonders für Ausländer sind die Chancen gering. Die nehmen erst die Deutschen. Modellversuche und Initiativen gehen immer mehr ein, weil sie kein Geld bekommen. Mit dem Kohl, da weiß man ja auch nicht, was dabei rauskommt. In fünf Jahren, da bin ich 31, verheiratet und habe hoffentlich ein Kind, ein deutsch-griechisches Kind. Es soll einen Namen haben, den es in beiden Sprachen gibt.»

Patricia: «Entweder habe ich in fünf Jahren die dicke Kohle oder ich verreise nach Indien. Ich möchte nicht, daß es so weitergeht, so chaotisch. Ich möchte gerne ein Kind haben und mit vielen Leuten zusammenwohnen und ziemlich viel Geld haben, daß man sich nicht um jeden Pfennig verrückt machen muß, daß man sich mal was leisten kann, z. B. eine Lederjeans.»

Yasemin: «In fünf Jahren werde ich laut meiner Berechnungen im letzten Semester meines Jurastudiums sein. Da bin ich 25 Jahre. Wenn ich das verwirkliche, habe ich für Kinder noch keine Zeit, die kommen dann in sechs oder sieben Jahren. Es könnte natürlich sein, daß ich schon früher heirate, aber das behindert ja das Studium nicht.»

Domi: «Mit einem Dampfer auf dem Orinoko fahren. Einen Papagei auf der Schulter, mit dem ich mich unterhalten kann und im Duett singen.»

Elena: «In fünf Jahren? Wenn ich das Abitur habe, studiere ich oder wandere aus, vielleicht nach Spanien, nicht in die Hauptstadt, sondern aufs Land, in die Pyrenäen oder nach Galizien. Oder ich mache nur eine längere Reise um die Welt, zum Gucken.»

Hanno: «Wahrscheinlich werde ich in fünf Jahren dasselbe machen wie heute. Da werde ich mit der Uni fertig sein und als freier Journalist für Rundfunk, Fernsehen und für Zeitschriften arbeiten – was ich jetzt auch schon tue. Ich werde wahrscheinlich immer noch in der SPD versuchen etwas zu bewegen, ohne zu glauben, daß aus dieser Partei, jemals die wird, die ich gern hätte, denn dann wäre sie nicht mehr nötig. Ich wünsche mir zwei Kinder und eine herrliche Altbauwohnung mit vielen Leuten, die ich mag, vor allem mit der Stefie.»

ANHANG

Gewußt was, wie, wo –
– Tips zum Überleben
im deutschen
Behördendschungel

Welche Rechte haben wir in Deutschland?	*199*
Recht auf politische Betätigung, Vereine von Ausländern	*199*
Was ist die Ausländerbehörde?	*200*
Meldepflicht	*200*
Aufenthaltserlaubnis	*200*
Verlängerung der Aufenthaltserlaubnis	*201*
Aufenthaltsberechtigung	*201*
Aufenthaltsanzeige	*202*
Ausweisung	*202*
Wie kann man sich gegen eine drohende Ausweisung wehren?	*204*
Strafrecht für Jugendliche	*204*
Wenn man mit der Polizei oder den Strafgerichten zu tun hat	*205*
Einbürgerung	*207*
Arbeitserlaubnis	*207*
Illegale Arbeit	*209*
Sozialhilfe	*209*
Beratungshilfe/Prozeßkostenhilfe	*210*
Wohngeld	*211*
Rechtsanwälte	*211*
Rechtshilfefonds/Komitees	*212*
Berufsschule	*213*
Berufsgrundbildungsjahr	*214*
Berufsvorbereitungsjahr	*214*
Sprachintensivkurse	*214*
Berufsvorbereitende Maßnahmen des Arbeitsamtes	*214*
Bildungsurlaub, am Beispiel Hessen	*216*
Beratungsstellen	*216*
Volkshochschule	*217*
Pro Familia	*217*
Deutscher Gewerkschaftsbund	*217*
Wie gründen wir einen (gemeinnützigen) Verein?	*218*
Selbsthilfe durch Tonkassetten	*219*
Adressen von Initiativen	*219*

Welche Rechte haben wir in Deutschland?

Die deutschen Gesetze gelten grundsätzlich für Ausländer in gleicher Weise wie für Deutsche. Ausländer können sich daher ebenso wie Deutsche auch auf die in der Verfassung aufgezählten Grundrechte (Meinungsfreiheit, Grundsatz der Gleichbehandlung der Bürger durch staatliche Stellen, Glaubens-, Gewissens- und Religionsfreiheit, Schutz von Ehe und Familie, Recht zu gewerkschaftlicher Betätigung, Brief-, Post- und Fernmeldegeheimnis, Unverletzlichkeit der Wohnung etc.) berufen.
Einschränkungen von diesem Grundsatz bestehen jedoch insbesondere für die Bereiche Aufenthalt, Arbeit und Wahlrecht in der Bundesrepublik. Während Deutsche sich ohne jede Einschränkung hier aufhalten und arbeiten können, benötigen Ausländer dafür eine Aufenthaltserlaubnis und eine Arbeitserlaubnis. Beide Erlaubnisse werden – grob gesagt – nur dann erteilt, wenn die zuständigen Behörden der Meinung sind, daß der Aufenthalt eines Ausländers und dessen Erwerbstätigkeit den Interessen der Bundesrepublik dienen. Die Behörden dürfen die Entscheidung darüber, ob eine Aufenthalts- und Arbeitserlaubnis erteilt wird, allerdings nicht willkürlich treffen, sondern sind dabei an bestimmte Rechtsgrundsätze gebunden. Die jeweilige Behördenentscheidung kann durch Anrufung der Gerichte überprüft werden.
An den Wahlen für die politischen Entscheidungsorgane der Bundesrepublik (Bundestag, Landtage, Gemeindevertretung) können nur Deutsche teilnehmen. Ausländer haben weder ein aktives noch ein passives Wahlrecht. Abgesehen von diesen grundsätzlichen Beschränkungen gibt es noch eine Reihe von Sonderregelungen in einzelnen Bereichen, beispielsweise dem Vereins-, Versammlungs- und Sozialhilferecht, die aber rein zahlenmäßig nur im geringeren Umfange spürbar werden. Auch hier gilt, daß nachteilige Behördenentscheidungen durch die Gerichte überprüfbar sind.
Selbstverständlich schließt der grundsätzliche Rechtsanspruch von Ausländern auf Gleichbehandlung nicht aus, daß Behörden und sonstige Stellen versuchen, Ausländer zu benachteiligen, was leider häufig tatsächlich der Fall ist. Wenn man sich entsprechend informiert und beraten läßt, kann man sich dagegen aber gegebenenfalls erfolgreich zur Wehr setzen.

Recht auf politische Betätigung, Vereine von Ausländern

Ausländer sind berechtigt, sich in der Bundesrepublik politisch zu betätigen und zu diesem Zweck auch politische Organisationen

zu gründen, Versammlungen abzuhalten und Demonstrationen durchzuführen.
Nach dem deutschen Vereinsrecht müssen sich Vereine, deren Mitglieder sämtlich oder überwiegend Ausländer sind, einerlei, ob es sich um politische Vereinigungen oder aber um Vereinigungen mit sonstigen Zielsetzungen handelt, innerhalb von zwei Wochen bei der zuständigen Behörde, das ist regelmäßig das Ordnungsamt, anmelden. Dies gilt auch für Vereine, die ihren Sitz im Ausland haben, hier aber Teilorganisationen unterhalten.
Das deutsche Vereinsrecht sieht darüber hinaus unter erleichterten Voraussetzungen ein Verbot von Ausländervereinen vor, wenn beispielsweise gewichtige politische Interessen der Bundesrepublik Deutschland als berührt gelten.

Was ist die Ausländerbehörde?

Die Ausländerbehörde entscheidet hauptsächlich darüber, ob ein Ausländer eine Aufenthaltsgenehmigung bekommt oder nicht.
Zuständig ist grundsätzlich die Ausländerbehörde an demjenigen Ort, an dem sich der Betreffende gewöhnlich aufhält.

Meldepflicht

Wenn jemand (Ausländer und Deutscher) in eine Wohnung einzieht, muß er sich innerhalb einer Woche bei der zuständigen Behörde (regelmäßig dem Einwohnermeldeamt) anmelden. Versäumt man dies, können Geldbußen verhängt werden. Bei Ausländern kann eine Verletzung der Meldepflicht sogar als Ausweisungsgrund herangezogen werden.
Zum Anmelden benötigt man ein Formular, das man in einem Schreibwarengeschäft erhält. Dieses Formular muß ausgefüllt und von dem Vermieter unterschrieben werden. Zur Meldebehörde muß man darüber hinaus seinen Paß und bei Umzug von einer Gemeinde in eine andere die Abmeldebescheinigung für den letzten Wohnsitz mitbringen.

Aufenthaltserlaubnis

Von besonderen Ausnahmen abgesehen, dürfen sich Ausländer nur in der Bundesrepublik aufhalten, wenn sie eine Aufenthaltserlaubnis besitzen. Der Antrag auf Erteilung einer solchen Aufenthaltserlaubnis muß bei der zuständigen Ausländerbehörde gestellt werden. Das dazu erforderliche Formular erhält man bei der Ausländerbehörde. Darüber hinaus muß man dazu grundsätzlich seinen Paß und zwei Lichtbilder

mitbringen. Von einzelnen Ausländerbehörden werden zusätzliche weitere Unterlagen gefordert. Die Aufenthaltserlaubnis wird regelmäßig nur für einen bestimmten Zeitraum erteilt.
Eine Aufenthaltserlaubnis wird ungültig, wenn:
- der Paß abgelaufen ist,
- die Staatsangehörigkeit gewechselt hat,
- man die Bundesrepublik für längere Zeit verläßt.

Solange die Ausländerbehörde einen Antrag auf Erteilung der Aufenthaltserlaubnis bearbeitet, gilt der Aufenthalt als erlaubt. Eine längere Bearbeitungsdauer kann daher gegebenenfalls nicht ungünstig sein. Lehnt die Ausländerbehörde die Erteilung einer Aufenthaltserlaubnis ab, kann man dagegen Widerspruch einlegen und Klage bei den Verwaltungsgerichten einreichen.
Wenn ein Ausländer sich ohne Aufenthaltserlaubnis in der Bundesrepublik aufhält, kann dies als Ausweisungsgrund herangezogen werden.

Verlängerung der Aufenthaltserlaubnis

Rechtzeitig vor Ablauf desjenigen Zeitraumes, für den eine Aufenthaltserlaubnis erteilt wurde, muß man einen Verlängerungsantrag stellen. Auch hier gilt, daß der Aufenthalt ab Antragstellung während der Bearbeitungsdauer durch die Behörde als erlaubt gilt und man gegen einen ablehnenden Bescheid Widerspruch einlegen bzw. Klage einreichen kann.

Aufenthaltsberechtigung

Wenn sich jemand zumindest fünf Jahre in der Bundesrepublik aufgehalten hat, kann auf Antrag die sogenannte Aufenthaltsberechtigung erteilt werden. Voraussetzung ist, sich in das soziale und wirtschaftliche Leben der Bundesrepublik «eingefügt» zu haben, d. h. vor allem, daß er einigermaßen die deutsche Sprache beherrschen, Arbeit und Wohnung zur Verfügung haben muß.
Die Aufenthaltsberechtigung wird räumlich und zeitlich unbeschränkt erteilt und bedeutet für den Betreffenden daher eine wesentliche Verbesserung seiner Rechtsposition.
Hat man die Aufenthaltsberechtigung erhalten, kann man darüber hinaus nur dann ausgewiesen werden, wenn ganz besonders schwerwiegende Ausweisungsgründe vorliegen.
Wenn ihr länger als fünf Jahre in der Bundesrepublik seid, solltet ihr daher in jedem Fall bei der Ausländerbehörde Antrag auf Erteilung der Aufenthaltsberechtigung stellen!

Aufenthaltsanzeige

Auch wenn man (ausnahmsweise) keine Aufenthaltserlaubnis benötigt, muß man der Ausländerbehörde auf jeden Fall unmittelbar nach der Einreise mitteilen, daß man hier ist. Dies gilt beispielsweise auch für Personen, die sich nur kurzfristig als Touristen hier aufhalten.

Ausweisung

Nach den bestehenden rechtlichen Vorschriften (§ 10 Ausländergesetz) kann ein Ausländer ausgewiesen werden, wenn er

1. die freiheitlich-demokratische Grundordnung oder die Sicherheit der Bundesrepublik Deutschland gefährdet,
2. er wegen einer Straftat oder wegen einer Tat verurteilt worden ist, die im Geltungsbereich dieses Gesetzes eine Straftat wäre,
3. gegen ihn eine freiheitsentziehende Maßregel der Besserung und Sicherung, die Unterbringung in einer Arbeitseinrichtung oder einem psychiatrischen Krankenhaus angeordnet oder Fürsorgeerziehung in einem Heim durchgeführt wird,
4. er gegen eine Vorschrift des Steuerrechts einschließlich des Zollrechts und Monopolrechts oder des Außenwirtschaftsrechts oder gegen Einfuhr-, Ausfuhr-, Durchfuhr- oder Verbringungsgebote oder Beschränkungen verstößt,
5. er gegen eine Vorschrift über die Ausübung eines Berufs oder Gewerbes oder einer unselbständigen Erwerbstätigkeit verstößt,
6. er gegen eine Vorschrift des Aufenthaltsrechts verstößt,
7. er gegenüber einer amtlichen Stelle zum Zwecke der Täuschung unrichtige Angaben über seine Person, über seine Gesundheit, über seine Familie, seine Staatsangehörigkeit, seinen Beruf oder seine wirtschaftlichen Verhältnisse macht oder die Angaben verweigert,
8. er bettelt, der Erwerbsunzucht nachgeht oder als Landstreicher oder Landfahrer umherzieht,
9. er die öffentliche Gesundheit oder Sittlichkeit gefährdet,
10. er den Lebensunterhalt für sich und seine unterhaltsberechtigten Angehörigen nicht ohne in Anspruchnahme der Sozialhilfe bestreiten kann oder bestreitet oder
11. seine Anwesenheit erhebliche Belange der Bundesrepublik Deutschland aus anderen Gründen beeinträchtigt.

Die Ausländerbehörde ist bei ihrer Entscheidung verpflichtet, die Interessen der Bundesrepublik Deutschland an einer eventuellen Ausweisung mit den persönlichen Interessen des Betreffenden abzuwägen. Dabei hat sie beispielsweise familiäre Bindungen, lange Aufenthaltsdauer etc. zugunsten des Ausländers zu berücksichtigen. Im Zuge der in letzter Zeit propagierten Ausländerfeindlichkeit setzen sich die Ausländerbehörden verstärkt über solche Gesichtspunkte hinweg. Dies führt dann dazu, daß Ausländer ausgewiesen werden, die bereits ihre Kindheit und / oder Jugend in der Bundesrepublik verbracht haben;

- die länger als 10 Jahre in der Bundesrepublik wohnen,
- deren sämtliche Familienangehörige – Ehepartner, Kinder bzw. Eltern und Geschwister – hier leben.

Diese Ausweisungen sind unmenschlich, weil durch sie

- Menschen nach langjährigem Aufenthalt in der Bundesrepublik aus allen familiären und weiteren menschlichen Bindungen herausgerissen und entwurzelt werden,
- Menschen in ein ihnen weitgehend fremd gewordenes Land verbannt werden, in dem die ihnen nahestehenden Menschen nicht mehr leben und sie keinerlei Lebensgrundlage mehr vorfinden und sie auf diese Weise ihrer Existenzbasis und ihrer Zukunft beraubt werden,
- Familien auseinandergerissen, zerrüttet und zerstört, Kinder von ihren Eltern, Ehepartner voneinander getrennt werden,
- Menschen, die straffällig geworden sind, einer Doppelbestrafung unterworfen werden: einmal der durch das Gericht ausgesprochenen Strafe und dann der Ausweisung, die in meisten Fällen die sehr viel härtere Strafe darstellt, weil sie die von ihr Betroffenen in ihrer Existenz zerstört.

Beispiel einer drohenden Ausweisung, veröffentlicht vom «Initiativausschuß ausländischer Mitbürger in Hessen».

A. K., Türke, 21 Jahre alt

Zusammen mit seinen Eltern und seinen beiden Schwestern lebt er seit 14 Jahren in der Bundesrepublik. Im Jahre 1975 hatte er die unbefristete Aufenthaltserlaubnis bekommen.
Im Alter von 7 Jahren kam er in die Bundesrepublik. Er ist in die deutsche Schule gegangen und hat den Hauptschulabschluß erreicht. Er spricht ein fließendes, akzentfreies Deutsch. Nach Beendigung der Hauptschule hat er die 2jährige Berufsfachschule für Elektriker absolviert und den Übergang in die 11. Klasse der Fachoberschule geschafft.
Straffällig wurde er in Verbindung mit der Drogenszene, als er 20 Jahre alt, also noch Heranwachsender war. Er wurde zu einer Jugendstrafe von 3 Jahren und 3 Monaten verurteilt. Wegen seiner Drogenabhängigkeit wurde ihm vom Gericht verminderte Schuldfähigkeit zuerkannt. In der Haftanstalt hat A. K. große In-

itiativen entwickelt, um gegen seine Drogenabhängigkeit anzukämpfen und sie zu überwinden. Auf Grund der offensichtlichen Ernsthaftigkeit seines Bemühens ist ihm die Möglichkeit einer Drogen-Langzeittherapie eröffnet worden. Eine Ausweisung würde A. K. dieser Resozialisierungschancen berauben, ihn von seinen Eltern und Geschwistern trennen und in ein Land verbannen, in dem er fremd ist und keine Existenzgrundlagen hat.
Der Initiativausschuß hat das Ausländeramt Frankfurt gebeten, die bereits ausgestellte Ausweisungsverfügung aufzuheben und ihm mittels einer Aufenthaltserlaubnis oder wenigstens einer Bewährungsduldung den weiteren Aufenthalt in der Bundesrepublik zu ermöglichen. Das Ausländeramt Frankfurt ist auf diese Bitte nicht eingegangen.

Wie kann man sich gegen eine drohende Ausweisung wehren?

Wichtig ist vor allem, daß man nicht wartet, bis die Polizei vor der Tür steht. Sobald jemand in irgendeiner Form davon Kenntnis erhält, daß eine Ausweisung droht, sollte er sich *sofort* mit einem Rechtsanwalt, einer Beratungsstelle oder einer sonstigen sachkundigen Person in Verbindung setzen. Gegen eine bestehende Ausweisungsverfügung muß, sofern Erfolgsaussichten bestehen, unverzüglich Widerspruch eingelegt bzw. Klage eingereicht werden. Geschieht dies rechtzeitig, kann der Betreffende jedenfalls bis zur endgültigen Entscheidung durch die Gerichte hierbleiben. Zu diesem Zweck muß gegebenenfalls allerdings ein gesonderter Vollstreckungsschutzantrag gestellt werden. Da die Gerichtsverfahren in aller Regel ziemlich lange dauern, bedeutet dies zumindest einen erheblichen Zeitaufschub.
Vorbeugend kann man sich gegen eine Ausweisung dadurch schützen, daß man – nach 5 Jahren Aufenthalt in der BRD – Erteilung der Aufenthaltsberechtigung beantragt und damit nur unter erschwerten Bedingungen ausgewiesen werden darf.

Strafrecht für Jugendliche

In der Bundesrepublik Deutschland kann man ab Vollendung des 14. Lebensjahres für eine Straftat bestraft werden. Wenn man das 14. Lebensjahr noch nicht erreicht hat, ist jede Bestrafung ausgeschlossen.
Für Jugendliche zwischen dem 14. und 18. Lebensjahr gilt das Jugendgerichtsgesetz, das grundsätzlich mildere Strafen und sonstige Maßnahmen als für Erwachsene vorsieht. Hat jemand das 18. aber noch nicht das 21. Lebensjahr vollendet, kann sowohl Jugendstrafrecht als auch Erwachsenenstrafrecht angewendet wer-

den. Im Einzelfall hängt dies davon ab, ob der Betreffende nach Beurteilung des Richters von seiner persönlichen Entwicklung her noch als Jugendlicher oder bereits als Erwachsener anzusehen ist.
Wenn ein Jugendlicher wegen einer Straftat angeklagt ist, schaltet sich auch das Jugendamt (Jugendgerichtshilfe) ein, das erzieherische, soziale und fürsorgerische Gesichtspunkte in dem Gerichtsverfahren zur Geltung bringen soll. Zu diesem Zweck muß der betreffende Mitarbeiter des Jugendamtes Informationen über die persönlichen Verhältnisse des Betreffenden einholen. Sofern man zu diesem Mitarbeiter des Jugendamtes Vertrauen hat, sollte man die erbetenen Informationen erteilen.

Wenn man mit der Polizei oder den Strafgerichten zu tun hat

Hierzu folgende Ratschläge:

1. Jeder hat *das Recht*, die *Aussage zu verweigern.* Bevor man etwas sagt, sollte man gut überlegen, sonst kann man nachher in die größten Schwierigkeiten kommen. Man muß *nur angeben:* Familienname, Vorname, Geburtsdatum, Geburtsort, Familienstand, Beruf, Wohnort, Staatsangehörigkeit sowie Name und Adresse der Eltern. Man sollte außerdem *immer einen gültigen Personalausweis dabeihaben.*
2. Nach einer Festnahme habt ihr das *Recht, einen Rechtsanwalt anzurufen* oder eure Familie zu verständigen.
3. Wenn die Polizei euch nicht freiläßt, müßt ihr spätestens am *nächsten Tag dem Jugendrichter* vorgeführt werden, der darüber entscheidet, ob ihr in U-Haft (Untersuchungshaft) kommt oder nicht.
   Dem Richter selbst solltet ihr erzählen:
   a) bei wem ihr wohnt (polizeiliche Anmeldung und Aufenthaltserlaubnis sind wichtig!) und welche Angehörigen ihr hier habt,
   b) was ihr tut (z. B. welche Schule oder Kurse ihr besucht, wo und unter welchen Bedingungen ihr arbeitet [Arbeitsvertrag] oder ob ihr in der Berufsausbildung seid),
   c) welche Pflichten und Aufgaben ihr sonst noch habt (z. B. auf kleinere Geschwister aufpassen, Prüfungen machen usw.)
   – macht dem Richter klar, *welche Nachteile euch die U-Haft bringt!*
4. Wenn der Richter trotzdem einen *Haftbefehl* ausstellt und ihr in U-Haft kommt, *dann beantragt sofort eine Haftprüfung!* Die Haftprüfung muß innerhalb von zwei Wochen stattfinden.
5. Vom Gericht bekommt man einen Rechtsanwalt erst nach

drei Monaten U-Haft oder wenn es sich um einen besonders schweren Schuldvorwurf handelt. Ihr müßt also am besten sofort *einen Rechtsanwalt anrufen oder* beim Gericht *einen sog. Beistand beantragen.* Beistand kann jeder Erwachsene sein, zu dem ihr Vertrauen habt, wenn möglich jemand, der gut Deutsch spricht oder Deutscher ist.
- Wenn eure Familie kein Telefon hat, dann solltet ihr immer die Telefonnummer eines Rechtsanwaltes in der Tasche haben (und 20 Pfennig).

Auch bei einer Freilassung sollte man *schnell* zu einem Anwalt gehen oder einen Beistand beantragen, damit man weiß, warum man beschuldigt wird. Man kann dann auch schriftliche Stellungnahmen abgeben und muß nicht vor der Polizei aussagen: mit einem Anwalt kann man alles viel besser und offener besprechen, man kann mit ihm auch Beweise sichern, andere Zeugen zum Gerichtstermin laden usw.
Bekommt man einen *Bußgeldbescheid*, dann muß man ihn *innerhalb einer Woche anfechten* (Einspruch!).
Einer *Ladung der Polizei* muß man *nicht* folgen, egal, ob man Zeuge oder Beschuldigter ist. Man muß auch nur seine Personalien angeben und braucht nicht auszusagen.

Einer Ladung vom Staatsanwalt oder Richter muß jeder folgen

Wenn man nicht kann, muß man sich rechtzeitig entschuldigen (bei Krankheit mit Attest vom Arzt). Wer sich nicht entschuldigt, wird von der Polizei abgeholt (auch als Zeuge, als Beschuldigter kommt man vielleicht sogar in U-Haft!). Beim Staatsanwalt und beim Richter muß man als Zeuge aussagen, wenn man nicht mit dem Beschuldigten verwandt ist. Der Angeschuldigte braucht auch hier nichts zu sagen außer Familienname, Vorname usw.
- Ein *Zeuge* muß die Wahrheit sagen, da er sonst bestraft wird.
- Ein *Angeschuldigter*, der lügt, wird nicht wegen falscher Aussage bestraft.

Eine Ladung zu einer Hauptverhandlung muß jeder folgen

Oder man muß sich vorher rechtzeitig entschuldigen (Vorsicht: nicht jeder Entschuldigungsgrund wird anerkannt). Wer sich nicht entschuldigt, muß als Zeuge damit rechnen, daß er ein Ordnungsgeld und bestimmte Kosten des Verfahrens zahlen muß. Als Angeklagter und als Zeuge wird man dann zwangsweise vorgeführt. Angeklagte müssen außerdem mit U-Haft rechnen.

Einbürgerung

Ein Ausländer kann bei Erfüllung bestimmter Voraussetzungen die deutsche Staatsbürgerschaft erwerben. Hierzu ist grundsätzlich eine mindestens zehnjährige Niederlassung in Deutschland erforderlich. Für Ausländer, die mit einer Deutschen oder einem Deutschen verheiratet sind, bestehen erleichterte Einbürgerungsvorschriften. Der ausländische Ehepartner kann bereits nach einem fünfjährigen Aufenthalt in der Bundesrepublik Deutschland und nach einem zweijährigen Bestand der Ehe die deutsche Staatsangehörigkeit erwerben. Für die in Deutschland aufgewachsenen Kinder soll die Einbürgerung erleichtert werden.

Arbeitserlaubnis

Ausländer dürfen in der Bundesrepublik grundsätzlich nur dann arbeiten, wenn sie eine Arbeitserlaubnis haben. Die Erteilung der Arbeitserlaubnis muß bei dem zuständigen Arbeitsamt beantragt werden, bevor man eine Arbeit aufnimmt. Eine Ausnahme gilt beispielsweise für Staatsangehörige der EWG-Staaten, die keine Arbeitserlaubnis benötigen.

Das Arbeitsamt erteilt die Arbeitserlaubnis nur dann, wenn der Betreffende eine gültige Aufenthaltserlaubnis hat. Arbeitet jemand ohne Arbeitserlaubnis, können Geldbußen verhängt werden. Darüber hinaus kann dies als Ausweisungsgrund herangezogen werden.

Es wird unterschieden zwischen

a) der allgemeinen Arbeitserlaubnis,

b) der besonderen Arbeitserlaubnis.

Die allgemeine Arbeitserlaubnis wird «nach Lage und Entwicklung des Arbeitsmarktes» erteilt. Das bedeutet, daß man eine solche allgemeine Arbeitserlaubnis nur erhält, wenn auf dem deutschen Arbeitsmarkt – nach Meinung des Arbeitsamtes – ein Bedarf für die Erwerbstätigkeit des betreffenden Ausländers besteht. Das Arbeitsamt kann in diesem Zusammenhang innerhalb bestimmter Grenzen mehr oder weniger willkürlich entscheiden, wie es die Lage und Entwicklung des deutschen Arbeitsmarktes einschätzt.

Die allgemeine Arbeitserlaubnis wird regelmäßig nur für einen bestimmten Zeitraum, längstens für zwei bzw. drei Jahre erteilt und kann auf einen bestimmten Betrieb oder eine bestimmte Sparte beschränkt werden.

Für Ehegatten und Kinder von Ausländern sowie für Asylbewerber, die bisher nicht in der Bundesrepublik gearbeitet haben und erstmals einen Antrag auf Erteilung einer Arbeitserlaubnis stellen, gilt eine sogenannte *Wartezeit-Regelung*.

Danach wird den Ehegatten ausländischer Arbeitnehmer die erstmalig beantragte Arbeitserlaubnis

nur dann erteilt, wenn sie sich zuvor vier Jahre rechtmäßig in der Bundesrepublik aufgehalten haben. Wenn für bestimmte Wirtschaftszweige ein besonderer Bedarf an Arbeitskräften besteht, verringert sich diese Frist auf zwei Jahre.
Kindern von Ausländern, die eine allgemeine Arbeitserlaubnis erstmalig beantragen, kann diese erteilt werden, wenn sie ihren Eltern vor Vollendung des 18. Lebensjahrs in die Bundesrepublik gefolgt sind und sich vor Antragstellung zwei Jahre rechtmäßig hier aufgehalten haben.
Für Asylbewerber und deren Ehegatten und Kinder gelten ähnliche Fristen (zwei Jahre Aufenthalt in der Bundesrepublik nach Stellung des Asylantrages für den Asylbewerber selbst, vier Jahre bzw. zwei Jahre Aufenthalt in der Bundesrepublik für den Ehegatten bzw. die Kinder des Asylbewerbers). Steht fest, daß ein Asylbewerber auch bei Ablehnung seines Antrages nicht ausgewiesen werden kann, verringert sich diese Frist auf ein Jahr.
Die *besondere Arbeitserlaubnis* wird ohne Rücksicht auf Lage und Entwicklung des Arbeitsmarktes erteilt. Das bedeutet, daß man auch dann eine Arbeitserlaubnis bekommt, wenn kein Bedarf an ausländischen Arbeitskräften besteht. Eine Beschränkung der besonderen Arbeitserlaubnis für bestimmte Betriebe oder Sparten ist unzulässig. Die besondere Arbeitserlaubnis wird regelmäßig für fünf Jahre erteilt. Hat sich jemand acht Jahre lang ununterbrochen und rechtmäßig in der Bundesrepublik aufgehalten, ist sie ohne jede Befristung auszustellen. Wenn jemand die Voraussetzungen für die Erteilung einer besonderen Arbeitserlaubnis erfüllt, *muß* das Arbeitsamt die besondere Arbeitserlaubnis erteilen, anders als bei der allgemeinen Arbeitserlaubnis steht ihm hier kein Ermessensspielraum zu.
Anspruch auf Erteilung einer besonderen Arbeitserlaubnis haben

a) Ausländer, die bereits fünf Jahre lang ununterbrochen in der Bundesrepublik gearbeitet haben. Wenn jemand in dieser Zeit arbeitslos war oder aus sonstigen Gründen für einen Zeitraum von lediglich drei Monaten nicht gearbeitet hat, gilt dies nicht als Unterbrechung.
b) Ausländer, die mit Deutschen verheiratet sind,
c) anerkannte Asylberechtigte,
d) Kinder von Ausländern, die ihren Eltern vor Vollendung ihres 18. Lebensjahres in die Bundesrepublik gefolgt sind und hier
   - einen Schulabschluß oder einen Abschluß in einer anerkannten Berufsausbildung erworben haben oder
   - an einem beruflichen Vollzeitschuljahr oder einer außerschulischen berufsvorbereitenden Vollzeitmaßnahme von mindestens zehnmonatiger Dauer regelmäßig teilgenommen haben oder

– einen Ausbildungsvertrag in einem anerkannten Ausbildungsberuf abgeschlossen haben,

e) Kinder von Arbeitnehmern, deren Eltern selbst Anspruch auf Erteilung einer besonderen Arbeitserlaubnis haben, sofern das 18. Lebensjahr nicht vollendet ist und sie sich in den letzten fünf Jahren ununterbrochen rechtmäßig in der Bundesrepublik aufgehalten haben.
Liegen diese Voraussetzungen bei Vollendung des 18. Lebensjahres vor, bleibt der Anspruch auf Erteilung der besonderen Arbeitserlaubnis auch weiterhin bestehen, solange der Betreffende sich ununterbrochen in der Bundesrepublik aufhält, wobei die Frist durch einen Auslandsaufenthalt bis zur Dauer von drei Monaten nicht als unterbrochen gilt.

Anspruch auf Erteilung einer besonderen Arbeitserlaubnis besteht schließlich dann, wenn deren Ablehnung im Hinblick auf die Verhältnisse des betreffenden Arbeitnehmers eine ganz besondere Härte bedeuten würde.
Wie man unschwer erkennen kann, ist es wesentlich günstiger, eine besondere Arbeitserlaubnis zu erhalten als lediglich eine allgemeine Arbeitserlaubnis. Die Arbeitsämter vergessen gerne, daß es die besondere Arbeitserlaubnis gibt, und erteilen schematisch nur die allgemeine Arbeitserlaubnis. Man sollte daher prüfen oder prüfen lassen, ob man die Voraussetzungen für Erteilung einer besonderen Arbeitserlaubnis erfüllt.
Wenn das Arbeitsamt die Erteilung einer allgemeinen oder besonderen Arbeitserlaubnis ablehnt, kann man dagegen Widerspruch einlegen und gegebenenfalls Klage bei den Sozialgerichten erheben.

Illegale Arbeit

Illegale Arbeit ist jedes Arbeiten ohne Arbeitserlaubnis. Man muß wissen:
- daß dies ein Ausweisungsgrund sein kann,
- daß man nicht versichert ist (zum Beispiel bei Arbeitsunfall und Krankheit),
- daß man fast immer unter Tarif bezahlt wird,
- jederzeit wieder entlassen werden kann,
- daß man oft unter Druck gesetzt und bedroht und
- oftmals um seinen Lohn betrogen wird.

Sozialhilfe

Die Hilfe zum Lebensunterhalt bekommt ihr, wenn ihr gar kein eigenes Einkommen, wie z. B. Rente, Nettolohn, Gehalt, Arbeitslosengeld / -hilfe und sonstige Einnahmen, wie z. B. Wohngeld, Kindergeld, Unterhalt habt und nur geringe Ersparnisse oder wenn ihr mit eurem Einkommen unter dem Bedarfssatz liegt. Es gibt bei der Hilfe zum Lebensunterhalt einige Einschränkungen.

1. Ausländerinnen sollten sich zunächst von ihrem Rechtsanwalt oder Rechtshilfefonds beraten lassen, da sie durch Annahme von Sozialhilfe unter Umständen von Ausweisung bedroht sein könnten.

Beratungshilfe/Prozeßkostenhilfe

Kostenlose Beratungshilfe könnt ihr in Anspruch nehmen, wenn ihr in rechtlichen Dingen einen fachkundigen Rat braucht und euer Nettoeinkommen z. B. als Alleinstehende 850 DM monatlich nicht übersteigt.
Auch Ausländer/innen haben Anspruch auf diese Hilfe.
Wo könnt ihr euch beraten lassen?

a) Ihr könnt direkt zum Amtsgericht gehen. Hier schildert ihr euer Problem und müßt eure finanziellen Verhältnisse z. B. mit Lohnstreifen darlegen. Kann euch der Beamte dort sofort Auskunft geben, kostet euch diese Beratung nichts. Kann er euch nicht weiterhelfen, bekommt ihr einen Berechtigungsschein für einen Rechtsanwalt eurer Wahl.
b) Ihr könnt den Rechtsanwalt aber auch gleich aufsuchen. Auch ihm müßt ihr eure finanziellen Verhältnisse darlegen. Er kann von euch einen festen Unkostenbeitrag in Höhe von 20 DM verlangen.
Grundsätzlich gibt es Beratungshilfe für alle Rechtsangelegenheiten, beispielsweise bei Streitigkeiten mit dem Vermieter, der Ausländerbehörde, dem Arbeitsamt, Scheidungs-, Unterhalts- und sonstigen Familiensachen, Straßenverkehrsunfälle etc., auch bei Problemen mit der Polizei. Die Beratungshilfe erstreckt sich nicht nur auf die reine Beratung, sondern auch darauf, daß der Rechtsanwalt beispielsweise für euch Briefe schreibt oder in sonstiger Weise eure Interessen nach außen vertritt.

Für einige Rechtsgebiete, z. B. Arbeitsrecht, wird keine Beratungshilfe gewährt.
Sofern ein gerichtliches Verfahren anhängig ist, fällt dies nicht mehr in den Bereich der Beratungshilfe, sondern der sogenannten Prozeßkostenhilfe. Prozeßkostenhilfe bedeutet, daß ein Anwalt eurer Wahl entweder gänzlich kostenlos oder gegen eine relativ geringe ratenweise Kostenbeteiligung den Prozeß für euch führt. Auch für die Bewilligung von Prozeßkostenhilfe ist Voraussetzung, daß ihr im Verhältnis zu den erwarteten Prozeßkosten ein relativ geringes Einkommen habt. Sie wird darüber hinaus nur dann gewährt, wenn ausreichende Aussichten bestehen, daß ihr den Prozeß gewinnt. Die Bewilligung von Prozeßkostenhilfe ändert nichts

daran, daß ihr bei einem verlorenen Prozeß gegebenenfalls den Anwalt des Prozeßgegners bezahlen müßt.

Wohngeld

Wohnen kostet Geld – oft zu viel Geld für Haushalte mit geringem Einkommen. Deswegen gewährt der Staat in solchen Fällen wirtschaftliche Hilfe: das Wohngeld (Mietzuschuß). Wohngeld ist kein Almosen des Staates. Wer zu dem Kreis der Berechtigten gehört, hat darauf einen Rechtsanspruch. Deshalb sollte man diese Hilfe auch nutzen, um die eigene Wohnkostenbelastung zu verringern. Anspruch auf Wohngeld hat jeder Mieter, Untermieter oder Wohnungseigentümer, dessen Einkommen (seine Familie eingeschlossen) unter einer bestimmten Grenze bleibt. Ob ihr Wohngeld in Anspruch nehmen könnt und – wenn ja – in welcher Höhe, das hängt ab von:
der Zahl der zu eurem Haushalt gehörenden Familienmitglieder,
der Höhe des Familieneinkommens,
der Höhe der zuschußfähigen Miete beziehungsweise Belastung.
Das Wohngeld muß bei der jeweiligen Gemeinde-, Stadt- oder Kreisverwaltung beantragt werden. Diese Stelle ist verpflichtet, euch dabei zu beraten. Dort erhaltet ihr auch das Antragsformular.
Für die Antragstellung benötigt ihr folgende Unterlagen:
- eure Verdienstbescheinigung,
- euren Steuerbescheid,
- Belege über Unterhaltszahlungen,
- euren Mietvertrag,
- Bescheinigung über Sozialhilfe,
- Bescheinigung über Arbeitslosengeld / -hilfe oder Berufsausbildungshilfe.

Es ist wichtig, sofort nach Beziehen der neuen Wohnung oder am besten schon nach Unterzeichnung des neuen Mietvertrages den Antrag auf Wohngeld zu stellen, da das Wohngeld nicht rückwirkend bezahlt wird, sondern erst ab dem Tag der Antragstellung.

Rechtsanwälte

Gegen ungerechte Behandlung durch Behörden, Arbeitgeber etc. kann man sich gegebenenfalls erfolgreich wehren, wenn man sich fachkundig beraten und vertreten läßt. Nicht alle Rechtsanwälte sind ausländerfreundlich. Es gibt andere Rechtsanwälte, die zwar keine Vorbehalte gegen Ausländer haben, denen es aber an Kenntnissen und Erfahrungen für die speziellen Rechtsprobleme für Ausländer fehlt. Auch zu einem solchen Rechtsanwalt sollte man nicht gehen.
Ihr müßt daher versuchen, einen Rechtsanwalt ausfindig zu machen, der eure Interessen engagiert vertritt und auch die erfor-

derlichen Kenntnisse und Erfahrungen hat. Das ist häufig schwierig. Hört euch bei Bekannten um. In alternativen Stadtzeitungen befinden sich häufig Anschriften von Rechtsanwälten, die sich besonders auch für Ausländer einsetzen. Gegebenenfalls sollte man bei Beratungsstellen für Ausländer, Rechtshilfekomitees etc. nachfragen. Sämtliche Empfehlungen bieten aber keine Garantie, daß ihr tatsächlich bei dem richtigen Rechtsanwalt seid.
Wenn ihr das Gefühl habt, daß eure Interessen nicht richtig wahrgenommen werden, solltet ihr es gegebenenfalls noch einmal bei einem anderen Rechtsanwalt versuchen. Ein Rechtsanwalt, der euch ehrlich sagt, daß die Chancen schlecht stehen, ist allerdings besser als jemand, der euch falsche Hoffnungen macht. Wichtig ist, daß ihr von Anfang an klärt, was euch die Tätigkeit des Rechtsanwaltes kostet. Ihr solltet den Rechtsanwalt gleich beim ersten Gespräch danach fragen und euch nicht mit vagen Angaben abspeisen lassen. Fragt den Rechtsanwalt insbesondere, ob er im Rahmen der Beratungs- bzw. Prozeßkostenhilfe unentgeltlich für euch tätig werden kann. Verneint er das, solltet ihr auch diese Information gegebenenfalls noch einmal an anderer Stelle überprüfen lassen.
Wenn es für euch besonders wichtig ist, daß ihr euch auf eine von dem Rechtsanwalt gegebene Auskunft verlassen könnt, ist es unter Umständen empfehlenswert, den Rechtsanwalt zu bitten, euch die Auskunft in schriftlicher Form zu bestätigen. Der Anwalt wird dann besonders genau prüfen, welche Auskunft er euch gibt. Möglicherweise läßt sich dann später auch eher beweisen, daß ihr unrichtig beraten worden seid.

Rechtshilfefonds / Komitees

Das Frankfurter Rechtshilfekomitee für Ausländer e. V. unterstützt Ausländer, die aus rassischen, politischen, religiösen oder sozialen Gründen in Schwierigkeiten geraten sind. Gleich arbeitende Komitees gibt es auch in anderen Städten.

- Durch die Ermöglichung sachgerechter juristischer Beratung und Vertretung,
- eventuell durch damit verbundene materielle Hilfe (Anwaltskosten).

Die Richtlinien
des Komitees legen fest, daß z. B. in folgenden Gebieten Rechtshilfe für Ausländer ermöglicht werden kann:
Ausländerrecht, Asylrecht, Arbeitsrecht, Mietrecht, Sozialrecht, bei Strafverfahren, in sonstigen Fällen des Zivilrechts, wenn die Existenz unmittelbar bedroht ist, Ausbildungsfragen.

Mitarbeiter
Die Mitglieder des Komitees arbeiten überwiegend hauptamtlich in der Ausländerarbeit, z. B. als

Sozialarbeiter oder Rechtsanwälte. Die Mitarbeit im Komitee ist ehrenamtlich.

Beratung in Frankfurt
Dienstag, 18 bis 20 Uhr,
in der Christuskirche am Beethovenplatz (Westend)
Eingang am Turm

Beratung in Rüsselsheim
jeden 2. Donnerstag im Monat
um 19 Uhr
Darmstädter Str. 52.
Bei den Beratungen sind Rechtsanwälte anwesend.

Plenum in Frankfurt
Jeden dritten Dienstag im Monat
20 Uhr
in der Christuskirche am Beethovenplatz

Plenum in Rüsselsheim
Jeden zweiten Donnerstag im Monat
um 19 Uhr
Darmstädter Str. 52.
Im Plenum werden Grunsatzfragen der Situation von Ausländern und ihre rechtlichen Belange erörtert, aktuelle Entwicklungen dargestellt und Möglichkeiten zur Einflußnahme und der Öffentlichkeitsarbeit abgesteckt. Allen Interessenten steht das Plenum offen.

Postanschrift:
Evangelische Studentengemeinde
Lessingstraße 2
6000 Frankfurt am Main 1
Adressen weiterer Rechtshilfekomitees:
- Rechtshilfefonds für Ausländer, München e. V.
  Balanstr. 14, 8000 München 80,
  c/o Dr. Ulrike Albrecht
- Rechtshilfefonds für Ausländer e. V.
  c/o ESG Bonn, Königstraße 88, 5300 Bonn
- Rechtshilfefonds für Ausländer, c/o Martina Heinschke
  Brigittenstr. 2, 2000 Hamburg 4

Berufsschule

Wer muß in eine Berufsschule gehen?
a) Alle Jugendlichen, die eine Berufsausbildung machen;
b) alle Jugendlichen, die als Arbeiter in einem Betrieb arbeiten und nicht von der Berufsschulpflicht befreit sind;
c) alle Jugendlichen, die unter 18 Jahre alt sind, auch wenn sie weder einen Arbeitsplatz, noch einen Ausbildungsplatz gefunden haben.

Man muß vom Betrieb für die Berufsschule befreit werden, denn Berufsschulzeit gilt als Arbeitszeit. Meist findet der Unterricht an einem Tag in der Woche statt. Die Jugendlichen, die arbeiten, sind nicht verpflichtet, nach der Berufsschule noch in den Betrieb zu gehen. Die Berufsschule ist Pflicht, und man kann bestraft werden, wenn man nicht hingeht (Bußgeld). In Ausnahmefällen, wenn man zum Beispiel eine Arbeit deshalb nicht bekommt, weil man noch in die Berufsschule geht, kann ein Antrag auf «Berufsschulbefreiung» gestellt werden. Den Antrag nimmt die zuständige Berufsschule entgegen.

Berufsgrundbildungsjahr

Hier werden Jugendliche im Anschluß an ihre gesetzliche Schulpflicht für ein Jahr in einem Berufsbereich ausgebildet, und zwar in einer Berufsschule. Der Jugendliche erlernt die Fachtheorie und die Fachpraxis für ein bestimmtes Berufsfeld (zum Beispiel Holztechnik). Das Berufsgrundbildungsjahr wird auf die Ausbildungszeit in einem Betrieb angerechnet, das heißt, die Ausbildung im Betrieb ist dann kürzer. Die Teilnahme kann über das Berufsausbildungsförderungsgesetz (BAFÖG) gefördert werden. Ausländische Jugendliche müssen eine deutsche Realschule besucht haben.
Informationen gibt es beim Arbeitsamt und an Berufsschulen.

Berufsvorbereitungsjahr

Hier werden die Jugendlichen, die keine Ausbildung nach ihrer neunjährigen Schulzeit aufnehmen konnten, auf das Berufs- und Arbeitsleben vorbereitet (10. Pflichtschuljahr). Sie lernen zwei Berufsbereiche praktisch und theoretisch kennen, um die Berufswahl zu erleichtern. Auch dieses Jahr kann über das Berufsausbildungsförderungsgesetz gefördert werden, hat jedoch keinerlei Auswirkungen auf eine sich anschließende Ausbildungsdauer. Ausländische Jugendliche müssen die deutsche Realschule besucht haben. Anmeldungen nehmen die jeweiligen allgemeinbildenden Schulen an. Die Durchführung übernehmen die Berufsschulen.

Sprachintensivkurse

Vom Sprachverband Deutsch für ausländische Arbeitnehmer e. V., Raimundistraße 2, 6500 Mainz 1, werden Intensivsprachkurse für Jugendliche im Alter von 15 bis 20 Jahren gefördert. Die Teilnahme am Kurs und das Unterrichtsmaterial ist für die Jugendlichen kostenlos.

Berufsvorbereitende Maßnahmen des Arbeitsamtes

a) BSE «Maßnahmen zur Berufsvorbereitung und sozialen Eingliederung junger Ausländer».
In diesen Maßnahmen lernt man Deutsch. Außerdem kann man drei Berufsbereiche kennenlernen, in denen man praktisch in Werkstätten arbeitet und das dazugehörige Fachwissen lernt. Darüber hinaus erfährt man, was man braucht, um sich besser zurechtzufinden. Neben den Leh-

rern gibt es noch Betreuer, die den Jugendlichen bei Problemen helfen.
Die Kurse dauern ein Jahr und sind kostenlos. Sie werden über das Arbeitsamt finanziert. Die Teilnehmer erhalten finanzielle Förderung nach dem Arbeitsförderungsgesetz (AFG).
Die Adressen der Einrichtungen, die solche Kurse durchführen, bekommt ihr vom Arbeitsamt.

b) Grundausbildungslehrgänge
Grundausbildungslehrgänge sind für alle Jugendliche mit ausreichenden Deutschkenntnissen, die nach dem 9. Schuljahr keine Ausbildung beginnen konnten und in einem Berufsgrundbildungsjahr oder Berufsvorbereitungsjahr (oder einem 10. Schuljahr in einer allgemeinbildenden Schule) keinen Platz gefunden haben. In einem Grundausbildungslehrgang werden die Jugendlichen in einem Bereich, zum Beispiel Metall, Bürotechnik, Malen und Gestalten, für eine spätere Tätigkeit vorbereitet. Ziel ist es, nach Beendigung einen Ausbildungs- oder Arbeitsplatz zu finden. Außerdem werden Fächer der Allgemeinbildung angeboten. In Ausnahmefällen wird auf den Hauptschulabschluß vorbereitet. Die Teilnahme regeln die örtlichen Arbeitsämter.

c) Förderungslehrgänge
Förderungslehrgänge sind für Jugendliche mit ausreichenden Deutschkenntnissen, die noch nicht in eine Berufsausbildung zu vermitteln sind. In einem Förderungslehrgang lernt man bis zu fünf verschiedene Berufsbereiche kennen, um seine Fähigkeiten und Interessen besser einzuschätzen.
Nach Beendigung soll sich eine Ausbildung anschließen.

d) Eingliederungslehrgänge
Diese Lehrgänge sind für behinderte Jugendliche mit ausreichenden deutschen Sprachkenntnissen, die nicht in eine Arbeitsstelle vermittelt werden konnten. In einem Eingliederungslehrgang lernt man einen Berufsbereich kennen, zum Beispiel Textil, Metall, Bau. Nach Beendigung soll die Vermittlung in eine Arbeitsstelle möglich sein. Eventuell kann noch ein Förderungslehrgang angehängt werden.

e) Hauptschulabschluß-Kurse
Möglichkeiten zur nachträglichen Erlangung des Hauptschulabschlusses ergeben sich durch
- die Verlängerung der Vollzeitschulpflicht auf Antrag um ein Jahr,
- den Besuch des Berufsvorbereitungsjahres,
- den Besuch eines Vorbereitungslehrganges an der Volkshochschule, der mit einer Prüfung endet,
- den erfolgreichen Abschluß der Berufsschule, sofern der Jugendliche die Erfüllung der neunjährigen Vollzeitschulpflicht und mindestens das Abgangszeugnis der Klasse 8 einer Hauptschule, einer Realschule, eines Gymnasiums oder einer

Schule für Lernbehinderte (Sonderschule) nachweisen kann.

Bildungsurlaub, am Beispiel Hessen

Was ist das?
Durch das «Hessische Gesetz über den Anspruch auf Bildungsurlaub» haben alle davon Betroffenen die Möglichkeit, zusätzlich zum Erholungsurlaub jährlich mindestens fünf Tage an Veranstaltungen der «politischen Bildung» oder der «beruflichen Weiterbildung» teilzunehmen. Dabei ist der Arbeitgeber verpflichtet, das Arbeitsentgelt während dieser Zeit weiterzuzahlen.

Für wen?
Jeder Arbeitnehmer bis zum Alter von einschließlich 25 Jahren hat gesetzlichen Rechtsanspruch auf Bildungsurlaub. Der Arbeitgeber muß ihn dafür freistellen und das Arbeitsentgelt weiterzahlen. Die Gewährung des Bildungsurlaubs steht nicht im Ermessen des Arbeitgebers oder Betriebes.

Für was?
Zum Bildungsurlaub zählen Veranstaltungen der «politischen Bildung» oder der «beruflichen Weiterbildung». Veranstaltungen der «beruflichen Weiterbildung» müssen aber nach dem Gesetz zugleich die Kenntnis gesellschaftlicher Zusammenhänge vermitteln. Deshalb fallen berufliche Ausbildung, berufliche Fortbildung und die Umschulung unter das Bildungsurlaubsgesetz.

Wie beantragt man ihn?
Der Arbeitnehmer muß sich zunächst über das Programmangebot bei als geeignet anerkannten Trägern informieren und sich anmelden, nachdem er sich entschieden hat. Der Arbeitgeber sollte so frühzeitig wie möglich über die Teilnahme an einer Veranstaltung unterrichtet werden, damit er seinerseits für Vertretung sorgen kann.

Beratungsstellen
Für ausländische Arbeitnehmer bestehen verschiedenartige Beratungsmöglichkeiten. Außer den innerbetrieblichen Einrichtungen von Arbeitgebern und Betriebsräten gibt es Beratungsstellen, die von verschiedenen deutschen Institutionen getragen werden wie: die Arbeitsämter, das Diakonische Werk, die Arbeiterwohlfahrt, der Internationale Bund für Sozialarbeit, die Caritasverbände, die Jugendsozialwerke e. V., der Deutsche Gewerkschaftsbund (DGB), die Volkshochschulen, Pro Familia. Darüber hinaus haben manche Konsulate Beratungsstellen für ihre Staatsangehörigen.

Spezielle Schwerpunkte der Beratung
Das Arbeitsamt (für alle Sprachgruppen) – individuelle Förderung der beruflichen Bildung – Förderung der Arbeitsaufnahme

– berufliche Rehabilitation – Förderung der ganzjährigen Beschäftigung in der Bauwirtschaft – Förderung von Maßnahmen zur Arbeitsbeschaffung – Lohnersatzleistungen – Kindergeld.
Der Caritasverband (für Italiener, Portugiesen und Spanier) – allgemeine Betreuung – Freizeitheime – seelsorgerische Betreuung – Unterkünfte – Kindergärten – Jugendgerichtshilfe.
Der DGB (für alle Sprachgruppen) – Tarifverträge – gesellschaftspolitische Arbeitskreise und Lehrgänge – Arbeits- und Sozialrecht – Vertretung seiner Mitglieder bei den Arbeits- und Sozialgerichten – Berufsförderung.
Das Diakonische Werk (für Griechen) – allgemeine Sozialberatung – Freizeitheime – Gruppen- und Gemeinwesenarbeit – Kindergärten – Jugendgerichtshilfe.
Die Arbeiterwohlfahrt (für Türken, Marokkaner und Jugoslawen) – allgemeine Sozialbetreuung – Jugendgerichtshilfe.
Internationaler Bund für Sozialarbeit – Jugendsozialwerk e. V. (für alle Sprachgruppen) – Berufsförderungsmaßnahmen – Wohnheime.
Die Volkshochschulen – Sprachkurse – allgemeine Bildung – Arbeits- und berufsbezogene Kurse.
Pro Familia – Sexualberatung – Schwangerschaftsunterbrechung – Familienplanungsberatung – Sexualpädagogik.

Volkshochschule (VHS)
Die Volkshochschulen sind Träger der öffentlichen Erwachsenenbildung in der Bundesrepublik Deutschland. Neben dem Sprachenunterricht eröffnen Volkshochschulen ausländischen Arbeitnehmern und ihren Familienangehörigen die Möglichkeit zur Teilnahme an Kursen im Bereich Kultur und Freizeit, sozialer Information und beruflicher Bildung sowie zum Nachholen von deutschen und ausländischen Schulabschlüssen.

Pro Familia
Pro Familia ist eine Gesellschaft für Sexualberatung und Familienplanung, die in vielen Städten Beratungsstellen unterhält. Zu den Arbeitsbereichen von Pro Familia gehören Schwangerschaftskonfliktberatung, Familienplanung, Sexualberatung, Beratung bei Partnerschaftsproblemen und Sexualpädagogik. In einigen Beratungsstellen stehen Ärzte und ärztliche Mitarbeiter zur Verfügung, die in Sprachen der Herkunftsländer beraten können.

Deutscher Gewerkschaftsbund
Beratung für Mitglieder des DGB. In der Regel erteilten die Rechtsstellen des Deutschen Gewerkschaftsbundes Informationen für die Mitglieder der einzelnen Gewerkschaften. Die ausländischen Arbeitnehmer können, genau wie die deutschen, Mitglied einer Gewerkschaft werden, die sie nicht nur beraten, sondern auch vertreten kann. Außerdem erhalten die Mitglieder Streik- und Notunterstützung, Hilfe bei Maßregelung, Krankheit und Invalidität, Frei-

zeitunfallversicherung usw. Viele Gewerkschaften des Deutschen Gewerkschaftsbundes geben entweder in besonderen Publikationen oder in den Gewerkschaftszeitungen fremdsprachige Informationen für ihre ausländischen Mitglieder heraus. Die Industriegewerkschaft Metall gibt monatlich eine vierseitige Zeitung in griechischer, italienischer, portugiesischer, spanischer, türkischer und serbokroatischer Sprache heraus.

Wie gründen wir einen (gemeinnützigen) Verein?

Zur Vereinsgründung müssen sich sieben Leute zusammenfinden; dies sind die Gründungsmitglieder. Der Verein gibt sich eine Satzung, die von den Gründungsmitgliedern unterschrieben wird. Satzungsgemäß wählen die Mitglieder einen Vorstand; über das Wahlergebnis wird ein Protokoll erstellt. Die Satzung muß den Zweck und die Ziele des Vereins (Fußballspielen, kulturelle, soziale, politische Aktivitäten etc.) nennen. Die Satzung sowie das Gründungsprotokoll müssen dann bei dem Vereinsregister zur Eintragung angemeldet werden. Wegen der Einzelheiten läßt man sich am besten von einem Anwalt oder sonst jemandem, der mit Vereinen praktische Erfahrung hat, beraten. Bei dem Vereinsregister, das regelmäßig bei den Amtsgerichten geführt wird, erhält man auch Merkblätter zu den näheren Einzelheiten.

Ist der Verein eingetragen, kann er sich «e. V.» nennen. Er hat dann, wie man sagt, Rechtsfähigkeit erlangt. Das bedeutet u. a., daß bei Schulden nur das Vereinsvermögen, nicht aber das einzelne Mitglied haftet.

Vereine, die sportliche, politische, kulturelle, soziale Zwecke verfolgen, haben regelmäßig die Möglichkeit, sich als «gemeinnützig» anerkennen zu lassen. Dies hat vor allem den Vorteil, daß Spenden an diese Vereine von der Steuer absetzbar sind.

Der Antrag auf Anerkennung der Gemeinnützigkeit wird gegebenenfalls gleichzeitig mit dem Eintragungsantrag beim Vereinsregister, beim Finanzamt gestellt. Ein solcher Antrag entspricht den notwendigen Voraussetzungen, wenn

- der Antrag auf Gemeinnützigkeit von den Vorstandsmitgliedern unterschrieben ist,
- eine ordnungsgemäße Satzung vorliegt, ebenfalls mit den Unterschriften der Vorstandsleute,
- eine Liste mit den Personaldaten (Name und Anschrift) der Vorstandsmitglieder beigefügt ist,
- eine Bescheinigung über die Gemeinnützigkeit desjenigen Vereins vorliegt, dem satzungsgemäß bei Vereinsauflösung die Finanzen zufallen sollen.

Vereine, deren Mitglieder oder Leiter sämtlich Ausländer sind, müssen sich innerhalb von zwei

Wochen seit ihrer Gründung beim Ordnungsamt anmelden.

Selbsthilfe durch Tonkassetten. Es gibt immer mehr Kassetten, die zur Selbsthilfe gedacht sind, wie zum Beispiel die Kassette «die Bewerbung» zur Berufsinformation. Ihr Inhalt reicht von der Kontaktaufnahme mit der Berufsberatung des Arbeitsamtes bis zur Bewerbung bei einem Ausbildungsbetrieb. Die dabei zu absolvierenden Schritte, die sicherlich für viele Jugendliche häufig mit Schwierigkeiten verbunden sind, werden im einzelnen in der leicht verständlichen Form des Hörspiels dargestellt, und zwar auf der Vorderseite der Kassette in türkischer, auf der Rückseite in deutscher Sprache. Weiter erschienene Titel sind: «Schnelles Geld?», «Das erste Jahr in Berlin», «Meryem will weiterkommen» und «Mehmet lernt beim Bau».
Hier die Kontaktadresse:
Senator für Arbeit und Betriebe
An der Urania 2–10
1000 Berlin 30

Adressen von Initiativen
«aktion PRO ausländer», Daiserstr. 22, 8000 München 70

«Arbeitskreis gegen Ausländerfeindlichkeit und für Ausländerarbeit», Industriestr. 4, 4410 Warendorf 2

«Arbeitskreis gegen ausländerfeindliche Politik / Ausländerinitiative Freiburg», Faulerstr. 8, 7800 Freiburg

«Arbeitskreis zur Lösung der Integrationsprobleme und gegen den Mißbrauch der Wissenschaft für rassistische Zwecke», Postfach 10 21 48, 4630 Bochum

«Ausländergruppe Bilk der Aktion Wohnungsnot», Kronprinzenstr. 113, 4000 Düsseldorf 1

«Bürgerinitiative gegen Ausländerfeindlichkeit», Contrescarpe 120, 2800 Bremen 1

«Bürgerinitiative Solidarität zwischen Ausländern und Deutschen», Kessenicher Str. 65, 5300 Bonn 1

«Bund demokratischer Wissenschaftler e. V.», Gisselberger Str. 7, Postfach 1162, 3550 Marburg 1

«Bundesinitiative alternative Ausländerpolitik / Interessengemeinschaft der mit Ausländern verheirateten Frauen», Mainzer Landstr. 239–241, 6000 Frankfurt / Main 50

«Bottroper Initiative gegen Ausländerfeindlichkeit», Saarstr. 3, 4250 Bottrop

«Deutsch-ausländisches Aktionsbündnis», Kremper Str. 11, 2000 Hamburg 20

«Deutsch-Türkischer Verein Köln», Osloer Str. 7, 5000 Köln 71

«Deutsch-Türkischer Verein zur Verbesserung der sozialen Integration türkischer Arbeitnehmerfamilien in der BRD», Warmweiher Str. 40, 5100 Aachen

«Duisburger Initiative für Ausländerrechte», Wannheimer Str. 28, 4100 Duisburg

«Frankfurter Komitee für die Gleichbehandlung von Ausländern und Deutschen / Initiativausschuß Ausländische Mitbürger in Hessen», Ringstr. 47, 6072 Dreieich

«Freie Jugendarbeit Remscheid-Mitte / Aktion Jugendtreff», Daniel-Schürmann-Str. 24, 5630 Remscheid

«Gemeinsam gegen Unterdrükkung und Diskriminierung der Ausländer», Rudolfstr. 5, 2102 Hamburg 93

«Initiative Ausländer willkommen, Bochum», c/o AStA Uni Bochum, Lennershofstr., 4630 Bochum

«Initiative Eimsbüttler gegen Ausländerfeindlichkeit», Hoheluftchaussee 141, 2000 Hamburg 20

«Initiative für deutsch-ausländische Freundschaft», Am Burhag 150, 4600 Dortmund 14

«Initiative gegen Ausländerfeindlichkeit», Stärkestr. 10, 3000 Hannover 91

«Initiative gegen Ausländerfeindlichkeit», Lange Str. 21, 5800 Hagen

«Initiative gegen Ausländerfeindlichkeit», Hochstr. 38, 4660 Gelsenkirchen-Buer

«Initiative Gleichberechtigung / Integration», Goethestr. 39–40, 1000 Berlin 12

«Initiative für eine alternative Ausländerpolitik», Kurmainzer Weg 7, 3400 Göttingen

«Initiativgruppe gegen Ausländerfeindlichkeit / Verein zur Förderung der Rechte der Ausländer», Grunerstr. 54a, 6270 Idstein

«Initiative gegen Ausländerfeindlichkeit und Rassismus», Paul-Kemp-Str. 24, 5300 Bonn 2

«Komitee gegen Ausländerfeindlichkeit / Bürgerinitiative & Jugendkunstschule», Südstr. 53, 4150 Krefeld

«Nachbarschaftskreis Nordend / Bornheim gegen Ausländerfeindlichkeit», Neuhofstr. 19, 6000 Frankfurt / M. 1

«Neusser Komitee gegen Ausländerfeindlichkeit», Kasterstr. 12, 4040 Neuss

«Postkartenaktion Ausländerfeindlichkeit», Fürststr. 39, 7400 Tübingen

«Terre des Hommes Deutschland, Hilfe für Kinder in Not», Postfach 41 26, 4500 Osnabrück

«Türkisch-Kurdisch-Deutscher Solidaritätsverein», Rostocker Str. 4, 2000 Hamburg 4

«Verein für türkisch-deutsche Partnerschaft», Nacker Str. 4, 6509 Erbes-Büdesheim

«Verein zur Integrationsförderung im Deutschen Paritätischen Wohlfahrtsverband», Graf-von-Galen-Ring 37, 5800 Hagen

«Vereinigung Demokratischer Juristen in der Bundesrepublik Deutschland und Berlin (West)», Heiligkreuzgasse 29, 6000 Frankfurt / M. 1

«Verband der Initiativgruppen in der Ausländerarbeit», Theaterstr. 10, 5300 Bonn

«Wehret den Anfängen! / Kölner Initiative gegen Ausländerfeindlichkeit», Riehler Str. 1, 5000 Köln 1

(Quelle: Kromschröder, Gerhard: Als ich ein Türke war, Frankfurt 1983, S. 123–125)

Weitere Adressen

– «Amnesty for women»
  Edith Schlaffer, Cheryl Bernard (Zentralstelle), Hohenstaufengasse 17, A-1010 Wien

– «amnesty international»
  Sektion der Bundesrepublik Deutschland e. V.,
  Heerstr. 178, 5300 Bonn 1
  Österreichische Sektion
  Eßlinggasse 15 / 4, 1010 Wien
  Schweizer Sektion
  Postfach 1051, 3001 Bern

– «Gesellschaft für bedrohte Völker» – Menschenrechtsorganisation für verfolgte ethnische, rassische und religiöse Minderheiten – Postfach 159, 3400 Göttingen

– «Deutscher Kinderschutzbund e. V.» – Beratungsstelle für mißhandelte Kinder Böttgerstr. 22, 6000 Frankfurt / M. 60

– «Pro Familia» – Bundesverband, Deutsche Gesellschaft für Sexualberatung und Familienberatung, Cronstettenstr. 30, 6000 Frankfurt / M. 1

Quellenverzeichnis

Jobst Müller/Titanic Nr. 12/82; S. 125
Herbert Spaich Fremde in Deutschland, Beltz Verlag Weinheim, 1981: S. 19, 20, 22/23, 25, 27
DER SPIEGEL: S. 16
Friedrich K. Waechter Titanic Nr. 12/82; S. 130